加賀藩社会の医療と暮らし

池田仁子

桂書房

目次

序章　研究動向と本書の構成　3
1　平成二七年以降最近年の加賀藩研究の動向　3
2　近世の社会史・生活文化史の中の医療史研究　11
3　近年の加賀藩医療史・生活文化史研究　12
4　本書の視点と構成　14

第一章　初期藩主前田家の病と治療・医家　20
はじめに　20
第一節　利家の代の病気と治療　21
第二節　江戸における芳春院の病と医療　24
第三節　利長らの病と治療　27
1　翻刻史料などにみる利長の病と治療　28
2　「北徴遺文」所収聖安寺文書にみる利長の腫物と治療　34
3　「村井文書」二巻、「神尾文書」「沢存」の翻刻と利長の病　42
4　盛方院と利長の治療　49

第四節　光高・清泰院の病と治療……54
第五節　利常と天徳院の病と治療医……58
1　既刊史料よりみる利常・天徳院の病と治療医家……58
2　未刊史料「小松遺文」にみる利常の病……61
おわりに……64
第二章　幕末期前田慶寧の退京・治療と政治史的動向……71
はじめに……71
第一節　退京・謹慎と帰国までの概要……72
1　出京前後の動静……72
2　出京延引の意見と退京進言及び慶寧の病気……74
3　退京より近江までの動向と謹慎拝命及び慶寧の様態……77
4　謹慎拝命後の金谷への帰殿……82
第二節　「拝診日記」の概要と慶寧の治療担当の医者……83
第三節　元治元年金谷御殿における慶寧の治療……91
1　第一期……91
2　第二期……95
3　第三期……101

4　第四期……105
おわりに……108

第三章　藩主前田家の医療と医家……116
はじめに……116
第一節　未刊の新出史料にみる前田利長の病と医家……117
第二節　未刊の「村井文書」にみる芳春院・利長・玉泉院の病と医家……122
第三節　初期前田家の病と治療医家……139
第四節　五代綱紀以降各時期の前田家の治療と医者……150
おわりに……159

第四章　藩の医療政策・医学教育と社会史的意義……166
はじめに……166
第一節　非人小屋での領民の救済と医療・医者……167
第二節　藩校明倫堂での医学・本草学の教育……169
第三節　医者の種類と金沢の町場に住む医者……171
1　加賀藩領内の医者の種類……171
2　金沢の町場に住む医者……173

第四節　町医者開業試験と手続……174
第五節　郡方への医師派遣と医薬品の配給……178
1　郡方への医師派遣……178
2　医薬品の配給……181
おわりに……182

第五章　藩老横山家の家臣と家族
——陪臣の分限帳と出生関係史料にみる——……189
はじめに……189
第一節　明治元年陪臣の「分限帳」……190
1　元禄一五年との比較検討と家臣の役職……190
2　与力の地位と役割……195
3　奥女中と馬の記載……196
4　横山家御家中医の検討……197
第二節　出生関係史料にみる家族と家臣……199
1　規式と略系図……199
2　史料紹介……200
3　各種出生関係規式……202

おわりに……209
第六章　城下町の暮らしと医者……213
はじめに……213
第一節　医者と出産……215
第二節　診療と投薬……216
1　藩医の金沢城造営医療の概要……216
2　金沢と小松における医療実務――瑞泉寺文書にみる医者と薬――……217
第三節　町家の暮らしと医者　――年中行事と履歴――……223
第四節　「いろはガルタ」と医者……232
おわりに……241
第七章　庭の利用と保養・領民……247
はじめに……247
第一節　江戸の行楽地と他藩の庭の利用……248
第二節　加賀藩の事例……250
1　大坂・江戸等における庭の利用……251
2　金沢における庭の利用と行歩……255

3　領民の庭……260
おわりに……261

第八章　能美郡安宅船の朝鮮漂流と暮らし……266
はじめに……266
第一節　漂流・漂着一件の取調べと経緯……267
1　帰還までの所要期間と事由……267
2　対馬での取調べと手続き……271
3　大坂からの帰還……272
第二節　漂着から帰還までの給与品と生活……273
1　朝鮮国江原道平海郡揮罹津での朝鮮側からの給与品……273
2　牛岩浦での倭館からの給与品……274
3　船中生活と病気……276
第三節　与三次屋の生業と暮らし向き……277
1　与三次屋と海運業……277
2　暮らし向きと別家の繁栄……280
おわりに……282

第九章　村々の生活文化と医療
——能美郡等諸史料の紹介と問題点—— 285
はじめに 285
第一節　暮らしの諸相と出来事 287
1　出来事と御餌指一件 287
2　小松町の打ちこわしと近隣村民の連座 291
3　猪・猿の徘徊と農民の難儀 293
4　借銀一件 294
5　病死人の処置 295
第二節　人生模様 298
第三節　文化と医療 305
1　十村の顕彰と金子鶴村 305
2　疫病と救済 306
3　治療と医薬 307
4　医学塾への遊学 311
第四節　農民思想と村の信仰 312
1　「農民鑑」と任誓一件 312
2　宗門人別改 313

3　講と御真影……318
4　志納金と離檀……319
5　神社信仰と奉納俳額……321
おわりに……323
終章　本書の成果と今後の課題……328
1　本書のまとめ……328
2　医療文化史・生活文化史研究と課題……337
初出一覧……340
あとがき……342

加賀藩社会の医療と暮らし

序章　研究動向と本書の構成

著者はこれまで、『金沢と加賀藩町場の生活文化』（平成二四年）、『近世金沢の医療と医家』（平成二七年、いずれも岩田書院）という二冊の著書（後述）を上梓した。しかし、その過程で、加賀藩研究における様々な分野の動向を把握しておく必要を痛感するようになった。そのため、平成二七年以降、同二九年三月までに発表された加賀藩研究の動向につき、概観しておきたい。なお、これは、きわめて短期間のものであるため、多少羅列的な面も否めないが、管見に触れたもののみ紹介したい。因みに、同二六年以前の加賀藩研究の軌跡と課題については、木越隆三・宮下和幸・中野節子の三氏による「加賀藩研究の軌跡と課題」（加賀藩研究ネットワーク編『加賀藩武家社会と学問・情報』岩田書院、平成二七年）があるゆえ、これを参照していただきたい。

以下、単著書、編著書、雑誌・紀要等の順で整理する。この場合、単著書・編著書は刊行順で、また、雑誌・紀要等の分は五十音順に、さらにその中では刊行順に、それぞれ見ていくこととする。

1　平成二七年以降最近年の加賀藩研究の動向

はじめに単著書からみて行こう。

単著書

平成二七年（以下、序章においては特別な場合を除き平成の元号を略記）、池田仁子『近世金沢の医療と医家』（岩田書院）がある。これについては後述する。

同二八年、丸本由美子『加賀藩救恤考―非人小屋の成立と限界―』（桂書房）は、加賀藩の救恤の様相について、主に飢饉や災害後に行なわれた生活困窮者に対する藩からの扶助に関し、諸史料から論述。その要となった施設である非人小屋の成立と限界について考察する。

竹松幸香『近世金沢の出版』（桂書房）では、書物の出版及びその受容を軸として、加賀藩の文化のあり方について再考。地域や身分を超えた近世文化の一側面を動的に析出し、新たな加賀藩文化のあり方の提示を試みる。

深井甚三『加賀藩の都市の研究』（桂書房）では、町の形成・展開と村・地域、環境・災害と都市、町民と商業・流通の問題を主に加賀藩領を中心に、一部金沢の町人層にも焦点をあて、都市の社会構造と機能を追求。また、近世北陸地域の都市の形成と地域的展開を、文献・絵図などを駆使、その特質を解明する。

二九年、高澤裕一『加賀藩の社会と政治』（吉川弘文館）では、加賀藩の藩政文書や寺社の由来書上史料などから、村落支配体制や寺院統制について分析する。また藩祖利家、二代利長の事蹟のほか、幕末の救恤政策などを論証、藩主前田家の領国社会と支配の実態を探求する。

編著書

まず、大石学監修『首都江戸と加賀藩―江戸から地域へ・地域から江戸へ―』（名著出版、二七年）がある。同書は、生活文化や社会・教育・兵学・軍事といった多様な内容で、江戸と加賀藩を取り扱った東京学芸大学近世史研究会編によるもので、つぎの論考を含む。守屋龍馬「参勤交代を支える人々―享保期の参勤交代を事例に―」、長代大「江戸出訴をめぐる加賀藩と江戸―享保期鹿磯・黒島海境一件―」、桐生海正「近世白山麓における材木の生産と流通」、関谷和也「加賀藩における法要の様態について―高徳院二百回忌法要を中心に―」、深町佐和子「加賀藩礼法師範渡辺家に関する一考察」、小嶋圭「藩領民の江戸流入と藩邸―加賀藩政後期における走百姓問題から―」、北澤亮介「明倫堂の学制改革―加賀藩士による上申書から―」、小柳はる香「加賀へもたらされた西洋砲術の伝達過程に関する一考察―陪臣河野久太郎宛の書状の分析を通じて―」、杉山綾「幕末の海防政策における軍事動員―江戸湾防備と加賀藩―」、大石学「「江戸育ち」「江戸好き」の藩主たち―江戸、国元関係の視座転換―」がある。

つぎに、前出の加賀藩研究ネットワーク（代表見瀬和雄）編『加賀藩武家社会と学問・情報』が二七年岩田書院から出され、木越隆三、宮下和幸、中野節子の三氏により序章「加賀藩研究の軌跡と課題」において、以下の点が指摘されている。

①藩政前期（木越）では、地域において藩研究を深化させるには、分野を超えた研究、交流が重要で、総合的視点は地域の方が出しやすいゆえ、加賀藩研究でも学際的な交流に基づく総合的視点が期待されると説く。これまでの研究史を振り返ると、敗戦後は政治史・経済史の分野では、働く民衆の歴史像について地域からの探求が主流であった。昭和四五年頃から、加賀藩成立史研究や初期藩政改革（改作法の問題、農政史研究、藩政国家論）などが盛んとなり、政治史・武家社会、文化史研究が展開する。その後、テーマ別に論点を掘り下げる傾向が強まり、検地、徴租法、寺社研究、支配の問題、キリシタン政策、経済機構、市場の形成、武家社会研究、職制改革、武家奉公人、近世城郭、藩の御細工所、出版文化、有沢兵学、儒学、連歌、俳諧、日本海海運、城下町金沢などに関する研究が行なわれるようになる。今後、藩の福祉政策や現代の課題につなげて、近世史の課題を熟考する必要があると説く。

②藩政後期（宮下）では、政治史の視点から民衆と対峙した藩権力の解明や幕末維新期の加賀藩について、従来マルクス主義中心であった歴史学の退潮後、あらゆる事象が分析対象となったことで藩を対象とした研究が進展する。分野別の研究成果として、海防、藩財政、流通経済、救恤政策、十村研究などが盛んである。こうした地域社会の研究

は重要であり、個人に焦点を当て、攘夷運動、洋式兵学、与力や藩士の日記、学問や明治初年の分析と近代史への連続性に関する論文など多彩である。課題としては、明治初年の政府と藩との関係について、中央政局の動静と連動させつつ分析を進める必要がある。また、近世の藩主顕彰等については、いま一度史料に基づいた実証研究の成果が求められるとする。

③社会、文化、学問の分野（中野）では、主なものをみると、都市社会史、地域史、情報学問、文化交流などといった研究が多い。つまり、都市論、城下絵図名帳の分析、金沢を中心とする都市文化、生活文化、流通経済、情報及び情報活動のほか、新しい試みとして北前船を情報からとり上げたものもみられる。米・塩等の市場論、思想・学問の分野では、藩校明倫堂、儒学、経済思想、蘭学、心学、文化ネットワーク、出版文化、測量等科学史、在村文化ネットワークのほか、医療制度の解明などが盛んである。今後は加賀藩の社会文化として、通史の刊行が期待されると説く。

こうして、深谷克己氏のいう政治文化について、[1]「文化」が旧来いわれている芸能などを中心としたものではなく、近世の政治史や社会史との関連の中でとり扱うことの潮流が現出しているものとして、昭和五五年頃を境に、旧来の幕藩制の基礎構造や、国家史、階級対立の問題を論ずることから、新たに近世社会に生きる諸階層の日常生活や、その背景を探るといった研究が注目されてきている。また、村・町社会の文化活動など領民らの諸活動において、彼らの主体性に即して把握しようとする研究が広がってきた。そこには、社会史研究や塚本学氏らの説く生きるための近世史といった面などからの研究が数多くなされていると木越氏は指摘している。

こうした背景には、各自治体や研究会・出版社などによる新たな史料の編纂事業の活性化が背景にあるように思える。特に在村、在町に生きる領民の諸活動には、その地域に生きる人々の生活の諸事情がうかがえる史料が新たに調査され、あるいは史料の活字化により、比較的簡便に活用できることが大きく反映されているものと考える。

ところで、木越氏は今後の課題として、近世人の生活文化をアクチュアルに考察する新しい研究動向と、藩社会の政治・経済体制を究明する研究とがいかに切り結び、新たな加賀藩社会の歴史像を作り上げるかといった点を掲げる。また、加賀藩研究の課題として、研究の対象拡大と多様化は、地域社会論の影響によるところも大きく、藩という縛りや枠組みに強く拘束されず、地域社会に生きるさまざまな人々の主体的な生き方を見ていくというのが近年の動向である。これらのことと、かつての幕藩制構造論との関係性を意識しながら、新たな視点を広げなければならないとする。以上のような指摘は、今後の加賀藩研究にとって大きな指針となるべきものである。

さて、この『加賀藩武家社会と学問・情報』には、つぎの論考を収録する。見瀬和雄「前田利長の遺誡と慶長期の加賀藩政」、岡嶋大峰「元和・寛永期における加賀藩年寄政治の展開と特質―本多・横山体制の検討を中心に―」、木越隆三「改作奉行再考―伊藤内膳と改作法―」、小酒井達也「近世前期加賀前田家の江戸詰重臣の変遷」、林亮太「加賀前田家の蟇目役と奥村家」、石野友康「加賀藩前田家の庶子と重臣層」、長山直治「加賀藩天保改革の再検討―奥村栄実言上書の分析―」、宮下和幸「明治初年加賀藩の政治過程と人材登用」、中野節子「近世前期城下町金沢における大店福久屋の基礎的研究」、近藤真史「加賀藩における有沢兵学の展開」、鷲澤淑子「加賀藩武士層における国学の受容」、堀井美里「幕末維新期の地域社会における民衆の政治情報活動―能登国正院舘家を事例として―」である。

つぎに、長山直治氏追悼集刊行委員会編『加賀藩研究を切り拓く―長山直治氏追悼論集―』（桂書房、二〇一八年）が刊行された。この書は加賀藩研究に心血を注ぎ、藩政治史・文化史の刷新を意図しつつ、新たな史料発掘と紹介・考証に邁進し、『寺島蔵人と加賀藩政』『加賀藩を考える』などの著作を世に問うた長山氏の追悼論文集。以下、収録のうち近世関係の論考はつぎの通りである。長山直治「文政二年十村断獄事件について」、同「奥村栄実の加賀藩政復帰の背景について」、岡嶋大峰「加越能文庫による大坂冬の陣の検討」、木越隆三「前田光高の学識を探る」、見瀬和雄「慶安事件と加賀藩」、林亮太「人持組頭の成立過程に関する一考察」、中野節子「宝永末年における金沢の両替事情」、高木喜美子「大野木克寛の旅」、石野友康「村井村与三右衛門襲撃事件に関する一考察」、近藤真史「加賀藩士と有沢兵学」、西村聡「『太梁公日記』から見た加賀藩能楽事情」、竹松幸香「勝興寺文書にみる前田土佐守家の和歌修養」、袖吉正樹「極貧村御仕立仕法について」、高堀伊津子「十村の文人的趣味」、鷲澤淑子「安政五年コレラの対処法に関する史料について」、池田仁子「加賀藩における庭の利用と保養・領民」、堀井美里「日本海海運業者と情報活動」、橋本治「松雲公への景仰と森田柿園」、本康宏史「「兼六園」の呼称をめぐる若干の考察」、宮下和幸「幕末維新期藩政史研究の課題と展望」。ここでは前述の加賀藩研究ネットワークで指摘された研究史における近年の特徴的動向と大きな相違は認められない。

また、この年大西泰正編著『前田利家・利長』（戎光祥出版）では、前田氏権力の諸相、前田利家・利長をめぐる研究状況を進展させる。新稿の総論「織豊期前田氏権力の形成と展開」に加え、九人の既発表論文のほか、大西氏本人による付録「前田利長発給文書目録稿」を編み入れる。利家等家臣団をめぐる問題、利家の進退、前田氏の領国支配、利家と金沢城、関ケ原合戦前後の前田利政の動向、慶長期富山の大火をめぐる問題などを考察する。

さらに、宮下和幸「加賀藩の政治過程と前田慶寧」（明治維新史学会編『幕末維新の政治と人物』有志舎、二〇一八年）では、文久・元治期の世嗣の時代、慶応末期の藩主の時代、明治初年の知藩事としての各時代の前田慶寧と政治過程について論述する。

東四柳史明編『地域社会の文化と史料』（同成社、二〇一九年）のうち、加賀藩に関しては、以下の六論考を収載する。和田学「長氏と坂上大工」、袖吉正樹「加賀藩二俣村御料紙御用の実態」、見瀬和雄「前田光高政権と隠居利常の関係」、深井雅海「『太梁公日記』に見る加賀藩主前田治脩の政務」、根岸茂夫「加賀藩正室の行列と格式」、箱石大「加賀藩前田家の戊辰戦争届書」である。

雑誌・研究紀要等

まず、『石川郷土史学会々誌』四九号（二〇一八年）では徳田寿秋「「王政復古の大号令」前後の加賀藩の動向―「三州割拠」志向補遺―」を収録。

つぎに、『加賀藩研究』五号（二〇一七年）では、木越隆三「年寄連署状と初期加賀藩における藩公儀の形成」、堀井雅弘「近世武士の喧嘩と武人性」を収載。六号（二〇一八年）では、野口朋隆「加賀藩主前田重熙・重靖の諸大夫叙爵をめぐって―部屋住時代の官位拝領―」、高野信治「藩政と領民―アイデンティティと差異化の視点を軸に―」、深井甚三「金沢の蔵宿鍋屋の経営」を収める。七号（二〇一九年）では、宮下和幸「幕末期加賀藩における藩上層部の相克―「西洋流」受容をめぐる論議―」がある。

一方、『研究紀要　金沢城研究』一三号（二〇一七年）では、木越隆三「初期金沢城の造営体制と割普請」、池田仁子「元治元年前田慶寧の退京・謹慎と金谷御殿における治療」、石野友康「玉泉院永姫に関する一史料と発給文書」、庄田孝輔「金沢城建物配置図の記載情報について（1）」を収録。同一四号（二〇一八年）では、池田仁子「近世初期加賀藩藩主前田家の病と治療医家」、石野友康「金沢の地震被害と加賀藩の動き」、庄田孝輔「金沢城建物配置図の記載情報について（2）」、石野・木越「「金沢城編年史料」に収録予定の二次史料書目解説（1）―陳善録・象賢紀略―」、袖吉正樹「「小川清太見聞録」に見る藩主の日常生活」を収載。一五号（二〇一九年）では、池田仁子「金沢城主前田家の医療と医家」、袖吉正樹「加賀藩江戸本郷邸東御門通行について―割場留書役新保家文書を中心に―」を収録する。

また、『加能地域史』六四号（二〇一七年）では、池田仁子「加賀藩藩政史料にみる遠藤高璟」、同六七号（二〇一八年）では、堀井美里「海運業における情報と人間関係―幕末維新期の日記「日鑑誌」を事例にして―」を収める。六八号（二〇一九年）では林亮太「加賀藩家臣の昇進―人持組・人持末席への昇進前後を対象に―」、六九号（同年）では、番場夏希「近世金沢の芝居興行」を載せる。

『金沢大学日本史学研究室紀要』三号（二九年）では、林亮太「加賀藩人持組の構成に関する基礎的検討―元禄一四年以降を対象に―」を収載する。

さらに、『加南地方史研究』六二号（二七年）で、山前圭佑「地元著作の人北村与右衛門良忠の『民家検労図―近世南加賀の農業技術―』」、室山孝「那谷寺所蔵「加州那谷寺絵図」について」を収録する。六四号（二九年）では、山前圭佑「未だ見ぬ大杉谷村史を求めて―下里家所蔵文書を通して―」、室山孝「那谷寺所蔵「天満宮造営奉加帳」及び「諸堂道歌石寄進名記」について」、同「近世那谷寺の絵画資料情報―小原文英画「那谷之全景」屏風を中心に―」がある。

『北陸史学』六五号（二八年）では、小西昌志「加賀藩における平士頭分と役料」、大塚有将「加賀藩八家の先祖観―『三州奇談』と横山家家譜―」を収載する。

『北陸都市史学会誌』二一号（二七年）では山崎幹恭・橋本浩司・塩崎久代の三氏による「江戸後期金沢の薬種商・宮竹屋伊右衛門家の復元模型について」がある。

以上、平成二七年以降における最近年の加賀藩研究の動向を整理してきた。ここでは、参勤交代、職制、軍事、海防、生産・流通、人材登用、情報、救恤、医療、地震、藩校明倫堂、兵学・和歌・能楽などのテーマが取り扱われていることがわかる。すなわち、藩主・藩士・農工商などの階層、藩政・経済・社会・文化・教育など多方面にわたって、様々なテーマの掘り起こしが成されていることを確認した。

2　近世の社会史・生活文化史の中の医療史研究

近世の医療史研究については、すでに富士川游・日本学士院・小川鼎三・酒井シヅ・宮本義己らの諸研究がある。(2)また、蘭学史との関わりでは板沢武雄・緒方富雄・沼田次郎・片桐一男・青木歳幸ら諸氏の業績をみることができる。(3)さらに、近年では社会史的立場から、塚本学氏が近世にはそれまでの戦国期とは異なり、「生きる」ための治療を受けるという行為が生まれたとする。すなわち、「生存」への志向が生まれ、生命が尊重され、医療に対する認識・受容が高まるといった指摘がなされた。(4)

また、旧来の「医史」研究を整理し、知識・技術・情報について論述する海原亮氏は、前近代は医師らによる古医書の考究が行なわれ、戦前までは医書の知識・技術・内容の解明を中心とする。この期は「医史」研究の勃興期と位置づけられる。昭和五五年頃からは歴史学的手法による分析が中心となり、平成に入ってからは、文化史研究の新基軸として国家論等との関わりや在村医の存在形態の実証研究が注目されつつあると指摘する。(5)続いて海原氏は、学問・学統や遊学について論述し、医療という文化事象の普及・展開について、各地域と三都や長崎等との関係分析は必須の問題で、都市と人や物資の動きからの影響も無視できないとし、「医療＝文化」ととらえている。また、文化という概念は多様な内容を併存するが、一次史料に依る実証を分析し、その成果を総合することが非常に有効と説く。(6)こうしたことは、前述した深谷克己氏の説く「政治文化」につながるものと考える。さらに、木越氏も指摘するように、藩研究における政治文化、すなわち「文化」が旧来いわれている芸能などを中心としたものではなく、近世の政治史や社会史との関連の中で取り扱うべきとする（前出『加賀藩武家社会と学問・情報』）ことと相通ずるものがある。

こうしたなか、竹下喜久男氏による学びと遊びについて、あるいは吉野俊哉氏による医者ら知識層の遊学にみる交流などの研究が出される[7]。

つぎに、田端泰子「曲直瀬玄朔とその患者たち」、有坂道子「幕末の京都における医家と医療」の論考がある。前者では、曲直瀬玄朔道三がいつ、どのような人を対象に診療を行なったかの検討、織豊期から近世初期の医師と患者の関係について考察。『配剤録』以後の診察も加えて、『医学天正記』は、医学者向けに著したもので、『配剤録』などの症例を編纂した玄朔の診察記録であると指摘する。一方、後者は診療の実例や、天然痘予防の仕組み、種痘活動、小石家の医学塾究理堂の教育活動などを通して、幕末期の京都の診療、医家について考察する[8]。

さらに、医者について、次田元文氏の研究では、岡山藩の医者には、御目見医者、惣医者、番医者、近習医者、郡医者などがおり、このうち、郡医者が郡方に常駐して扶持を給され、郡村の医療に当っていたと指摘する[9]。

加賀藩では疫病などの流行時には、藩医が郡村に複数人派遣され、あるいは金沢の城下から医薬品を配給した。それ以外の平常時には村医や近隣の町医らが各々郡村の医療に当っていたものとみられる。

3　近年の加賀藩医療史・生活文化史研究

まず、都市の生活文化史研究では、深井甚三『近世の地方都市と町人』がある。戦後の近世史研究では政治史、農民史、民衆史研究が中心で、昭和四五年頃よりは、都市史研究が盛んであった。現在の日本史研究が地域史研究を重要な柱としており、前述の木越氏らの意見と同様である。こうして、深井著書では、都市住民に焦点を当て、城下町の地域的特徴を捉える。金沢は大藩にみられる多角的・多心的城下町であるとする矢守一彦氏の説を紹介。また、城下町の社会的結合について、地縁的統合と親族関係から考察。城下町としては、江戸につぐ規模を持ち、個々の町を支配する肝煎が、江戸のように複数の町を支配する形をとったという。また、金沢商家の別家形成と奉公人雇傭について、宮竹屋伊右衛門家等を例に考察する。さらに、北陸地域の湊町の発達についても触れている。[10]

一方、池田仁子『金沢と加賀藩町場の生活文化』では、藩主前田家・藩老横山家・儒者金子鶴村・寺家瑞泉寺・町家宮竹屋など、各階層の暮らしと文化および、女性・情報・心学などから、金沢を中心に考察。つぎに、加賀文人サロンの形成、城下町小松・湊町安宅・在郷町鶴来の生活文化などについて論述する。すなわち、加賀藩主の傅《もり》―御抱守制による幼君教育、金沢の上下屋敷図や系図からみた武家の居住地と社会的空間、女性の様々な活動、日本海海運の発達にともなう生活文化、武家から庶民への文化の伝播等、近世の町場における生活文化と女性の問題を考察した。[11]

なお、藩主前田家の御抱守については、その後の調査で、徳川将軍家に存在することがわかった。すなわち、国立公文書館内閣文庫「柳営録」（一六二三―一二〇九）八冊目、正保三年八月七日条に「匂坂清左衛門・戸田七内・柘植平兵衛・前田孫市郎　徳松様（徳川綱吉、正保三年正月八日生誕）御抱守被　仰付之旨於御黒書院次之間、豊後守・対馬守被申渡之」と記載されている。このことは徳川から前田家、江戸から国元加賀への制度上の文化の降下を表わしているといえよう。

また、右著書の金子鶴村について、同様に鶴村が著述し、幕府に献上したことの証左として、その後の調査により、内閣文庫本の「白山遊覧図記」〈写〉（和一六五四〇、一七五―七三、全五冊）を確認することができた。すなわち、その序文には「文政己丑二月　石原増島固（蘭園）識」と記され、各巻の表紙・中表紙・末尾にそれぞれ「昌平坂学問所」の印が押されている。なお、表紙を含め、墨付の丁数は、一冊目は三七丁、二冊目は二八丁、三冊目は三三丁、四冊目は二七丁、五冊目は二六丁である。

つぎに、加賀藩の医療史研究では、津田進三・前川哲朗・竹松幸香・徳田寿秋など個々の成果がみられる。[12]また、医者の職制や社会史的視点から藩主前田家の医療について検証した池田仁子『近世金沢の医療と医家』[13]は、前著『金沢と加賀藩町場の生活文化』に続くものである。右書では近世金沢の医療と、それを担った医家について考察。具体的には、それぞれの藩医や御家中医・町医・御用医者らが、藩主前田家の医療について、どのような体制で、どのような病に対し治療したか、城内の施設をどのように利用して活動したかといった視点から、各時代ごとに金沢城を中心に考察。さらに、これら診療・治療に携わった医者らは、藩によりどのような待遇を受けたかを、侍帳や町絵図・日記類などから抽出・分析する。同時に、金沢の城下町絵図を解読し居屋敷の位置や、医家の婚姻関係、勤務地など、医者をめぐる様々な問題についても考察する。城下の公事場・町会所など、藩の施設に勤務する医者についても素描。また、城の造営・普請に当たった職人らの怪我や病気の手当、貧民への医療についても検証する。

なお、最近『北陸医史』では、山本健・板垣英治・赤祖父一知の考察や赤祖父一知・清水正博・山本博ら諸氏の医学史関係の考証がある(14)。

4　本書の視点と構成

本書のねらいは、研究がいまだ充分でない分野について、地域内に残る一次史料を駆使することにより、一つ一つの事例を明らかにしつつ、加賀藩社会における地域史の地平を広げていくことにある。すなわち、当時の藩主や藩士・領民がどのような医療を受け、どのような生活を営んだのかを課題とし、信頼できる史料に基づき考察する。したがって、本書は、他藩や他地域との比較検討による普遍化を見出すための前段階、基礎的研究である。

具体的には加賀藩領内における社会全体を視野に、近世の人々がどのような病に対し、どのような医療を受け、如何なる暮らしを営んだのか、生活文化との関わりの中で、可能な限り政治的・社会的側面も勘案しながら、基礎的な考察・考証を試みたいと考えている。ゆえに、書名を『加賀藩社会の医療と暮らし』とした。

第一章では、近世初期における藩祖利家から二代利長、三代利常、四代光高の各代における加賀藩藩主前田家の病と治療・医師について、各人物ごとにその時期・居所・病気・治療医師などのほか、徳川方の対応や担当医師など、基礎的な問題について考察する。なお、利長・利常に関しては、新出史料、未刊の史料は翻刻し、年代比定可能なものは検討を加える。さらに、治療医師のうち重要人物である盛方院については、概要を整理し、利長の治療に関して検証するなど、医療都市金沢の一側面をみる上で、その前提としての様相を明らかにする。

第二章では、のちに最後の藩主となる慶寧の病・治療と当藩における政治史的動向を検証する。ここでは、担当した医師らが記した一次史料「拝診日記」（石川県立図書館蔵）を解析する。この史料は元治元年（一八六四）京都の守衛に当っていた慶寧の退京後の謹慎中における重病の治療に関わるものである。旧来の研究史において、この退京の一因が慶寧の病気にあった点が一部指摘されつつも看過されてきた。このことから、慶寧の病気が重病であり、症状の推移や治療体制・担当医師・役人らによる日々の治療の様相について解明する。はじめに、当時の幕府・朝廷との関係における藩の動向を把握する。つぎに、治療方法に関しては、前代と比較検討しながら、その特徴のほか、藩の政治史研究のなかで、慶寧の病・治療が希薄であった背景・理由等について探りながら、為政者側の病気・治療と政治史研究の関わりについて考証する。

第三章では、近世初期から幕末期までの藩主前田家の病と医療について、前拙著『近世金沢の医療と医家』を含めて、これまでの加賀藩医療史研究における一応の総括としてまとめたい。ここでは、特に利長の病について、その後新たに発見した未刊史料を翻刻紹介し、検討を加える。全体として、誰が、何時、如何なる病に罹り、担当した医師は誰か、といったことがらを表示化する。こうして活用の便に供することも重要と考える。地域社会をみる上で、以上のような一つ一つの基礎的研究の積み重ねが肝要である。

第四章では、加賀藩の医療政策と医学教育について取り上げる。すなわち、城下町金沢を中心に、近代の科学的医療の前提となる伝統の礎と社会史的意義を探る。非人小屋（史料に基づく史実であり、歴史史料に依り取り上げるものであり、差別を容認するものではない）での救済と医療・医者、藩校明倫堂での医学・本草学の教育、当藩の医者の種類と金沢の町場に住む医者、町医者開業試験と手続き、災害や流行病に対する郡方への医師派遣と医薬品の配給などについて考察する。

第五章では、藩老横山家の家臣と家族について、陪臣の分限帳と出生規式の様子から素描する。旧来陪臣の研究はあまり多くはないが、著者は横山家に関して、これまで陪臣である同家の重臣の居住空間や役割、出産について考察した（前出、池田仁子『金沢と加賀藩町場の生活文化』第一編二章・三章）。本書では、明治元年の横山家の分限帳を取り上げ、元禄一五年との比較検討を試みる。つぎに、右史料にみる主な役職についてまとめる。また、与力などの行政方の役職に関し考察する。このほか、右分限帳の特徴や当家の御抱え医者について、その居住地や明治二年・三年の分限帳と比較検討する。つぎに、横山家の出生規式、関係人物及び史料の紹介、出生関連規式の概要、出産と診療、御七夜御祝等にみる家族間、家臣らの動向などについて考察する。

第六章では城下町金沢・小松を中心に、暮らしのなかの医療と医者について考察する。はじめに、加賀藩の医者についてはどのような医者がいるのか把握する。つぎに、医者と出産の関わりの事例、寺家の生活と医療の事例を紹介する。また、金沢城造営における町方職人や作業人の治療・投薬のほか、町屋の年中行事にみる町人と医者の交流や町医者らの文人サロンの諸相などを垣間見る。最後に、医者に対する当時の人々の評価とも解釈される「いろはガルタ」について考察する。ここでは、全体を通し、蘭学を修得した医者の掘り起こしにも重点を置きながら、医者の実務・役割・意義について考える。

第七章では、近世における庭の利用について、保養・領民といった視点から論述する。庭や庭園は古来、これをつくり、利用できる有力者の特権であった。彼らの心の癒しであり、権威を示すものであった。やがて、近世に入り、庭や庭園は、心身を休ませ、健康を保つという保養・養生、あるいは行歩による健康増進・鍛錬の場、病後の回復、遊興・娯楽の場としても利用されるようになる。このような点から、加賀藩の事例を垣間見ながら、近代における万民のための公園誕生への前提として、一部領民との関わりにも触れながら考察していく。

第八章では、加賀の梯川河口に位置し、南加賀の商工業の中心地小松町の外港として発展する安宅町人の海運業と朝鮮への漂流生活について取り上げる。安宅では、近世から近代にかけて海運業が盛んであったが、時には海難事故や他国・遠国、大陸への漂流の憂き目に遭遇することも珍しくなかった。こうした一つの事例として、安宅の与三次屋における海運業と天保期の同家の神徳丸の朝鮮への漂流生活を取り上げる。はじめに、漂流一件の取り調べや帰還手続き等経緯について、つぎに当藩における漂流事件との比較検討を試みつつ、帰還までの所要期間と事由、漂流・寄港地での各地における生活の諸相を垣間見る。最後に、当家における帰還後の海運業としての経営や暮らし向きについて、客船帳や当地に残る文書など、一次史料からその周辺部を探っていく。

第九章では、『新修小松市史　資料編一三　近世村方』（石川県小松市、平成二八年）において、著者が担当した諸史料から現在の小松市域に当たる能美郡及び一部江沼郡を含む村々を対象に、生活文化と医療について考察する。はじめに、小松町周辺の村々の出来事、御餌指一件、小松町打ちこわしへの村人の連座、農業に支障の出来事、借銀問題、変死人・行路人の問題について素描する。つぎに、日常・非日常生活における人生模様として、養子縁組と相続、結婚、元服祝、引越、親孝行と褒章、刑罰赦免と奉公、病死と葬送について検証する。また、医療と文化について、十村の顕彰と儒者金子鶴村、疫病と救済米、今江村の医家岡山家の医業と医学、医学塾への遊学について紹介する。最後に、農民思想と村の信仰について、「農民鑑」と任誓一件、浄土真宗における講と御真影、宗門人別、志納金と離檀、神社信仰と奉納俳額などについて、史料の紹介と問題点について整理する。

以上のような点から多くの方々に眼を通していただき、使用の便に供することも研究書の一つとして重要な役割であると確信する。したがって、研究がいまだ不充分な分野を中心に、埋もれている史料の発掘も重要と考える。普遍性を引出そうとして急ぐがあまり、重要な事例を見落とす危険性は避けなければならない。一般的なことなのか、特殊なことなのか、極力数多くの事例を信憑性のある一次史料から考証する姿勢が求められよう。論理を急ぐより確実な史料により確固とした歴史像を描くことが先決であり、重要であると考える。

このようなことから、本書では、前田家が支配する加賀藩という近世の地域社会に生きる様々な人々の主体的で活動的な生き方を探っていきたいと考えている。

註

（1）深谷克己「藩とはなにか―日本の近世化と近代化を考える―」（『加賀藩研究』創刊号、平成二三年）。

（2）富士川游『日本医学史』真理社、昭和二三年、日本学士院編『明治前日本医学史』、日本学術振興会、昭和三九年、小川鼎三『医学の歴史』中公新書、昭和三九年、酒井シヅ『日本の医療史』東京書籍、昭和五七年、宮本義己「戦国期の医療」「近世の医療」（新村拓編『日本医療史』吉川弘文館、平成一八年）などがある。

（3）板沢武雄『日蘭文化交渉史の研究』吉川弘文館、昭和三四年、緒方富雄『緒方洪庵伝』岩波書店、昭和三八年、片桐一男『蘭学、その江戸と北陸―大槻玄沢と長崎浩斎―』思文閣出版、平成五年、沼田次郎『洋学』新装版、吉川弘文館、平成八年、青木歳幸「近世の西洋医学と医療」〈前掲（2）新村編所収〉など。

（4）塚本学『生きることの近世史―人命環境の歴史から―』平凡社、平成一三年。

（5）海原亮『近世医療の社会史―知識・技術・情報―』吉川弘文館、平成一九年、二～一九頁。
（6）海原亮『江戸時代の医師修業―学問・学統・遊学―』吉川弘文館、平成二六年、一一・三五三～三六八頁。
（7）竹下喜久男『近世の学びと遊び』思文閣出版、平成一六年、吉野俊哉「幕末期の「物産会」に見る物と人の交流」（『富山県立山博物館研究紀要』八号、平成一三年）。
（8）田端泰子・有坂道子の論文はともに、京都橘大学女性歴史文化研究所『医療の社会史―生・老・病・死―』思文閣出版、平成二五年に所収。
（9）次田元文「岡山藩の医者について」（『岡山地方史研究』一四一号、平成二九年）。これについて、大西泰正氏より情報提供いただいた。
（10）深井甚三『近世の地方都市と町人』吉川弘文館、平成七年、五・七・一七八・一九四・二四八頁など。このなかで深井氏は、矢守一彦『都市プランの研究』（大明堂、昭和四二年）において、城下町金沢が多角的・多心的城下町であるとされていることを紹介する。
（11）池田仁子『金沢と加賀藩町場の生活文化』岩田書院、平成二四年。
（12）津田進三「加賀藩の医療制度」（『石川郷土史学会々誌』創刊号、昭和四三年）、前川哲朗「疱瘡・コレラの流行と対策―藩政期疾病史の試み―」（『市史かなざわ』六号、平成一二年）、竹松幸香「加賀藩上級武士の疾病・医療について」（『加能地域史』四七号、平成二〇年）、徳田寿秋「医療の発展と旧医師会の活動」（『石川県医師会創立百年史』北國新聞社、平成二五年）。
（13）池田仁子『近世金沢の医療と医家』岩田書院、平成二七年。
（14）山本謙・板垣英治・赤祖父一知「金沢医学館一期生の集合写真はどこで撮影されたか」（『北陸医史』三八号、平成二八年）、赤祖父一知・清水正博・山本博「「反求舍」異聞―金沢における心学所と種痘所の関係について―」（『同』三九号、平成二九年）。

第一章　初期藩主前田家の病と治療・医家

はじめに

これまで著者は金沢の暮らしや文化についてまとめた『金沢と加賀藩町場の生活文化』を、さらに、城内での藩主前田家の医療や医者をめぐる諸問題について整理、『近世金沢の医療と医家』なども上梓し、藩の医療・救恤政策、医学教育などについて考察した。特に近年、近世の医療について、政治史的視野から考証することの重要性についても論じた[1]。

しかし、これら近世の医療についての考察は、不充分であり、侍帳や城下町絵図を検索し、近世初期からの医者についてみてきた。前田家の医療総体について、加賀藩祖利家から四代光高までの医療についての考察は、未だなされていない。また、金沢城下の医者や遊学に関しても不充分であった。なお、藩祖利家は天正九年（一五八一）織田信長より能登を拝領、同一一年豊臣秀吉から金沢城と北加賀二郡（石川・河北）を増封された。同一三年以降は豊臣政権下、主に上方に住み、あるいは戦争に赴いていた。

本章では、こうした点を踏まえ、利家から利長・利常・光高の四代における前田家の医療、病気・治療に関して、いつ、どこで、どのような病気に罹り、病状がどうだったか。藩内や徳川家等からの対応、どの医家の治療を受けたかなど基礎的な問題について考察していきたい。

また、利長・利常に関しては、管見の範囲で、未刊の史料を翻刻し、年代比定の可能なものは検討を加える。さらに、治療に当たった医家のうち、重要人物に関する史料を紹介、治療との関わりについて検証していく。こうしたことは、医療都市金沢の一側面をみる上で、その前提となるものとして重要であろう。

第一節　利家の代の病気と治療

藩祖利家の時代は、まだ戦国の世であり、戦傷などから生命を維持し、生存していくといった気風がみられるが、戦国大名や武将、公家などの貴人を除き、医者を召抱えて医療に取り組ませるという医療制度などは未整備の状態であった。

さて、前田家初期四代の病や治療について、部分的に『加賀藩史料』(2)（以下『藩史料』と略記）一～三巻などに収録してあるが、この場合、本章では出来る限り原本にて確認した。また、『藩史料』以外で管見に触れた未刊及び既刊史料をも取り上げることに努めた。なお、本章では特記しない史料については、金沢市立玉川図書館近世史料館加越能文庫蔵のものである。これらに基づいて近世初期の治療と医家に関し、主な事例を掲げるが、これらがすべてでないことはいうまでもない。特に利家らの病気に関するものは、伝聞も少なくなく、記述内容に誇張のある場合も否めない。しかし、同時期に書かれた史料も少なく、およそ前田家の病気・治療を見る上では、これらを除外してみることも極めて困難である。しかし、例えば利家に関する多くの伝記の中でも「利家公御代之覚書」など、出来る限り古いもの、その後の記録類のもとになったとみられる史料を選択・活用することに努めた(3)。

まず、利家及びその子利政の病気・治療について表1からみて行こう。

表1　前田利家・利政の病気の事例

年月（西暦）	居所	人名（年齢等）	主な内容（症状・病名、治療医、諸方対応等）	主な典拠史料
天正18年（一五九〇）7月10日	京都　聚楽	利政（13歳）	関東の陣から利家は、小田原北条氏政・氏直父子の降伏を報じ、又若（利家の子利政）の眼病を見舞い、油断なく養生するよう、なお又若患の事心許ない事等、書状を送る	「松雲公採集遺編類纂」一三九巻（「三輪文書」）
文禄4年（一五九五）	京都	同右（18歳）	孫四郎（利政）は疱瘡に罹り、著名な医者衆を呼寄せ、薬は夕庵が処方、やがて快気、その間太閤・関白らは日々御見舞う	「亞相公御夜話」中巻、「高徳公御夜話」下巻
慶長3年（一五九八）4月～5月	上野草津温泉↓金沢	利家（61歳）	湯治に行き（京都よりヵ）、以白（伊白、出羽最上出身）の鍼治療受け、初め効き目あり、30日程過薄墨のような小水出て、草津の湯に入り、金沢（城）へ上ってからも、薄墨色止まらず	「利家公御代之覚書」、「利家記」四巻、「陳善録」、「高徳公遺誡鈔」上巻
慶長4年（一五九九）2月11日	大坂	同右（62歳）	利家は病中にて村井豊後（長頼）ら重臣を召寄せ、篠原出羽（一孝）・神谷信濃（守孝）取立てにつき話す	「国祖遺言」
同年2月29日	大坂↓伏見	同右	利家は疾病中、家康に謁するため、大坂より伏見に来る	「天寛日記」52冊本七巻
同年2月	大坂	同右	路次（庭）を遊覧、御咽より白き細き虫出、村井勘十郎（長明）が引出す。御虫の御持病有り	「利家公御代之覚書」、「利家記」五巻
同年3月8日	同右	同右	徳川家康は利家へ返礼に御越、御煩弥重りと申し御対面、御重病難治の躰にて対面する	「陳善録」、「関屋政春古兵談」

同年3月13日	同右	同右	徳川家康は利家の宿所に宛て御煩の見舞状を送る	「加越能古文書写」（「羽咋郡菅原村行長文書」）
同年3月15日	同右	同右	利家は御咽より虫二筋出、御遺物等につき芳春院（利家正室）に書かせる	「国祖遺言」
同年3月19日	同右	同右	徳川家康は利家の宿所に宛て、御煩の見舞状を送る	「寸錦雑編」
同年3月21日	同右	同右	利家は病が進み、芳春院に遺書を記させる	「高徳公遺誡鈔」下巻
同年閏3月3日	同右	同右	利家が逝去する、享年62歳（一説に63歳）、前日2日乗物にて大坂城内山里丸の路次へ出る。（ある時利家は鶴を食し虫に当る、また、秀吉が聚楽に在城時手料理を振舞われ、虫持病故、御小姓二人連れ門内に入ると述る）	「利家公御代之覚書」、「利家記」五巻、「陳善録」、「三壺聞書」六巻上（「国祖遺言」）

「天寛日記」は国立公文書館内閣文庫蔵（同文庫の「天寛日記」には46冊本、52冊本、58冊本〈外題は「寛永日記」〉の三種がある）、「三壺聞書」に関しては、本章を通し、金沢市立玉川図書館近世史料館加越能文庫蔵、一七冊本を活用した。なお、「寸錦雑編」は、原本を確認することができず、刊本『藩史料』に依った。

表1より利政の病気に関しては、天正一八年（一五九〇）「又わか（又若、利政）め《(眼)》いよ〳〵よく候や、ゆたん《(油断)》なくようしやう《(養生)》御させ候へく候」（「松雲公採集遺編類纂」一三九巻、「三輪文書」）と見え、利家は利政の眼病の見舞いと同時に、小田原城主北条氏政・氏直父子が降伏したことを領内に報じている。また、利政は文禄四年（一五九五）一八歳で疱瘡に罹り、著名な医者衆が呼び寄せられ、夕庵という医者が薬を処方している。[4]

つぎに利家については、表1より慶長三年四月から亡くなる翌四年閏三月までの事例に関し、以下のようにまとめることができよう。一点目は上野草津温泉への湯治と伊白による治療である。慶長三年（一五九八）（京都よりヵ）、利家は草津へ「御湯治之時、今春七郎、はりたて以白（伊白、出羽最上）御供」し（「利家公御代之覚書」）、以白の鍼治療を受ける。初め効き目があり、三〇日程過に薄墨のような小水が出て、草津の湯に入ったが、金沢へ上ってからも薄墨色が止まらなかったという。二点目は喉より白き虫が出るという「虫持病」（蛔虫病、蛔虫症）であった。このような時は、村井勘十郎（長明）が口から虫を引き出した。また、同年利家の御喉より虫二筋が出たことにより、先行きを安じ、御遺言を芳春院に書留させた。三点目は徳川家康より複数回にわたる「御煩」に対する見舞いがあった。例えば慶長四年三月一三日利家に宛て、「弥無御油断御養生専一候」（「加越能古文書写〈羽咋郡菅原村行長文書〉」）と見える。(5) 一方、利家も病中ながら、家康に謁するため、大坂より伏見に赴いている。このように、前田家は礼状とともに逐一病状の報告を行なっている。この背景には、前田・徳川両家の間がきわめて緊張関係にあったことがうかがわれる。四点目は養生として、大坂屋敷に造らせた庭内を遊覧し、逝去の二日前に乗物で大坂城の山里丸の庭に出て散策、保養したという。(6)

第二節　江戸における芳春院の病と医療

慶長五年（一六〇〇）芳春院は上方から人質として江戸に赴き、同一九年金沢に帰った。この間、有馬温泉への湯治などもあるが、足掛け一五年の間、江戸で暮らした。芳春院の病と治療について、表2に示した。なお、江戸における近世初期の上屋敷は、慶長一〇年利常が家康から拝領したという辰口邸が知られるが、上方から下ったばかりの芳春院は江戸のどこで暮らし始めたのかは定かでない。今後この点も検証していく必要があろう。(7)

表2　江戸における芳春院の病と医療

年月（西暦）	年齢（歳）	主な内容（症状・病名、治療医、諸方対応等）	典拠史料
（慶長5〜13の間）〔一六〇〇〜一六〇八〕	54〜62	病は一進一退で辛いが、25日より少し和らぎ、この日は胸の痛みは無し。しかし、喉ばかりが痛い。このまま快方に向うと思うが、これまでこのように長期間痛むことはなかった	「芳春院消息」千世宛、土佐（家政313）
慶長9〔一六〇四〕18日	58	喉の調子も余りよくなく、困っている。が、食欲があるゆえ、良いほうである	「芳春院消息」千世宛、射水33
（慶長10〜19の間）〔一六〇五〜一六一四〕10月6日	59〜68	9月より喉が腫れて胸も痛み、玄鑑の調合した薬を飲んでいる	「芳春院消息」千世宛、土佐（家政311）
（慶長10〜19の間）〔一六〇五〜一六一四〕16日	59〜68	薬を飲み、灸治療も行ない、元気になったゆえ、このまま死ぬことはない。利長が江戸へ来ることを心待ちにしており、また、「京」（利政）は自分（芳春院）の病については何も知らないでしょう。いまだ手が震える	「芳春院消息」千世宛、射水32、「村井文書」二巻
慶長11年〔一六〇六〕6月6・7・8・10日	60	蛔虫症に細菌性下痢が加り、曲直瀬玄朔が診療（6・7日霍乱吐瀉して心下虫痛む〈寄生虫による腹痛、心痛〉、足冷え脈沈遅す、安胃湯、勝紅円ノ之剤、陳青稜我良各一匁莎二匁、右入姜一煎、8日痛み止み吐亦止む、大便常に瀉す、今弥瀉し口乾く、理中湯、霍香正気を与う、五苓合、10日渇止み瀉同前、育脾散、回ノ参苓白朮湯散、参朮令山宿霍貴姜蓮訶蔻炮甘各等分）	「医学天正記」（寛永4年版、京都大学富士川文庫本〈『薬史学雑誌』38巻1号〉）
（慶長11年6月）〔一六〇六〕	同	3日に「かいき」（咳気）が再発し、6日に「大むしくい」（廻虫）がひどく暴れ、二、三日苦しみ、さらに腹中が様々痛み、難儀した（激しい嘔吐と下痢ヵ）。「道三」（曲直瀬玄朔）に付きっ切りで治療してもらい本復した。このようなことは一生に二度とない程で、ひどく苦しんだ。22日より起きているが、身体はまだ衰弱している	「芳春院消息」千世宛、射水35

（慶長13年ヵ）〔一六〇八ヵ〕17日	（62カ）	朔日より恐ろしき病に冒され、薬師衆の診断は、気の疲れに血が錯乱して出血し、その後気が強いゆえ、本復したとのことであった。3日の昼より晩まで耳盥を八度替え夜4時分まで流れる如く出血、「大うす会」（デウス所、キリスト教会）に奇特な薬があるとのこと、橋爪縫殿（宗俊）が取りに行き、その薬でうがいをしたら、湧き出ていた血が止まった。そのうち薬も飲まず、脈が途切れ、身が石の如くになり、水ばかりが身体から流れるように出て行き、夜が明け、脈が少しずつ戻った。	「芳春院消息」村井長次宛、射水13
（慶長15年10月ヵ）〔一六一〇〕29日	（64カ）	湯治で一段と息災になり、灸も数多すえている	「芳春院消息」村井長次宛、射水17
（慶長17～19の間）〔一六一二～一六一四〕9月	66～68	咳気がひどく、散々につらい思いをする	「芳春院消息」「ほうがうは」（芳春院の孫直之の乳母）宛、土佐（家政315）

慶長一一年の芳春院に関する曲直瀬玄朔の診療日記にみる診療については、吉澤千恵子・御影雅幸・多留淳文「『医学天正記』に見られる芳春院殿（前田利家公正室まつ）診療記録に関する考察」（『薬史学雑誌』三八巻一号、平成一五年）による。これ以外は、『前田土佐守家資料館所蔵・射水市新湊博物館所蔵　芳春院まつの書状図録』前田土佐守家資料館、平成二四年を参照。典拠史料欄の土佐は前田土佐守家資料館蔵、射水は射水市新湊博物館蔵を表わし、数字などはそれぞれ館蔵の文書史料番号を示す。

芳春院の病・治療について、表2より整理すると、喉痛・咳気、胸痛、蛔虫症、これにともなう腹痛・心痛、嘔吐・下痢のほか、歯茎よりの大量出血などの病症を垣間見ることができる。このうち、喉痛・胸痛では、曲直瀬玄鑑による投薬治療を受けている。また、曲直瀬玄朔の診療日記「医学天正記」より蛔虫症に細菌性の下痢が加わるといった病状をうかがい見た。さらに、歯茎よりの大量出血については、慶長一三年とみられる月不詳九日付芳春院の書状が、尊経閣文庫にある。また、芳春院は二年続けて歯茎より出血したという（千代宛九月九日付利長書状、センチュリー文化財団所蔵、慶応義塾大学附属研究所斯道文庫寄託[8]）。

上記の曲直瀬玄朔（一五四九～一六三一、正紹、道三、延命院、延寿院）は、曲直瀬道三正盛（一五〇七～九四）の養嗣子で、文禄元年（一五九二）秀吉の征明軍に従い肥前名護屋へ向かい、毛利輝元の療治のため渡韓、翌年帰国。同四年豊臣秀次切腹に侍医の故をもって水戸に配流、のち後陽成天皇を治療、赦免された。慶長一三年秀忠加療のため江戸に赴き、屋敷を拝領、隔年江戸に居住する。また、曲直瀬玄鑑（一五七七～一六二六、今大路道三、親純、親清）は、玄朔の子、幼時より秀忠に仕え、東福門院（秀忠娘和子、後水尾天皇の中宮）の難産（出生したのは後の明正天皇）を治療した。寛永三年（一六二六）秀忠に従い京都に滞在し、崇源院（秀忠室）の病用の後、江戸へ帰る途中箱根で没する[9]。ともあれ、芳春院も玄朔・玄鑑の在江戸の時、治療を受けたことになる。

ほかに、芳春院は病気の治療として、鍼灸や湯治を行なったが、元和三年（一六一七）七月一六日金沢城にて没する。なお、表2において、慶長一五年とみられる芳春院が消息を宛てた村井長次は、藩老村井家の二代目で、慶長一〇年利家と芳春院との娘千世を正室とした。

第三節　利長らの病と治療

利長は天正一三年（一五八五）越中三郡（砺波・婦負・射水）を秀吉より拝領し、慶長二年（一五九七）越中守山城より富山城に移り、翌三年父利家の隠居により前田家二代目となり襲封。同五年南加賀二郡（能美・江沼）を家康より拝領、一〇年利常に三代目を継がせ隠居し金沢城より富山城へ移る。[10] 一四年三月富山城火災のため、一旦は魚津城に移り、新たに築城した高岡城に同年九月引き移る。この高岡城における利長の病と治療について、まず、これまで『藩史料』などに翻刻されている史料を手掛かりに可能な限り原本に当り、その概要をまとめる。つぎに、未刊の史料を翻刻して検証を試み、概要を把握する。さらに、病気の治療を担当した医家、盛方院などについて素描する。

1　翻刻史料などにみる利長の病と治療

利長の病と治療・医家について、これまで主に『藩史料』に翻刻された史料をもとに整理し、表3に示した。

表3　利長の高岡での病と治療

番号	年月〔西暦〕	年齢（歳）	主な内容（症状・病名、治療医、諸方対応等）	典拠史料
1	慶長15年〔一六一〇〕3月27日	49	徳川秀忠は利長に宛て、腫物煩いにつき、療養専一と見舞い状を書く	「加藩国初遺文」八巻
2	同 4月朔日	同	秀忠は利長に宛て、所労心許無く、重ねて溝口伯耆（宣勝）を遣わし、油断なく療養すべきと書状を送る	「同」八巻
3	同 4月4日	同	利長は幕府老臣本多佐渡守（正信）・大久保相模守（忠隣）に宛て、先の秀忠の御教書を請け、腫物の義御下知を加えられ、礼状を書く	「同」八巻
4	同 4月9日	同	利長は本多佐渡守・大久保相模守に宛て、重ねて御教書を頂戴し、溝口伯耆守を指下し、腫物の義忝き上意につき礼状を書く	「同」八巻

5	同 4月10日	同	徳川家康は利長に宛て、煩い心許無いゆえ、使者を指遣わし、養生専一のこと見舞状を送る	「同」八巻
6	同 4月18日	同	利長は本多上野介（正純）・村越茂介（直吉）に宛て、先の家康の御教書を頂戴し、岡田新三郎殿を指下され、腫物の義忝き上意につき礼状を認める	「同」八巻
7	同 12月15日	同	本阿弥光悦は、今枝内記重直に宛て、利長の御腫物が未だ治らないのは気の毒だが、少しわだかまりを取り除き、何かにつけて楽しむ気持ちを持ち、色々工夫して過ごすと良いことなど書き送る	「本阿弥光悦書状」
8	慶長16年〔一六一一〕2月2日	50	徳川秀忠は利長に宛て、所労を御見舞い、療養専一として、鷹狩りの雁二〇を送る旨書状を出す	「加藩国初遺文」八巻
9	同 2月15日	同	利長は幕府老臣本多佐渡守・大久保相模守に宛て、過日の徳川秀忠の御内書を頂戴し、雁二〇拝領、所労につき養生の旨御下知につき御請状を書く	「同」八巻
10	同 2月16日	同	利長は山崎長徳に宛て、自ら上洛しないこと、腫物が再発し、特に外くるぶしを病み、長らく立っていることができず、つとめて養生することを告げる	「山崎文書」「加賀古文書」
11	同 2月20日	同	利長は腫物が特に再発し、山崎長徳にその子阿波守長郷の存ずる薬師の周旋を依頼する	「同」「同」
12	同 2月28日	同	利政は神尾図書（之直、利長重臣）に宛て、利長の娘満姫の煩いにつき、思いがけず相果てた（21日）由承り、お悔やみの書状を書く	「前田利政書状」
13	同 5月15日	同	利長は利常に宛て、腫物が再発し、行歩叶わず、病気ゆえ不甲斐無く、存命のうちに万端両御所様仰出の御置目を守り、諸事家中仕置き油断なき事などの思いを書状に認める。また、前田対馬守（長種）等家臣らに腫物が再発し、行歩叶わず、病気ゆえ不甲斐無く、存命のうちにとの思いで申出の条々を書く	「加藩国初遺文」八巻

14	同 5月27日	同	利常の意を受け、奥村栄明・篠原一孝・横山長知は尾張熱田の神職龍大夫に、利長の不例につき、平癒祈念として神前にて、大々神楽を致すよう申し入れる	「尾張熱田松岡氏伝記」
15	同 6月4日	同	利長は幕府老臣本多佐渡守・大久保相模守に宛て、腫物を煩い、所労ではあるが、腫物が平癒し、行歩が叶えば江戸へも行ける故、芳春院の帰国を許さぬよう、また、「盛方法印（盛方院）・慶祐法印」を遣わされた故、養生する旨書状を認める	「加藩国初遺文」八巻
16	慶長16年 6月15日	50	利長は幕医盛方法印に宛て、薬を処方、以降、女方等の義は無用にて不養生なことは控え、食事も好物は慎むことなど、起請文を書す	「同」八巻
17	（同カ） 6月17日	（同カ）	利長は藤堂和泉守（高虎）に宛て、所労・腫物の義につき、此頃上方より盛法印・慶祐法印頼入り御下向により薬治療などの効き目が少し現れたこと等書送る	「同」八巻 「国事雑抄」六巻
18	（同） 6月20日	（同）	前田利政は神尾図書之直に宛て、利長の病に対し、盛方院（吉田浄慶）の薬が大方効き目があったとのことで、大慶、満足であると書状を書く	「前田利政書状」
19	同 6月27日	同	徳川秀忠は利長に宛て、盛方院・慶祐を下国させ治療に当たらせ、養生肝要と書き送る	「加藩国初遺文」八巻
20	同 7月6日	同	利長は幕府老臣本多佐渡守・大久保相模守に宛て、煩いのため上意として、幕医盛方院を遣し下されたおかげで治療・処方薬の効き目があったこと、慶祐法印の治療も受けたことなど、礼状を書す	「同」八巻
21	同 8月29日	同	利長は利常に宛て、諸篇常々用所の義を質問してくる事は、病中の礎になる故、金沢にて年寄共と相談し良きように極めるよう、また、見舞いに来るのは無用のことなど、条々書き送る	「万治以前定書」
22	同 11月10日	同	利長は大久保相模守に宛て、病気再発のため、盛方法印下向につき、礼状を書く	「加藩国初遺文」八巻
23	同 12月2日	同	利長は直江安房守（本多政重）に宛て、盛方法印が下向し、その治療を受け、効き目を得たこと等、御礼の書状を出す	「本多氏古文書等」二巻

24	同 12月4日	同	利長は幕府老臣本多佐渡守・大久保相模守に宛て、家康・秀忠の見舞状を謝し、腫物平癒は難しく、行歩叶わず、長患いにつき、従臣を少々金沢へ引越させたこと等、御取り成しの了解を求む	「加藩国初遺文」八巻
25	慶長17年（一六一二）正月23日	51	豊臣秀頼は芳春院に宛て、高岡の利長のもとへ盛方院を遣わし、処方薬の効き目が有る由伝え、芳春院に対しても、息災か安否を問う	「豊臣秀頼自筆書状」「加藩国初遺文」八巻
26	同 閏10月8日	同	利政は神尾図書之直に宛て、利長の腫物が再発し、御痛のこと、返書の見舞状を書く	「前田利政書状」
27	同 閏10月24日	同	利政は神尾図書之直に宛て、利長腫物再発早々御快気の由、目出度きこと、盛方院下向にて養生薬効き目あり治定のこと等、返書をかく	「同」
28	慶長18年（一六一三）4月14日	52	利長は病気は以ての外のこと（思ってもみないこと）、使者をもって音物を幕府に贈る。一説では利長の病は虚病であり、欺きとの謳歌があらわれる	「天寛日記」46冊本二六巻
29	慶長19年（一六一四）3月13日	53	本多政重は河合忠兵衛・松本権丞に宛て、腫物が再発し、手足が不自由で、歩行困難だが、京へ引越し、隠居し、知行を徳川へ返し、死没したら国にて葬礼を希望しているとの利長の意中を幕府に伝えて欲しい旨、覚書を認める	「本多氏古文書等」二巻
30	同 5月20日	同	長年に亘る腫物のため、利長は死去、53歳（一説では「唐瘡」によるとする）。この年春ころより例ならぬ心地にて、金沢の医師・針立が指し集い、治療するが、次第に重病となり、逝去する	「慶長年録」「三壺聞書」九巻

「前田利政書状」は前田育徳会所蔵（『新修　七尾市史　3　武士編』七尾市役所、平成一三年）、「豊臣秀頼自筆書状」は京都芳春院所蔵（『大坂の陣　四〇〇年祈念　特別展　豊臣と徳川』大阪城天守閣、平成二七年）、「本阿弥光悦書状」は京都光悦寺所蔵（京都国立博物館図録『琳派　京を彩る』平成二七年）、「山崎文書」は金沢工業大学蔵（写真）、「天寛日記」は内閣文庫蔵を活用。また、「尾張熱田松岡氏伝記」及び「慶長年録」は原本未確認で、『藩史料』に依った。

表3の7番「本阿弥光悦書状」は、年欠の一二月一五日付の今枝内記宛てのもので、図録では慶長四年以降の書状としているが、[11]つぎのことがらから、慶長一五年に年代比定することが可能である。なぜなら、書状の中で「御まんとのハ御手習ニ候哉」「御腫物いまた」治らずと見えるからである。この時、光悦は利長の病に対し、楽しむ心をもって工夫し過ごすことを勧めている。「御まん」は利長の娘満姫で、慶長一六年二月二一日に没している。この書状について、満姫が生存しており、なお且つ利長の腫物が発病している年を考えると、慶長一五年一二月一五日のものに年代比定できることが明らかである。

なお、慶長一六年二月二八日、利政は神尾図書之直に宛て、利長の娘満姫の病没の報を受け、驚入り、是非に及ばざる次第と書状を書き送っている（表3の12番）。

つぎに、22番の慶長一六年一一月一〇日条の史料に関し、「加藩国初遺文」八巻では明確な年代の記載はなく、編者の森田平次の考証では、「右年譜載之係于慶長十七年、按ニ五月五日付直江安房守ヘノ親翰ニ拙者事自旧冬腫物再発云々ト載玉ヘハ、十五年ノ冬ヨリ再発シタリト聞ユ」と見えるが、『藩史料』では一六年の条に比定し収載している。これは盛方院の下向、治療の年が一六年であることに基づいているものとみられる。

さらに、利長の病に対しても徳川から前田家に医者を派遣している。例えば15番の慶長一六年六月四日の事例にも見られる。また、利長は腫物が治れば江戸へ行けるゆえ、芳春院を帰国させないようにと述べており、ここには偏に前田家の安泰を願う利長の強い意志がうかがわれる。また、徳川方は利長が本当に病気かどうか、確かめるためにも医師の盛方院を派遣する意味もあったものとみられる。この背景には、徳川との綿密な情報交換をすることにより、相互の関係を保っていたものとみられる。利長は豊臣恩顧の大名であったことから、あるいは祈祷と称して、調伏する場合もあり得たのではなかろうか。

因みに、盛方院については後述するが、表3の15・17・19番に見える慶祐（一五四六～一六一四）は曽谷寿仙ともいう。父に継いで医を業とし、天正一一年（一五八三）法眼に、同一四年法印に昇り、のち「豊臣太閤腫物」の治療に当たった。文禄四年（一五九五）「台徳院（徳川秀忠）殿腫物」に薬を献上、慶長一六年（一六一一）には後陽成院の病に際して、薬を献上し、のち「外科伝語二巻」を撰するなど、腫物等外科を専門としていたようである[12]。

以上、表3より利長の病、腫物をめぐる様子について、つぎのようにまとめることができる。一点目に、家康・秀忠など幕府よりの見舞いの書状・金品、これに対する前田家からの礼状。二点目に、幕府から医者盛方法印・慶祐法印の派遣と治療、及び症状の緩和。三点目に、行歩叶わず、存命の内に家中仕置など、統治に関する利長の申渡し。四点目に、家臣山崎長徳にその子長郷存知の医者派遣の要請。五点目に、病平癒のため神仏への祈祷の申入れ、などである。ほかに、豊臣秀頼より芳春院へ宛てた利長らの見舞状、これに関する書状が知られる。

このように、少なくとも慶長一五年から一九年の足掛け五年の間、隠居の身であるとはいえ、利長は腫物に苦しみ、時には歩くことも叶わず、度重なる不安の中で、領国内の仕置きや前田家の安寧を願っていた様子がうかがわれた。

なお、「乙夜の書物」三巻（加越能文庫）によれば、天正期利長は越中守山に在城のとき、みかんを四〇～五〇食し虫気が差出て御大事となり薬師衆が薬を処方し、夜ようやく快気したという逸話がある。また、「又新斎日録」四巻（同）によれば、利長は慶長年中、明の儒者王伯子を召したが、その書賛のある山水画が、後に金沢の医者津田豹阿弥所蔵の逸品の中にかつて存在したという。ここには利長と王伯子、津田豹阿弥の文化的交流がうかがわれる。

ところで、利長の正室玉泉院（織田信長娘）は、利長とともに高岡在城のとき「必（間違いなく）気欝のかたまりと成ル」（「三壺聞書」八巻）などと見え、気欝の病に罹ったという。元和九年（一六二三）五〇歳にて没するが、病、死因については定かでない。

2 「北徴遺文」所収聖安寺文書にみる利長の腫物と治療

つぎに未刊史料である、「北徴遺文」八巻（石川県立図書館森田文庫蔵）所収聖安寺文書の翻刻を通して、利長の腫物と治療について、紹介しよう(13)。

〔1〕利長書状、一一月朔日付

聖安寺ゟ見事之寒菊くれられ候、此比未稀之事候、心付之通、令満足之旨、能々申度候、
かしく、

十一月朔日　御判

（朱書）
「以下十五通御直筆也」

〔2〕利長書状、脇田九兵衛・大橋左内宛、一九日付

（墨引）　九兵へ（脇田直賢、詰小将衆、一二三〇石）　ひ（肥前守利長）
左内（大橋左内、大小将衆、二〇〇石）

しやうあんし（聖安寺）それニいられ候や、しゆもつ（腫物）もちとくろ（黒）ミものき（除）申候やうに御入候かと存候、ミられ候ハヽ、出し、ミセ可申候、それにおよ（及）はす候ハヽ、出申ましく候、
かしく、

十九日

〔3〕利長書状、脇田九兵衛・大橋左内宛、一一月一五日付

（墨引）　九兵衛　ひ
左内

今日のくすり《薬》なく候間、しやうあん《聖安》寺をよひ《呼》候ハ、あわさせ可申候、昨日のくすりの《飲》ミ申候、一たん《段》ふく《腹》中もよく候由、可申候、又今日ひよ《日良》く候間、かのきう《灸》おも只今いたし申候由可申候、以上、

十一月十五日

〔4〕利長書状、聖安寺宛、一一月一五日付

（墨引）
せうあん《聖安》寺　ひ
まいる

我々しゆもつ《腫物》のくすり《薬》給候ニついて、あミたほぞん《阿弥陀本尊》にうらはん《裏判》のすミつき《墨付》給候、誠々ねん《念》の入候事まんぞく《満足》候、我々ふたん《普段》のしほき《仕置》くい《食》物なとにぎんミ《吟味》いたし候間、ねん《念》の入られ候事、一入まんぞく《満足》と、其方へたい《対》し、きづかい《気遣》ニてハなく候、ふたん《普段》のしおき《仕置》のてい《躰》に候間、其心へ《得》ニて可被下候、　かしく、

十一月十五日

〔5〕利長書状、監物・九兵衛宛、一一月一六日付

（墨引）　けん物　ひ
九兵衛

一昨日きう《灸》をいたし、くすり《薬》をの《飲》ミ候て、しゆもつ《腫物》すこし《少》うつき《疼》やミ《止》申候やう候、
一、ふく《腹》中いよ〳〵よく候、かわる《変》事候ハ、可申候、以上、

十一月十六日

〔6〕利長書状、聖安寺宛、一一月一七日付

（墨引）　しやうあん《(聖安)》寺
　　　まいる　　　　　ひ

一、とくたち《(毒断)》の事、心へ候せんとおろし申され候、さんり《(三里)》の二ツノきう《(灸)》まていたし申候間、下のきう《(灸)》今日いたし可申候、ふく《(腹)》中かわる事なく候、以上、

十一月十七日

〔7〕利長書状、聖安寺宛、一一月二一日付

(朱書)「後」

（墨引）　しやうあん寺
　　　まいる　　　　　ひ

一、ふくちう《(腹中)》かわる《(変)》事なく候、
一、しゆもつ《(腫物)》一たん《(段)》やハらき《(和)》申候、
一、そとくろ《(外踝)》ふしのしゆもつ《(腫物)》うづき《(疼)》候へ共、さしたる事なく候、つけくすり《(付薬)》にてハ、いへ《(癒)》す候、あかり申かと存候、
かしく、

十一月二十一日

〔8〕利長書状、脇田九兵衛・大橋左内宛、一一月二〇日付

(朱書)「前」

（墨引）　九兵へ
　　　左内　　　　　ひ

かく中《(内山覚仲)》しやうあん《(聖安)》寺朝出られ候ハゝ、いかにもねんの入、めし《(飯)》をふるまい《(振舞)》候へく候、大所《(台)》人に申つけ候

ハヽヽまい《毎》朝ふるまい候へく候、以上、

十一月廿日

〔9〕**利長書状、一一月二二日付**

此由物語候へく候、

かしく、

十一月廿二日

しようあん《聖安》寺よくつめ《詰》られ候、あさ《朝》夕ふるまい《振舞》の事、よくねん《念》の入可申候、かやうにほねおり《骨折》の所ニしせん《自然》我々どく《毒》なとくい《食》申候事、あるへきなと、そん《存》せられ候事もあるへし、ゆミや《弓矢》八まん《幡》とく《毒》なとすこし《少》もくい不申候、又一義の事ハ叶ハせんゟようせう《養生》のため、一ゑん《円》なく候間、（以下原文のママ、冒頭へ続くカ）

〔10〕**利長書状、脇田九兵衛・大橋左内宛、一一月二三日付**

九兵へ

（墨引）　左内　ひ

今日ハひるじふん《昼時分》よりむしさし《虫指》出候間、明日のくすり《薬》ハまつ《先》一ふく《服》せんし《煎》候て、あけ候へく候、くすりのたゝり《祟》にてハ候ましく候と存候、あし《足》ハいよ〳〵くつろき申候、以上、

十一月廿三日

〔11〕**利長書状、聖安寺宛、一二月二日付**

（墨引）　しやうあん《聖安》寺　ひ

つけくすり《付薬》なく候ハヽ、これゟ可申候、

一、むし《虫》心もさきほと《先程》ゟやハらき《和》申候、
一、かう《香物、薬味の意カ》物之事心へ《得》候、
一、くろふし《踝》の所まへ《前》のことく《如》にハうつき《疼》候ハねとも、おし《押》候へハ、うミ《膿》ハ上へすこし《少》つゝ出申候、大きにわなり不申候、
一、あしかう《足甲》のおりめ《折目》の物、まへ《前》ゟハ大方いへ《癒》より申候、
一、くさミ《臭》ハまへ《前》のことくにて候、

かしく、

十二月二日

〔12〕利長書状、脇田九兵衛・大橋左内宛、正月三〇日付

（墨引）　九兵へ
　　　　　左内　　ひ

せいあん《聖安》寺ないやく《内薬》のに、入くわへ《加》、おなし《同》の内やく《薬》をのミ《飲》度候、それにても一たん《段》よく御入候つる、かく中《内山覚仲》・道かん《藤田道閑》へもだんかう《談合》させ可申候、以上、

正月卅日

〔13〕利長書状、聖安寺宛、二月一日付

（墨引）　せうあ《聖安》寺
　　　　　まいる　　ひ

我々しゆもつ《腫物》に　御所さま《様》ゟはいれう《拝領》のうんけんかう《繧繝香カ》のかうやく《膏薬》をつけ《付》申候、かようのしゆもつ《腫物》にもよく候や、

あまりうづき《疼》申候間、つけ申候、あまりつよき《強》こうやく《膏薬》にて候ハヽ、はんゟ《晩》ハつけ《付》申ましく候、かしく、

二月一日

〔14〕利長書状、聖安寺宛、二月二日付

（墨引）　せうあ寺《聖安》　ひ
　まいる

しゆもつ《腫物》かわり《変る》事なく候、今夜もうづき《疼》申候、くすり《薬》ハ一昨日のくすり《薬》のことく《如》に候や、昨日のくすり《薬》ハ、一昨日のようち《り》とあぢ《味》かちか《違》へ申候かと存候、今日二ツのきゆ《う》（灸）いたし度候、かしく、

二月二日

〔15〕利長書状、聖安寺宛、二月三日付

（墨引）　せうあ寺《聖安》　ひ

しゆもつ《腫物》今夜ハちといつゟ《も脱》うづき申候、ふくちう《腹中》もすこし《少》こわり《強》して、夕部・けさ《今朝》くるし《苦》申候間、あまりくるし《苦》申候かけん《加減》ハむよう《無用》ニ候へく候、以上、

二月三日

〔16〕利長書状、聖安寺宛、二月一一日付

（墨引）　せうあ寺《聖安》　ひ
　まいる

くすり《薬》なく《なし》候間、可給候、今夜さしてうつき《疼》不申候とて、よ《夜》おもよく《良》ふせり《臥》申候、ふく《腹》中もかわる事なく候、かしく、

二月十一日

〔17〕利長書状、市川長左衛門・宮井二郎右衛門宛、正月七日付

年頭祝儀として聖安寺ゟ鳥目五十疋くれられ候、満足のよし、心へ《得》候て可申候、

かしく、

（墨引）

市川長左衛門
宮井二郎右衛門

肥

正月七日　利長御印

「《朱書》右高岡一向宗聖安寺蔵」

〔「加藩国初遺文」八巻（加越能文庫）註書〕

「北徴遺文」にみる〔1〕～〔17〕の史料は、「加藩国初遺文」八巻にもほぼ同文が収録されており、右一七点の史料のあとに、編者森田平次によるつぎの註書があるゆえ、紹介しておこう。

右十七通北徴遺文載之、

原書ハ越中国高岡聖安寺所蔵、

按ニ右聖安寺ハ本願寺派真宗ノ道場ナリ、其頃ノ住職医道ヲ心得、殊ニ功者ナルニ依テ、御療養方ヲハ被命タルナルヘシ、又右　御真筆ノ親簡中ニ、かく中《内山覚仲》・道かん《藤田道閑》へもだんかう《談合》させ可申ト載玉フ、かく中・道かん皆扶持シ玉ヘル医師ノ名ナリ、元和元・二年ノ士帳ニ、三百石　内山覚中、百石　道閑ト記載シ、寛永四年ノ士帳ニモ御

薬師衆　三百石　覚中、百二十石　道閑　トアリ、諸士名言録云、元祖内山覚中ハ　瑞龍公（前田利長）富山ニ御在城中被召出、今富山ニ覚中町ト称スル地、即チ覚中ノ居跡ナリト云、

又按ニ右親简共ニ、九兵へ・左内ト載玉ヘル、九兵衛ハ脇田九兵衛直賢ニテ、左内ハ大橋左内也、

一、慶長十年富山御隠居士帳ニ、

大小将衆　　二百石　　大橋左内

詰小将衆　　弐百三拾石　　脇田九兵衛

一、脇田如鉄自伝云、文禄元年ノ暮、備州岡山ニ来ル、秀家卿の室孤を憐ミ給て、御母公へ翌年被送る時、予八歳也、御母公御慈悲の余り御嫡子中納言利長卿へ被送遣御母子両君の養育を以て人と成、利長卿越中富山江御隠居の刻も彼地へ被召連、若輩の処、恩賞の地百石拝領、其後百三拾石御加増、近習御奉公申上ル、加越能の大小身農工商ニ至まて大半、予諸事之取次を被　仰付、然処ニ妻子依不帯、脇田氏先生重之か姪に嫁シ、姓を改て、脇田トシ、弥御近習盛ンなるに依て、為讒者一ヶ年の内閉居ス、云々、又云、　瑞龍院様御代三ヶ国小取次被　仰付、某と大橋左内宛所之御直書方々ニ而有之、云々、

上記史料一七点の原本は越中高岡の真宗本願寺派聖安寺所蔵であること、同寺の住職は医道を心得ていたこと、九兵衛は詰小将衆の脇田直賢で二三〇石、左内は大小将衆の大橋左内で二〇〇石であるなど、筆者森田平次の考証がなされている。また、藩医の内山覚仲・藤田道閑の当時の石高は、加越能文庫の侍帳では内山が三〇〇石、藤田が一〇〇石から一二〇石に加増され、上記史料の内容と一致していることがわかる。(14)

なお、上記の史料の多くは九兵衛・左内に宛てているが、〔5〕の「けん物」については、「慶長年中御家中分限帳」（「慶長延宝加陽分限帳」）に恒川監物・篠島監物・生駒監物（御小将分、一〇〇〇石）などが見え、今後の検討がま

たれる。

ともあれ、先の〔1〕〜〔17〕の史料は、ほぼ次のようにまとめることができる。一点目に、聖安寺より利長への進上の金品とその礼状（〔1〕〔17〕）。二点目に、腫物の痛みと腹中の傷、内服薬、付け薬、灸など、聖安寺の治療（〔2〕〜〔7〕、〔10〕〜〔12〕、〔14〕〜〔16〕）。三点目に、当時、治療医家として聖安寺のほか、内山覚仲・藤田道閑の談合による治療が行なわれていた様子。さらに、覚仲・聖安寺への振舞いのこと（〔8〕〔9〕〔12〕）。四点目に、聖安寺の待遇と養生の心得（〔9〕）。五点目に、御所様（家康）より拝領の膏薬にて治療していること（〔13〕）、などである。このうち、特に〔11〕の史料は、利長が聖安寺に宛て、腹中の虫も和らぎ、薬味のことは心得た。くるぶしの所は前のようにはうずかないが、手で押すと膿が少しずつ出てくる。足の甲の辺は前よりは良くなっている。臭みは前の如くである。付け薬がなくなったら、自分から申そう、というような内容である。これらには利長の腫物の症状が痛々しく、且つ生々しく描かれている。こうした病状も一進一退を繰返していたものとみられる。

3　「村井文書」二巻、「神尾文書」「沢存」の翻刻と利長の病

つぎに、未刊史料として「村井文書」二巻、「神尾文書」、「沢存」（いずれも加越能文庫蔵）の中から主なものを翻刻・紹介し、利長の病について、垣間見ることとしたい。

〔18〕「村井文書」二巻、芳春院消息、千世宛、一一月六日付

返々、ひせん（肥前、利長）のやうたい（様態）とを〱（遠々）にてとり〱（取り取り）ニ申こし候まゝ、あんし（安じ）いりまいらせ候までにて候、われ〱いとま（暇）の事、いろ〱（色々）さいかく（才覚）申候へ共、なか〱になり申さす候、うらめしき事にて候、ちゝもしへのこそて（小袖）、ふたり（二人）への文まいらせ候、そなたのひやう（村井長家）ふした（仕立）ちか御入（要）候て、おし（惜）候ハんとそ候へハ、ちいさ（小）

く候ハヽ、いま又こしらへ申候、おそくまいらせ候、かしく、
たより《便》候まゝ、一ふて《筆》申まいらせ候、せいほうゐん《盛方院》さゝい《些細》にて、くわ《加》ゝりまいり、おもけ《重気》もすきすきと候へかし、
とねんし《念じ》申候までにて候、おほち《保智》もちか〳〵《近々》にさん《日参》のよし《由》にて、ゆわ《岩》もまいりたかり候へとも、時分にてなり候
ハて、ミつをつかい申候、そこもとちか〳〵にて、御入候まゝ、よろつ《万》肝いられ候べく候、かしく、

十一月
　六日　（墨引き）　はう《芳春院》
　　　　　　　　　ゟ
おちよ《千世》
　まいる
　申給へ

〔19〕「神尾文書」一巻、利長書状、神尾図書宛、（慶長一七年）閏一〇月八日付

つしよ《図書、神尾之直》　まいる　　　ひ《肥前守利長》

我々きやい《気合》かわル事なく候、きんハ《近者カ》まへ《前》のことく《如》うすうす《マヽ》かわニなり申候間、心やすく候へく候、又
セいほういん《盛方院》のやと《宿》せられ候由、たいき《大儀》とも候、まんそく《満足》申候ようの事、申さるへく、にハか《俄》ニハ、
どうぐふセい《道具風情》もあるましく候間、此方へ申さるへく、かしく、
後十月《慶長一七年》八日

〔20〕「神尾文書」一巻、利長書状、神尾図書宛、七月九日付

つしよ《（図書）》
まいる
ひ

しめ《（主馬）》所へいまたれい《（礼）》四人おも、つかい不申間、よく心へ《（得）》て給候、
こんと《（今度）》セいほういん《（盛方院）》へしめおやこ《（主馬親子）》しんし《（進）》候、かきつけ并ほういん《（法印）》しめ《（主馬）》内うち《（行カ）》の物《（者）》へつかハれ候もくろくミ《（目録見）》申
候、こんと《（今度）》ハほういん《（法印）》のやと《（宿）》をいたし、ぞうさ《（造作）》とものよし申度候、以上、

七月九日

〔21〕「神尾文書」一巻、利長書状、神尾図書宛、七月七日付

つしよ《（図書）》
まいる
ひ

よくれい《（礼）》とも申さるへし、たのミ入候、
わさと《（態）》申入候、依セいほういん《（盛方院）》御尋とほり《（通）》の由、こんと《（今度）》ハ御くすり《（薬）》にて、ほんふく《（本復）》いたし候事、誠ニ忝存候、御
いとまこい《（暇乞）》ニそれまてまいり《（参）》候てなりとも可申所ニ、いまた《（未）》こしたち《（腰立）》不申候間、つしよ《（図書）》を以、御れい《（礼）》申入候由、
其方まいり《（参）》よく申さるへく候、以上、

七月七日

〔22〕「神尾文書」二巻、利長書状、神尾図書宛、二月九日付

つしよ《図書》　ひ

内々申候物とも、とらへ《捕》申され候由候、よきてうぎ《調義》をせられ、しうなし《雌雄カ》をよくとらへ申候、我々も此間おもて《表》へ出候て、きゝ《聞》度候へ共、うで《腕》ニしゆもつ《腫物》出来候ていたミ《痛》、さん〱《散々》のてい《躰》にてある事候間、出す《ママ》候、しうの《雌雄カ》ある物おも、とらへ《捕》申候由もっとも候やと、いけ《遺計》まてとらへ《捕》申事、きひ《気味》よき事候、早々加州ニい《居》申候おも申つかいとらへ《捕》度候、かしく、

二月九日

〔23〕「神尾文書」二巻、利長書状、神尾図書宛、五月三〇日付

つしよ《図書》　まいる　ひ

わさと《態》申入候、依ちくせん《筑前、利常》わつらい《煩》大方ハよく《良》候へ共、いまた《未》こゝもとへこし《越》可申てい《体》にてなく候間、ねんと《年頭》のれい《礼》の事ハ、たれ《誰》にてもこし《越》候やうニ、ゆき《往カ》にて申され候て、よく候へく候、此方ハミまい《見舞》の事、むかし《昔》ゟがんでう《頑丈》ニなり候ハすハ、これゟ申とめ候へく候、かしく、

五月卅日

〔24〕「神尾文書」二巻、利長書状、神尾図書宛、一一月一二日付

尚々、ちくせん《筑前、利常》と申物は、われら《我等》申事をゆめほともきか《聞》ず候間、かやうの事申候もこゝろもとなく《心許無》候、かしく、

ちくせんしよじやうミ《筑前書状見》申候、せいハういん《盛方院》ふるまい《振舞》候ハんよし《由》に候、もつともにて候、しかしなから、むつかし《難》き事、いやがられ《嫌》候間、こゝもと《茲許》にてふるまい《振舞》はいら《要》さる事とそん《存》し候、のほり《上》のしぶん《時分》、いつれ《何》のとまり《泊》にても、ふるまは《振舞》れ候やうにて申へく候、此よし《由》かたく《堅》申つかわしまいらせ候、たか《鷹》のかん《雁》弐つつのかミ《角髪、奥村栄頼》につかわし《遣》申候、よく心へ《得》候て申さるへく候、

十一月十二日　（印《印字「長盛」、利長》）

つしよ《図書》

〔25〕「神尾文書」二巻、利長書状、神尾図書宛、六月二四日付

ちくせん《筑前、利常》ところよりつかい《使》として、あさのセうけん《浅野将監五郎右衛門、物頭》こし《越》候よし《由》に候、せいほういん《盛方院》へはなむけ《餞》の事、われ〳〵《我々》いんきよ《隠居》におうし《応》候ほと、つかわし申へく候あいた《間》、此よし《由》申へく候、又ちくせんところよりかしら《頭》にて、はなむけ《餞》セられ候ハんよし《由》に候、そのいんしゆぎ《院主義カ》、いまさしつ《指図》ハならす候やうす《様子》によりこれより申へく候、此よししや《由使者》へよく《良》申へく候、ねん《念》を入られ候て、まんそく《満足》のよし《由》、ねん比《懇》ニよく《良》申へく候、かやうのおんな《女》のかき《書》申候ふミ《文》、かしらなとへつかわし《遣》申ましく候、その心へ《得》まいらせ候、

六月廿四日　（印《印字「長盛」》）

つしよ《神尾図書之直》

〔26〕**「神尾文書」三巻、前田利常書状、神尾図書宛、一二月二二日**

謹令言上候、然者盛法《方院》印下国之儀ニ付、秀頼様へ為御礼以宮城采女《長成》申上候処、片桐市正《且元》所より返札為御披見令進上候、路次中無異儀、京着被仕候由候、委細采女可申上候、此等之旨、宜預御披露候、恐々謹言、

十二月廿二日　　松平筑前守

利光《利常》（花押）

神尾図書殿

〔27〕**「沢存」、利長書状、神尾図書宛、五月二日付**

（つし《よ》□へ　ひ）

さきへあんな《案内》へ可申候、

三吉《三好因幡守一任》いなは殿御ミまへ《見舞》のよし《由》候、かたしけなき《忝》事候、御けさん《見参》ニいり可申候、御ふるまい《振舞》など申入、御目ニかゝり度候へ共、すね《脛》のしゆもつ《腫物》ゆへ、ちやうざ《長座》ならす候、其方そんし《存じ》のことく申入候へく候、まつ御目ニかゝり可申候、かしく、

五月二日

以上、〔18〕～〔27〕の史料をまとめると、一点目に、母芳春院が娘千世に宛て、利長の病を案じており、盛方院も治療に加わり、保智（利家娘、慶長一九年没）の日参の由、岩（保智の生母）[15]も参りたがっていることなどを書き送っている（〔18〕）。二点目に、利常は利長の重臣神尾図書（之直、のち九〇〇〇石）に宛て、盛方院の「下国」につき、秀頼様へ御礼として宮城采女（長成、七〇〇石、のち一三〇〇石）をもって申し上げたところ、片桐市正（且元、秀頼の後見）の所より返礼があり、この度盛方院は（利長の治療を終え）、路次中無事に京着されたこと、利長に報告する

よう命じている（〔26〕）。三点目以下は、神尾図書に宛てた利長の書状である。特に盛方院の宿の造作、振舞い、餞のことなど（〔19〕〔20〕〔24〕〔25〕）。盛方院の薬で（一時的にヵ）本復したこと（〔21〕）。腕にも腫物が広がり、痛みが甚だしく、また、脛の腫物のため、長座が出来ないこと（〔22〕〔27〕）。「三吉いなは殿」（三好因幡守一任、信長・秀吉・家康・秀忠らに仕える）[16]等見舞いのこと（〔23〕〔27〕）、などで、利長は図書に書き送っている。

つぎに、〔20〕の史料に見える盛方院の宿を担当した主馬について触れておきたい。[17]当時主馬を称した者をみると、「高岡衆分限帳」では「利長公慶長二年越中森山（守山）ゟ富山江御移被成、同四年金沢御越被成、同十年富山江御隠居之時分被　召連候人数之覚」として、四〇〇〇石の大音主馬、また、同史料中大小将衆として二五〇石、大井主馬丞が記される。さらに、「慶長十六年八月八日ニ金沢江被遣候衆」として、四〇〇〇石大音主馬が見える。また、慶長一〇年「富山侍帳」には、大音主馬のほか、大井主馬（二五〇石、大小将衆）が、さらに、「慶長之侍帳」には、野村主馬（一〇〇石）、近藤主馬・堀田主馬。また、「慶長年中御家中分限帳」（「慶長延宝加陽分限帳」）には、奥野主馬（五〇〇〇石）、本庄主馬、行山主馬（二〇〇石）などが見える。このほか、忍びの者という四井主馬も知られる。

さて、慶長一六年六月四日には盛方院は高岡に下向し、利長の治療に当った（表3）。「主馬」は大音主馬厚甫（〈明治二年「先祖由緒并一類附帳」〉厚用とも。「諸士系譜」は好次。大井久太郎直泰の子、故有り、大音に改称、厚甫の嗣子は主馬好政）に比定できよう。このように考えると、この治療の後、同年八月主馬は金沢に遣わされていることになる。したがって、〔20〕の史料は慶長一六年であろう。なお、玉川図書館近世史料館蔵「前田肥前守御書」（〇九一、〇—二三八）に「おとうしゆめの介」などと見える。ともあれ、〔20〕の史料をめぐって、これら「主馬」の人物比定など今後の課題である。

4　盛方院と利長の治療

つぎに、利長の治療に当たった盛方院について、述べていきたい。

『新訂寛政重修諸家譜』巻五によれば[18]、盛方院は吉田と称し、その祖は丹波康頼（九一二～九九五）の後胤典薬頭頼基より出で、数代が近江国志賀に住し、初め志賀と称す。のち浄勝のとき吉田に改めたという。また、家祖浄快の父は浄貞といい、浄快は坂士仏の猶子となり、近江坂本に居し医業を始めたという。以下、略系図を示しておこう。

①**坂浄快**（坂士仏四男、近江坂本にて医業、称光院〈一四〇一～二八〉へ薬を献じ、法眼、法印、秘法二十八剤を撰）‖②**浄秀**（宮内卿、盛方院、法印、実は典薬頭篤直二男、後花園院〈一四一九～七〇〉に薬を献、鴻宝秘要抄を撰）（‖は養子を示す、以下同）――③**浄孝**（治部卿、盛方院、三位法印、医業、癩病治す、揖仙方を著）――④**浄喜**（宮内卿、盛方院、法印、足利義尚〈一四六五～八九〉の病を治療、直済方を著）――⑤**浄運**（治部卿、盛方院、法印、明応年中〈一四九二～一五〇一〉明に留学、後柏原院〈一四六四～一五二六〉に薬を献上、山名因幡守に医術を教え、新撰方三十一巻を著）――⑥**浄見**（宮内卿、盛方院、法印、医術等学び、増損附益抄を著）――⑦**浄盛**（治部卿、盛方院、法印、医業、古今伝授し抄を撰）――⑧**浄忠**（宮内卿、盛方院、法印、正親町院〈一五一七～九三〉及び足利義昭〈一五三七～九七〉に薬を調進、永禄八年〈一五六五〉没、年五五、浄忠小双紙を書）――⑨**吉田浄勝**（治部卿、盛方院、法印、医業、織田信長〈一五三四～八二〉の病を治療、天正一二年〈一五八四〉没、年三五、妻は細川兵部大大家臣松井山城正之の娘、達源方二十二巻を撰）‖⑩**浄慶**（宮内卿、盛方院、法印、実は浄忠二男、後陽成院〈一五七一～一六一七〉の薬を調進、文禄元年〈一五九二〉豊臣秀吉に随い名護屋の陣所に赴き、のち徳川家康に仕え、駿府・江戸に参り、御番を勤める、慶長一九年〈一六一四〉没、年六一）‖⑪**浄珍**（治部卿、盛方院、法印、実は浄

勝の子、慶長一六年〈一六一一〉勅により大典侍局を治療、のち家康に仕え、大坂の役に供奉、元和七年〈一六二一〉没、年三九、妻は細川越中家臣松井佐渡康之の娘）――⑫**浄元**（宮内卿、盛方院、法眼、法印、元和七年相続、五〇〇石、徳川秀忠に一一歳で初拝謁、寛文九年〈一六六九〉没、年五九）――⑬**浄友**（隆友、治部卿、盛方院、法印、寛文九年相続、一〇年法印、元禄三年〈一六九〇〉小普請、享金方を著、同一二年没、年五四）――⑭**浄仙**（宮内卿、盛方院、法印、貞享四年〈一六八七〉徳川綱吉に初拝謁、元禄一二年相続、同年寄合列、法印、一三年奥医、同一五年改易、宝永五年〈一七〇八〉没、正徳三年〈一七一三〉赦免）‖⑮**真陽**（快隆、正徳三年小普請、兄浄仙の跡相続、翌年二〇人扶持、寛保元年〈一七四一〉寄合列、同年番医、宝暦二年〈一七五二〉解職、一一年没、年六五）――⑯**真清**（快軒、快惇、快隆、享保一九年徳川吉宗に初拝謁、一一年相続、明和二年〈一七六四〉辞し、安永元年〈一七七二〉没、年五一）――⑰**丹厚**（快諄、明和元年徳川家治に初拝謁、安永元年相続、六年致仕、翌年没、年三二）――⑱**頼幹**（貞伯、快庵、法眼、安永六年相続、天明二年〈一七八二〉番医、寛政三年〈一七九一〉寄合列、翌年奥医、法眼、八年御匙見習、稟米二〇〇俵）――**頼修**（栄菴、寛政八年徳川家斉に初拝謁、時に二〇歳）

以上である。この中で利長の治療に当たったのは、一〇代の吉田浄慶とみられる。少なくとも同人は慶長一六年六月～一七年閏一〇月頃までの間であろうことは、表3でわかる。さらに、詳細にみるために、諸史料にみる盛方院の事例を表4に示した。[19]

表4　諸史料にみる盛方院の事例

	史料名	年　月・日	盛方院の表記	該当人物
1	「草津そうさ所宛秀吉書状」	（天正11年）2・12	せいはうゐん	吉田浄勝
2	「医学天正記」乾上	天正17年　4・	盛芳院浄慶	吉田浄慶

	〈曲直瀬玄朔の医書、治験収録のカルテ集〉	慶長3年10・2	盛方院浄慶法眼	同
		同　3年	盛方院	同
3	「同」乾下	〈文禄3年12・朔〉	盛方院	吉田浄慶
4	「兼見卿記」㈥〈吉田神道宗家の吉田兼見の日記〉	文禄4年11・14	盛方院	吉田浄慶
5	「兼見卿記　第四」	天正18年正・6、3・16、9・9、9・16、9・21、9・30、11・28、12・1、12・3 同　19年正・10、5・17、5・21、6・2、8・7、8・25、9・23、12・23 同　20年8・13、9・2	盛方院	吉田浄慶
6	「鹿苑日録」二十七〈京都相国寺鹿苑院の歴代院主等の日記、編年体の編纂物〉	慶長2年4・2	盛方院	吉田浄慶
		同　4・16	盛法印	同
		同　12・10	盛方	同
7	「豊臣氏三奉行連署状」〈増田長盛・浅野長政・前田玄以より島津義弘宛〉	慶長3年7・15	盛法印	吉田浄慶
8	「舜旧記」第二〈神道家で僧侶の梵舜［吉田兼見の弟］の日記、「梵舜日記」とも〉	慶長7年正・15、4・29、7・3 同　8年正・14、3・15 同　10年正・18 同　11年正・9	盛方院	吉田浄慶
9	「同」第三	慶長12年正・9、3・28、7・8、8・9、8・18、8・28、9・9 同　13年正・17、正・28、3・5、3・15 同　15年正・3、正・6、6・30 同　17年正・6、7・28、12・8〈利長治療済み、「盛方院自加州依上洛見廻罷」〉	盛方院	吉田浄慶

10	「同」第四	慶長18年 正・23、正・28、2・26、4・25、7・20、11・25	盛方院	吉田浄慶
		同19年 正・9、正・13、5・4（没）、5・7（弔）、9・15、12・28		
		同20年 正・21	盛方院	吉田浄珍
11	「同」第五	元和2年 12・27	浄勝（盛方）院	吉田浄珍
		同4年 正・4、正・26、7・13、10・30（盛方院浄慶息）、12・11	盛方院	吉田浄珍
		同5年 4・2、6・25、7・23、8・27、10・15、12・12		
		同6年 正・21、2・30、3・30、4・23、5・19、6・9、8・16、9・28、10・11、11・28、12・2、閏12・9		
12	「当代記」第四〈織豊～江戸初期の編年体記録書〉	慶長12年 閏4・8	盛法印	吉田浄慶
13	「同」巻九	慶長19年 5・4	盛法印	浄慶（死去）
14	「言継卿記」〈公家山科言継の日記〉	慶長16年 10・24	盛法印	盛方院浄慶
15	「細川忠利書状」〈肥後熊本藩初代藩主細川忠利の書状〉	（寛永8年） 閏10・9	盛方院	吉田浄元
		（慶長16年頃ヵ） 12・21	盛法印	吉田浄珍
		寛永6年 3・23	同	吉田浄元
		年未詳 7・11	盛方院	同
		寛永8年 8・9	同	同
16	「同」	元和5年 3・14	盛法印	吉田浄珍
17	『江戸幕府日記 姫路酒井家本』〈姫路藩主酒井家伝来の江戸幕府の	寛永11年 3・18、3・26	盛方（芳）院	吉田浄元

	日記〉			
18	『同』	同16年　閏11・朔	盛芳院	吉田浄元
19	『同』	同17年　6・18	同	吉田浄元
20	「明暦年録」第一巻	明暦2年　4・10、10・晦	盛方院	吉田浄元
21	「寛文年録」	寛文元年　4・19、12・朔	盛芳院	吉田浄元

1〜21までの典拠の刊本は以下の通り。1草津市立街道文化情報センター蔵、名古屋市博物館『豊臣秀吉文書集　一』吉川弘文館、平成二七年、2近藤瓶城編、近藤圭造校訂『改定 史籍集覧 二十六』近藤活版所、明治三五年、3同、4岸本真実「兼見卿記」(六) 文禄四年自七月至十二月(『ビブリア』一二三、平成二七年五月)、5橋本政宣・金子拓・堀新・遠藤珠紀校訂『兼見卿記　第四』八木書店、平成二七年、6辻善之助編『鹿苑日録　第二巻』続群書類従完成会、平成三年、7『大日本古文書　家わけ第十六　島津家文書之四』東京大学史料編纂所、平成二三年、8鎌田純一校訂『舜旧記　第四』続群書類従完成会、昭和四八年、9同、昭和五一年、10同、昭和五四年、11同、昭和五八年、12『史籍雑纂　第二』国書刊行会、昭和四九年、13同、14『大日本古記録　言継卿記　上』岩波書店、平成七年、15八代市立博物館未来の森ミュージアム『松井文庫所蔵古文書調査報告書　十五』平成二三年、16同『同　十七』平成二五年、17藤井譲治監修『江戸幕府日記　姫路酒井家本』三巻、ゆまに書房、平成一五年、18同八巻、同、同年、19同九巻、同、同年、20『江戸幕府日記　第一編之一』野上出版、昭和六〇年、21『同　第一編之三』野上出版、昭和六一年。なお、20・21とも原本は内閣文庫蔵である。

表4のように、盛方院は治療を中心に往来・贈答品の授受等をめぐり、「舜旧記」の梵舜、「兼見卿記」の吉田兼見、「言継卿記」の山科言継などの公家衆、秀吉・徳川家康ら天下人や奉行、細川家等の有力大名、曲直瀬玄朔などの著名な医家の記録類や書状に見えている。なお、表4の9に関連して、前田育徳会尊経閣文庫蔵「天寛日記」によれば、「舜旧記」慶長一二年四月八日条の結城秀康の死去の記事に「盛芳院」の名も見えている(「当代記」)。ともあれ、今後この盛方院をめぐる詳細な研究が期待される。

表3・表4にみえるように盛方院による利長の治療は、慶長一六年から一七年であることがわかるが、この間ずっ

と越中高岡に滞在したとは考えにくい。なぜなら、盛方院は表4の9「舜旧記　第三」に見えるように慶長一七年正月六日・同七月二八日には京都におり、また、14の「言継卿記」に記されているように、慶長一六年一〇月二四日には江戸に居ることが明らかである。

さらに、「舜旧記　第三」により、慶長一七年一一月二五日に利長の病の治療として、「盛方院自加州依上洛見廻（舞）罷」などと見え、少なくとも慶長一七年一一月より少し前まで盛方院吉田浄慶が、越中高岡にて治療に当たり、金沢城に立寄り、何らかのもてなしを受けたのではなかろうか。

以上、利長の治療と盛方院について小括すると、慶長一五年～一九年までの利長の病は腫物で、治療に当たったのは、幕医の盛方院吉田浄慶及び腫物の名医、曽谷慶祐のほか、高岡の聖安寺住職、藩医の内山覚仲・藤田道閑などであることがわかった。

第四節　光高・清泰院の病と治療

寛永一六年（一六三九）利常の隠居により、四代藩主となった光高とその正室清泰院（大姫、水戸徳川頼房娘、家光の養女）の病と治療について、表5に示した。

表5　光高・清泰院の病と治療

年・月・日〔西暦〕	人名〔居所〕	年齢〔歳〕	主な内容（症状・病名、治療医、諸方対応等）	典拠史料

寛永8・5・29（一六三一）	光高（金沢）	17	光高は病臥となり、利常父子へ幕府より御書を下賜される	『徳川実紀　第二篇』
同15・正・13（一六三八）	光高（江戸辰口邸）	24	横山山城守（長知）・本多安房守（政重）は越中砺波郡埴生神主へ宛て、光高が正月2日より疱瘡につき、平癒祈祷執行の旨前田利次（利常の子）が仰出につき申出	「越中古文書」一巻
同15・正・19	光高（同右）	同	光高の疱瘡平癒を賀し、徳川家光は光高等に阿部豊後守忠秋を使いとし銀品を贈る	「天寛日記」五四巻、『徳川実紀　第三篇』
同15・2・4	清泰院（江戸辰口邸）	12	大姫（清泰院）の疱瘡発病につき、尾張・紀伊・水戸の三家は江戸城に登営し、老中に謁し見舞う	「天寛日記」五四巻、『徳川実紀　第三篇』
同15・2・13	清泰院（同右）	同	大姫の疱瘡平癒につき酒湯を行い、御祝儀を徳川家光より拝領する	「天寛日記」五四巻、
同15・8・10	光高（江戸辰口邸）	24	光高所労につき幕府の若年寄朽木稙綱を使いとし、家光は鮭を下賜し、朽木も御肴を贈る	「天寛日記」五五巻、『徳川実紀　第三篇』
同18・6・16	光高（同右）	27	光高所労につき、幕府は上使阿部豊後守を遣わし、御礼として利常は登営する	「天寛日記」六三巻
同21・2・朔（一六四四）	光高（同右）	30	光高病痾により、家光は朽木稙綱を使いとして見舞いに遣わす	『徳川実紀　第三篇』
同21・5・3	光高（同右）	同	幕医「啓廻院意安」は、今枝民部に宛て、翌朝光高の拝診の義、了承につき返事を書す	「湯浅三輪両家伝書」
正保2・4・5（一六四五）	光高（同右）	31	光高「頓死」（『徳川実紀』）、朝光高は茶の湯に老中を招待、数奇屋にて茶をたてんと勝手にて仕度中に亭主光高「頓死」、「医師中」「療治」するが、終に不蘇生、「近習の小姓の為に弑」せらる（「御日記」）、「阿部対馬守重次、其外医師衆一両人参会ス」（「寛	『徳川実紀　第三篇』、「御日記」、「寛明日記」二五巻、「古文章大全」「三壺聞書」一二巻

正保2・4・5（一六四五）	光高（江戸辰口邸）	31	明日記」）、前田利治は本多安房守に宛て、「朝御胸御痛疾指出、一両度吐逆秘成、御見舞、其儘御絶候」と書送る（「古文章大全」）。御振舞御膳済み、「御酒宴半に光高公御目暈心地にて、正気以之外取うしなはせ給ひければ、何も肝を消し興さめて」「御気付薬針治灸治」させるため「御医者玄琢法印」を呼寄せ、灸治するが、御面形も変り、絶命される（「三壺聞書」）	『徳川実紀　第三篇』、「御日記」、「寛明日記」二五巻、「古文章大全」「三壺聞書」一三巻
同2・5・12	清泰院（江戸辰口邸）	19	大姫産月により幕府医員「大膳亮三悦」（「道峻擄卜補」）を加賀藩邸に附置く	『徳川実紀　第三篇』
明暦2・9・23（一六五六）	清泰院（同右）	30	大姫は五七日御不予のところ、俄かに差詰り、養生叶わず、逝去となる	「古案記等三種」

この表では、「天寛日記」は前田育徳会尊経閣文庫蔵、『徳川実紀　第二篇』『同　第三篇』『同　第四篇』は、黒板勝美、国史大系編集会編、吉川弘文館、昭和五一年（表6とも）、「寛明日記」は内閣文庫所蔵史籍叢刊第六七、『寛明日記（二）』吸古書院、昭和六一年を活用、なお、「御日記」は原本にて確認できず、『藩史料』による。

表5の光高については、藩主就任以前の金沢及び以後の江戸辰口邸での病・治療などを示したが、正保二年（一六四五）光高は没する。すなわち藩主として在職したのはわずか足掛け七年であった。生前のある時、御医師覚与に大臣・小臣などについて意見を論じ述べたといい、学問好きな光高の一面をうかがうことができる（「可観小説」）。覚与は寛永四年侍帳に二〇〇石と見える。[20]

ともあれ、表5より光高及び清泰院の治療に当った医者について述べていきたい。[21]まず、「湯浅三輪両家伝書」に「判　啓廻院　意安法印」とみえる。「啓廻院」という医者は現時点では確認できないが、意安の院号ということであろう。今後他の史料での確認が待たれる。この「意安」は吉田意安とみられ、吉田宗恪（一六一三～八四）という幕医で、元和八年相続する。同人の姉か妹が「大膳亮三悦」の妻である。『江戸幕府日記　姫路酒井家本』の寛永一一年三月一八日条・同二六日条にも、その名が見える。[22] また、後の意安について、天保一五年（一八四四）「天保武鑑」の中に幕府医師衆として「叙位後物法印之上座、父法印七百石、三はん丁吉田意安法印」などと見える。[23]

つぎに、玄琢（一五九〇〜一六四五）は野間玄琢（成岑、寿昌院）といい、曲直瀬玄朔の門下の幕医で、「東福門院（徳川秀忠娘、後水尾天皇の中宮）に附属」とある。

また、幕医「大膳亮三悦」（一六二一〜六〇）は大膳亮道峻、好菴とも称す。「父祖以来相継で医を業」とし、後の承応元年（一六五二）に出仕、「宝樹院御方（家綱母）附属」となる。なお、この大膳亮について、国立公文書館内閣文庫「柳営録」（一六三一－一七〇九）二冊目、正保元年八月二三日条に「医師　大膳亮　右御暇白銀并御帷子単物被下之、老中有列座、酒井和泉守申伝之」と見える。さらに「同」六冊目、正保三年一月二一日条には、「一、医師大膳亮御暇銀子弐拾枚、御服、人馬之御朱印被下之、従（平出）　徳松様（徳川綱吉、正保三年正月八日江戸城本丸にて生誕）黄金五枚、御服被下之、是　徳松君御降誕之儀付而、従京都被召寄付而也」と記されている。すなわち、大膳亮は京都と江戸を往来している幕医である。

以上、表5よりまとめると、光高は寛永八年に病となり、幕府より御書を下賜され、同一五年疱瘡に罹る。翌月清泰院も同じく疱瘡を病む。同一八年及び同二一年光高は再び病となり、幕府より見舞いに使者が来たり、幕医啓廸院意安は光高の拝診を了承、翌正保二年に光高は頓死する。光高が倒れた時、医師らは手当てするが、ついに蘇生せず、近習の小姓のため殺されたとの説も浮上する（「御日記」、『藩史料』より）。また、「医師衆一両人」も「参会」したという（「寛明日記」）。胸痛の後、吐逆し、そのまま絶命したともいわれる（「古文章大全」）。さらに、酒宴半ばに眩暈を起し、正気を失なったため、気付薬を飲ませ、針灸も行い、医者野間寿昌院玄琢法印を呼寄せ灸治するも絶命したという（「三壺聞書」一三巻）。

一方、清泰院は同じく辰口邸において、その翌月が産月となり、幕医大膳亮三悦が加賀藩邸に付置かれ医療に携わる。のち明暦二年五七日の闘病の末、逝去する（「古案記等三種」）。

第五節　利常と天徳院の病と治療医

三代藩主として慶長一〇年（一六〇五）利長のあと襲封した利常は、それ以前の慶長六年に珠姫（天徳院、徳川秀忠娘）と結婚した。寛永一六年六月隠居するが、二人の間に出生した四代光高に先立たれた。光高の子で幼い五代綱紀の後見として、江戸（本郷邸ヵ）と小松の間を参勤交代して政務を執る。以下、従来刊本等でも知られている史料より概要を整理し、つぎに未刊史料を翻刻し、検証を試みたい。

1　既刊史料よりみる利常・天徳院の病と治療医家

既刊史料よりみる三代藩主利常と正室天徳院の病と治療について、表6に示した。

表6　利常・天徳院の病と治療医

年・月・日（西暦）	人名（居所）	年齢（歳）	主な内容（症状・病名、治療医、諸方対応等）	典拠史料
元和8・7・3（一六二二）	天徳院（金沢）	24	天徳院は3月に夏姫を出産し、その後肥立ちが不良のため、没する	「三壺聞書」一〇巻

寛永16・5・6〔一六三九〕	利常（江戸辰口邸ヵ）	47	加賀黄門（前田利常）は昨日より病臥につき、家光は朽木稙綱を使いとして見舞う	「天寛日記」五七巻『徳川実紀　第三篇』
同　閏11・7	同（江戸本郷邸ヵ）	同	家光は利常の許へ老中松平信綱を遣わし、利常の所労を見舞う	「天寛日記」五八巻『徳川実紀　第三篇』
同　閏11・8	同（同）	同	利常の所労の見舞いに、家光は永井監物（白元）を遣わし、松平利治（利常・天徳院の子、大聖寺藩主）は、江戸城に登営し、御礼を成す	「天寛日記」五八巻
寛永17・正・11〔一六四〇〕	利常（江戸辰口邸ヵ）	48	利常の所労につき、見舞いとして、家光は能勢治左衛門（頼重）を遣わす	「同」五九巻
同　2・11	同（同）	同	利常の病気に対し家光は、見舞いのため久世大和守（広之）を使いとして菓子を下賜し、御礼として、利治は江戸城に登営する	「同」五九巻
同　7・21	同（加賀小松）	同	利常は国許にて所労につき、幕府は医師寿昌院玄琢を派遣する	「寛永日記」（「天寛日記」58冊本）四九巻
同　7・22	同（同）	同	今枝民部（直恒、光高の傅）は中川八郎右衛門（重勝、利常の臣）に宛て、利常御瘧の御気色の様子につき見舞状を書す	「加賀藩史料」七二巻
同　10・10	同（同）	同	利常は昨年頃より所労につき、幕府は加賀へ寿昌院（幕医）を付け置いたところ、本復したため御礼として前田権之助（恒知）を以て利常は家光に加賀絹・能登鱈を進上する	「寛永日記」（「天寛日記」58冊本）五〇巻
寛永18・6・27〔一六四一〕	同（江戸本郷邸）	49	利常所労につき、幕府上使安藤伊賀守（重元、御小姓組番頭）が遣わされ、菓子を拝領する	「天寛日記」六三巻
寛永21・4・9〔一六四四〕	同（同）	52	利常眼病により、家光は御側中根正盛を見舞いに遣わす	『徳川実紀　第三篇』

万治元・10・12（一六五八）	利常（加賀小松）	66	利常没（10月17日利常大病により請う儘に在京の医員〈幕医〉武田道安信重は急ぎ加賀へ赴く）	『徳川実紀　第四篇』、「三壺聞書」一六巻

「天寛日記」は尊経閣文庫蔵、「寛永日記」は国立公文書館内閣文庫蔵に依る。

表6よりみると、三代利常の正室天徳院は元和八年（一六二二）夏姫出産後の肥立ち不良のため、二四歳にて没する。一方、利常は寛永一六年（一六三九）病となり、幕府より見舞いの使者が遣わされる。翌一七年幕医寿昌院玄琢も治療として派遣される。この時の利常の病は瘧であり、本復した際、利常は御礼として、家光に加賀絹と能登鱈を献上している。さらに翌一八年にも利常は発病し、幕府より再び上使が派遣される。また、寛永二一年利常は眼病を患い、幕府より使者が派遣されている。

万治元年一〇月一二日利常は逝去するが、「三壺聞書」一六巻では、一二日は玄猪の御祝（一〇月の亥の日、万病を除き子孫繁栄を祝う）にて夜、「御用所の廊下にて御目舞の御心持ニて、そこに其まゝ座し給ひ、左門〳〵と二声御呼被成けるを、当番別所三平・武本三七走り寄て見奉れは、はや御正気ましまさす、御とし六十弐《（ママ、六）》歳ニて事たゐさせ給へは、両人驚奉り、品川左門に人をつかわし、岡本平兵衛召つれられ、針を立まいらする、其内に三ノ丸・枇杷嶋へふれけれは、加藤正悦・藤田道仙息継急て走り来り、御脈窺奉る」とみえる。この加藤正悦・藤田道仙について、寛永四年侍帳に、加藤は二〇〇石、藤田は二二〇石、両人とも小松の御馬出（住）と記されている。[24]

因みに利常が逝去した五日後に「在京の医員武田道安信重いそぎ加賀へ赴くべし」と見え（『徳川実紀』第四篇）、利常の代においても、幕府の医者の京より下向の事例をみることができる。この武田道安信重（一五八四〜一六六五）については、建仁寺永雄につき勤学し「医を業とし洛にあり」、藤原惺窩に入門、元和九年（一六二三）「天脈（後水尾天皇）を診」し、寛永八年（一六三一）秀忠の病用として江戸に参り、帰京。翌年再び江戸で家光に薬を調進、後に帰京するなど京都・江戸を往来。紀伊徳川頼宣・尾張徳川義直にも薬を調進、明暦二年（一六五六）東福門院附属となり、「月俸百口」を拝領する。[25]

ところで、富山県立図書館蔵の五十嵐文書の今枝民部書状及び沢田忠右衛門書状（両通とも五月二一日付）に「武田道安」の名が見える。[26] すなわち、武田道安は、藩主光高の命により、当時江戸や領国内の疫病流行に際し、薬の処方を指南していたことがうかがわれる。また、後の天保一五年「天保武鑑」に「五百石　下谷［　］　武田道安」と記され、近世後期にも幕医の武田家が存続していたことがわかる。[27]

なお、「微妙公御夜話」に、利常在国の御煩の刻は人見慶安が薬を処方したと見える。この慶安は、寛永二年（一六二五）『京羽二重』に、京都「小川通下立売上ル　人見慶安」と記載されている。[28] 同人は京都より招請された医者であることがわかる

2　未刊史料「小松遺文」にみる利常の病

最後に、未刊史料「小松遺文」一巻（加越能文庫）にみる利常の病について、紹介・検証をしていきたい。[29]

〔28〕横山長知書状、荒木六兵衛・長谷川大学・稲垣長兵衛・瀬川五郎兵衛宛、七月八日付

尚々、上方医者之儀、其地へ致伺出、飛驒守（大聖寺藩主前田利治）様へ得　御意申度存候へ共、御見廻ニ致参上候事、御停止ニ御座候間、先以書状申上候条、各被仰談被得　御意候而尤存候、以上、

今朝以書状申入候へ共、重而令啓達候、中納言（前田利常）様弥　御機嫌能御座候哉、承度奉存候、就其上方医者衆をも被召寄候哉、各ゟ被得　御意候儀、難成候者、　飛驒守様ゟ被仰上候様ニ可然候哉、近年者御病者ニ被　為成、去年以来至ニ今御病後之事候条、此度ハ急度　被遊御養生候様ニ仕度儀と存候、能々御談合尤候、恐々謹言、

七月八日（寛永一七年カ）
横山々城守
長（長知）判

荒木六兵衛殿
長谷川大学殿
稲垣長兵衛殿
瀬川五郎兵衛殿
人々御中

〔29〕横山長知書状、荒木六兵衛・稲垣長兵衛・長谷川大学・瀬川五郎兵衛宛、七月一〇日付

中納言様昨九日之晩ニも御ふるひ（震）、少御ねつ（寝）きもさゝ（些些）せられ候へ共、去七日之晩ゟハ　御快気被成御座候由承、千秋万歳目出度奉存候、尚以今日御気色之御様躰、於仰越候、可忝存候、追々御吉左右奉待候、恐々謹言、

横山々城守
長知判

七月十日（寛永一七年カ）

荒木六兵衛様
稲垣長兵衛様
長谷川大学様
瀬川五郎兵衛様
人々御中

〔30〕奥村易英書状、長谷川大学・瀬川五郎兵衛・稲垣長兵衛宛、七月一一日付

中納言様御気色之御様躰、乍恐承度存、重而以使者申入候、其元ゟ被仰越躰ニ而者、御瘧ニ而可有御座かと存候、此地遍照寺護摩之御祈禱ニ而、瘧落申候様ニ取沙汰仕ニ付而、昨晩ゟ頼入、御祈禱之護摩為焼申御事候、御返事ニ御気色之御様子被仰越候者、可忝候、恐々謹言、

奥村因幡（易英）
判

（寛永一七年カ）七月十一日

長谷川大学様
瀬川五郎兵衛様
稲垣長兵衛様
　人々御中

上記〔28〕は藩老横山長知が利常の病の見舞い、上方の医者衆の呼寄せの伺、養生のことなどが記されている。〔29〕も長知の書状で、利常が高熱により「御ふるい」のため、寝つきも宜しくなかったが、去る七日晩より御快方傾向のことなどが報じられている。〔30〕は藩老奥村易英の書状で、利常の御瘧につき御見舞い、祈祷の護摩焚きのことなどについて記されている。これら〔28〕～〔30〕の宛所について、寛永一九年「小松士帳」によれば、荒木六兵衛は馬廻組で浜田（小松城下近隣）に居住、一〇〇〇石。長谷川大学は御小将で三の丸（小松城内）、五〇〇石。稲垣長兵衛は御小将、小寺（同城下近隣）、四〇〇石である。また、承応二年「小松侍帳」（「古組帳抜萃」一巻）によれば、瀬川五郎兵衛は御小将、三〇〇石と見える。これら三点の書状はいずれも、寛永一七年のものとみられ、藩老より利常の側近に宛てたものである。

おわりに

以上、特に藩祖利家など、記録類やその後の伝聞集に頼らざるを得ない部分もあるが、金沢城主で藩主前田家の初期の人々の病と治療・医家について、次のようにまとめることができる。

利家は慶長三年草津へ湯治に赴き、針立以白が御供し、鍼治を受け、初めは効果があったが、金沢へ帰城した後も薄墨のような小水が止まらなかったという。また、蛔虫症にも悩まされ、徳川家康より複数回の見舞いがあり、利家も病を押して大坂より伏見に出向き家康に拝謁している。また、大坂では保養のため乗物にて、大坂屋敷内や大坂城内の山里丸の庭内を遊覧した。

利家の子利政は、一三歳のとき眼病を患った事例のほか、文禄四年京都で疱瘡に罹った時は、夕庵という医家が治療したことがわかった。

利家の正室芳春院は、江戸において、慶長五年から一九年ころまでの間、喉痛、咳気、蛔虫症（慶長一一年など）、これに伴う腹痛、心痛、嘔吐、下痢のほか、歯茎からの大量出血（壊血病カ）、などの事例をうかがい見た。これらの病には曲直瀬玄朔（道三、正紹、延寿院）・同玄鑑（今大路道三、親清、親純）が治療に当たった。なお、尊経閣文庫蔵「雑纂文書　編年十一」（尊経閣古文書纂）五二三番の史料に亨徳院道三の書状も見えている。同人と前田家の関わりも今後詳細にみていかなければならない。(30) ともあれ、芳春院は鍼灸も受け、また、湯治に赴いている様子もうかがいみた。

二代利長の病については、もっとも史料が多く、従来の翻刻史料等より慶長一五年から一九年の間、長期間腫物を患った様子をうかがいみた。この間家康・秀忠などより見舞状や見舞品が届けられ、医家の盛方院吉田浄慶・曽谷慶祐法印（寿仙）も派遣された。豊臣秀頼も芳春院に宛て利長の病を見舞っている。このように利長は隠居中の足掛け五年にわたる腫物との闘いの中、領国内の仕置や前田家の安泰を願った。

また、未刊の聖安寺文書や「村井文書」・「神尾文書」・「沢存」の翻刻を行ない、利長の治療のため盛方院の下向について、利常より秀頼へ見舞の御礼を遣わしていることを紹介した。また、高岡の聖安寺住職や藩医の内山覚仲・藤田道閑が治療に当ったことを確認した。さらに、利長の病・治療に関連し、盛方院の動向をみるため、刊本史料より盛方院が慶長一七年一一月に治療を終え、京着していることがわかった。この盛方院は吉田浄慶であり、下向は少なくとも慶長一六年六月から一七年閏一〇月頃までで、この間複数回江戸や京都、越中、加賀を往来していたことを確認した。

利長の正室玉泉院は元和九年に逝去するが、生前利長とともに高岡在城の時、気欝に陥ったことを紹介した。

四代光高は、寛永八年病となり、同一五年に疱瘡、同一八年・二一年に再び発病し、幕医啓廸院意安（吉田宗恪）の治療を受けた。翌正保二年父利常に先立ち頓死する。この時の様子は、胸痛の後吐逆し、正気を失ったため気付薬を処方、幕医の野間寿昌院玄琢法印（成岑）に灸治させるが、絶命する。

光高の正室清泰院は光高の疱瘡の翌月発症する。正保二年には産月となり、幕医大膳亮三悦（道峻、好菴）が治療に当る。明暦二年闘病の末逝去する。

三代利常は寛永一六年に病となり、また、未刊の「小松遺文」より同一七年瘧を発症した様子につき翻刻・紹介した。この時、野間寿昌院玄琢の治療を受ける。また、一八年病となり、二一年眼病を患い、いずれも幕府より見舞として使者が派遣される。利常は万治元年に没するが、この時岡本平兵衛が鍼治し、藩医の加藤正悦・藤田道仙が脈をとった。逝去の五日後、まだその報を受けていない在京の幕医武田道安（信重）の加賀への下向を紹介した。元和八年産後の肥立ちの不良のため逝去する利常正室の天徳院の病などについては、今後新たな史料の発見が待たれる。

藩主に対する徳川・豊臣の診療医の前田家への派遣・治療は、その後の前田家の医療の先駆けであり、ここには、徳川・前田の間により強い緊張関係を垣間見ることができる。

なお、本章では利長の病・治療などにつき主な史料を紹介した。ほかに、「村井文書」（一五日付）の中に村井出雲宛の芳春院書状には盛方院が記されているという。[31] さらに、「神尾文書」一巻には、二月二一日付神尾図書宛の利長書状などが見える。すなわち、「一くわん」（京の町医カ）という薬師が下向したこと、腫物の内薬を飲み弱り果てたことなどが記されている。また、石川県立歴史博物館蔵小宮山文書、正月三〇日付の利長の書状にも、同人の腫物のことが見えている。[32]

このように利長を含めた初期前田家の病・治療・医家についても、本章では不充分である点は否めない。今後は、新たな史料の発掘を含め、政治史・医療史との絡みの中で、豊臣、徳川や京都の公家衆、僧侶・神官、治療に当った盛方院や曲直瀬亨徳院・吉田意安など、大名家の治療・医家の動向などをみていくことが課題となった。

註

（1）池田仁子（a）『金沢と加賀藩町場の生活文化』岩田書院、平成二四年、（b）『近世金沢の医療と医家』岩田書院、平成二七年（『研究紀要　金沢城研究』八～一二号まで収載した分を再編成し、新稿を加えた）、（c）「近世金沢の医療―〝伝統〟の礎と社会史的意義を探る―」（地方史研究協議会編『〝伝統〟の礎―加賀・能登・金沢の地域史―』雄山閣、平成二六年）、（d）「元治元年前田慶寧の退京・謹慎と金谷御殿における治療」（『研究紀要　金沢城研究』一三号、平成二七年）など。

（2）前田育徳会尊経閣文庫『加賀藩史料』（以下『藩史料』と略記）清文堂出版、昭和五五年復刻。

（3）「利家公御代之覚書」など、藩政関係史料全般に関し、石野友康氏より御教示いただいた。

（4）『御夜話集』上編、石川県図書館協会、昭和四七年復刻にも収録。池田こういち（公一）『前田利家』学習研究社、平成一三年、二〇二～二〇四頁参照。また、利家や利政の病、動向については、上記のほか、池田公一『槍の又左　前田利家―加賀百万石の胎動―』新人物往来社、平成一一年を参照した。

（5）日置謙『加能古文書』金沢文化協会、昭和一九年にも収録。

（6）養生・保養として庭が利用されていたことについては、池田仁子「兼六園と成巽閣はどんなとこ？」（池田公一『石川県謎解き散歩』新人物往来文庫、平成二四年）で少しく述べた。また、池田仁子「加賀藩庭の利用と保養・領民」（長山直治氏追悼論文集『加賀藩研究を切り拓く』桂書房、平成二八年）。なお、『藩史料』編外備考（一七四頁）によれば、利家の逝去の場所は大坂城中の邸内であったと解釈できるが、慶長年間に前田家の屋敷が玉造町にもあったことも含め、今後検討を要する問題であろう。

（7）芳春院の病、治療については、吉澤千絵子・御影雅幸・多留淳文「『医学天正記』に見られる芳春院殿（前田利家公正室まつ）診療記録に関する考察」（『薬史学雑誌』三八巻一号、平成一五年）、瀬戸薫「直筆消息に見る芳春院の実像」（加能地域史研究会編『地域社会の史料と人物』北國新聞社、平成二一年）、同「江戸の芳春院まつ」（『石川自治と教育』石川県自治と教育研究会、平成二七年七月）、芳春院の動向については池田公一『名君　前田利長』新人物往来社、平成二二年を参照。また、前田家の江戸藩邸については、『藩史料』編外備考、及び石野友康「「加賀藩江戸上屋敷御殿平面図」について」（横山隆昭氏所蔵絵図解説しおり、加賀藩・歴史文化護持協力会、平成二三年）などを参照した。

（8）『前田土佐守家資料館所蔵・射水市新湊博物館所蔵芳春院まつの書状図録』前田土佐守家資料館、平成二四年、二四頁による。

（9）曲直瀬玄朔・玄鑑については、高柳光寿・岡山泰四・斎木一馬編『新訂　寛政重修諸家譜』第10（続群書類従完成会、昭和五五年）、及び『国史大辞典』一三巻、吉川弘文館（平成四年）「曲直瀬玄朔」の項、『同』一巻（昭和五四年）「今大路道三」の項を参照。

（10）本章表3の13・21番とも関連するが、最近利長の遺誡・隠居などについて論じたものに、見瀬和雄「前田利長の遺誡と慶長期の加賀藩政」（加賀藩研究ネットワーク編『加賀藩武家社会と学問・情報』岩田書院、平成二七年）、萩原大輔「前田利長隠居政治の構造と展開」（『富山史壇』一七八号、平成二七年）などがある。なお、利長の病や動向については、池田公一、前掲（7）を参照。

（11）京都国立博物館図録『琳派　京を彩る』平成二七年、二四四頁。

（12）前掲（9）『新訂　寛政重修諸家譜』巻一三。

（13）「北徴遺文」については、油井晶代「石川県立図書館所蔵「北徴遺文」所収史料目録」（『加能史料研究』一四号、平成一四年）がある。また、石川県史調査委員会・同県立図書館史料編さん室より『石川県史資料近世篇（6）北徴遺文　二』が写真版にて平成一九年に出された。

（14）内山覚仲・藤田道閑については、池田仁子、前掲（1）（b）第二編第一章。

（15）『藩史料』編外備考。

（16）前掲（9）『新訂　寛政重修諸家譜』巻四。

（17）主馬について、「富山侍帳」「慶長之侍帳」は石川県立図書館協会『加賀藩初期の侍帳』昭和一七年に依った。日置謙『改訂増補　加能郷土辞彙』北國新聞社、昭和四八年では、四〇〇〇石大音主馬を厚用とし、このほか、久兵衛の子で、大井主馬（一〇〇石、大坂再役に首二つとる）を別に項目立てし取り上げている。また、本文に示した「慶長年中御家中分限帳」の奥野主馬に関し、右の日置著では奥野氏清（紀伊、慶長一六年利長遺書の宛所連名に記）、「奥野氏次（主馬、氏清の子、室は利政の娘）の項でも検討を要する内容が見える。また、四井主馬については、同じく日置著の「四井主馬」の項によれば、同人は慶長五年利長の指示により大聖寺陥落に功績を上げたという。もし、忍びの者である四井に盛方院の宿を手配させたとすれば、様々に情報収集させ、盛方院の動静を監視する役目もあったのであろうか。

（18）前掲（9）『新訂　寛政重修諸家譜』巻五。
（19）盛方院に関する諸史料をはじめ、表3における豊臣秀頼自筆書状、本阿弥光悦書状など利長の病・治療に関する史料については、大西泰正氏より御教示いただいた。
（20）加賀藩の医者である覚与については、池田仁子、前掲（1）（b）第二編第一章。
（21）以下、吉田意安については、前掲（9）『新訂　寛政重修諸家譜』巻七。野間玄琢については、同一三巻、大膳亮道峻については同二〇巻（昭和五六年）に依る。
（22）藤井譲治監修『江戸幕府日記　姫路酒井家本』第三巻、ゆまに書房、平成一五年。
（23）深井雅海『図解・江戸城をよむ』原書房、平成九年。
（24）池田仁子、前掲（1）（b）第二編第一章。
（25）前掲（9）『新訂　寛政重修諸家譜』三巻。
（26）武田道安の名が見える五十嵐文書の存在については、木越隆三氏より御教示いただいた。詳細については、木越隆三「前田光高の学識を探る―飢民療治を指示した書状から―」（前掲（6）〈長山直治氏追悼論文集〉）。
（27）深井雅海、前掲（23）一三八頁。
（28）京都府医師会『京都の医学史』思文閣出版、昭和五五年、一〇四七頁。
（29）「小松遺文」については、木越隆三氏より御教示いただいた。
（30）前田家に出仕した曲直瀬亭徳院については、池田仁子、前掲（1）（b）第一編第一章では、近世中後期については触れていないことなどから、これらを補充し明治三年及び同五年「先祖由緒并一類附帳」（加越能文庫）から、以下略系図を示しておきたい（‖は養子を示す、以下同）。なお、右史料では、②〜⑬代まで「亨徳院」の名が冠称されているが、以下これを割愛した。

①道三正盛（利家へ「出入」「合力米」拝領、文禄三年没）‖②道三正純（利家へ出入、合力米拝領、家康の御番医師、慶長一六年没）――③道三正因（利長へ出入、合力米拝領、秀頼・家康も拝診、元和元年没）‖④道三正専（利常に出入、合力米拝領、寛永元年没）‖⑤玄與（光高の代に出仕、合力米五〇〇俵、折々金沢へ下向、寛永二〇年江戸にて没）――⑥玄承（寛永二〇年相続、合力米三〇〇俵のち五〇〇俵、折々金沢へ下向、綱紀の代、江戸・京・金沢往来、延宝五年没）――⑦正淵（延宝五年相続、三〇〇俵、江戸・京・金沢往来、享保四年没）――⑧正格（享保五年相続、五〇〇俵、〈明治五年右史料では三〇〇俵〉、元文三年金沢にて没）――⑨玄廸（元文四年相続、一〇〇俵、のち三〇〇俵、安永七年京にて没）‖⑩玄信（安永七年相続、二〇〇俵、金沢・京を往来、文化六年金沢にて没）――⑪玄承（文化七年相続、二〇〇俵のち一〇人扶持、金沢・京・江戸往来、天保一三年金沢にて没）‖⑫正元常昭（天保一三年相続、二〇〇俵、安政三年京にて没）‖⑬道策是盛（安政三年相続、二〇〇俵、慶応三年京にて没）――⑭曲直瀬安治郎盛明（慶応三年相続、大坂着米、一五人扶持、寺は京都の十念寺）、以上である。

（31）高澤裕一「前田利長の進展」補説」金沢学院大学芸術文化学部文化財学科『文化財論考』創刊号、平成一三年、一一頁。

（32）石川県立歴史博物館『利家とまつをめぐる人々―大河ドラマ放映推進事業―』平成一三年、七六頁。

［付記］

最近、利長の治療と医師「一くわん」などについて、高岡市立博物館より「高岡開町四一〇年記念　前田利長書状展」（展示パンフレット）が、また、鈴木景二「前田利長書状二通」（『富山史壇』一八九号、ともに令和元年七月）が出された。

第二章　幕末期前田慶寧の退京・治療と政治史的動向

はじめに

筆者はこれまで近世の生活文化史のなかで、儒者や医者、蘭学などの研究に邁進してきた。また、医者や医療について、近世前期から順次考察しつつあったが、石川県立図書館所蔵の幕末期の「拝診日記」に取り組むことなく、等閑となっていた(1)。近世前期から後期までの侍帳より医者の検索や各時期の藩主前田家の様々な医療の問題のほか、城下町金沢における社会史的意義などについても、近年一応の考察を試みた(2)。そこで本章では、右「拝診日記」を本格的に取り組もうと考えた(3)。

この「拝診日記」は元治元年（一八六四）、次期一四代の藩主になる前田慶寧の退京後、謹慎中の治療に関わるものである。幕末の加賀藩研究については、政治史的視点からの論考は比較的なされているが(4)、慶寧の病気に関してはそれほど問題にされないか、もしくはごく浅く扱われてきた。退京の一因が慶寧の病気にあったことが指摘されつつも、これに関する史料もそれほど問題にされず、看過されてきたようにみられる(5)。

本章では以上のことから、慶寧の退京、謹慎、病気の治療について考察してみたい。まず初めに退京、謹慎拝命より帰国に至るまでの経過を朝廷や京都、あるいは幕府との関わりを通して、藩の動向を把握するが、慶寧がすでに出京前から病気がちであった点などについても見ていく。つぎに退京の主たる理由の一つが重病であったこと、帰国途中にて謹慎を拝命した様子をみていく。さらに「拝診日記」を中心に、金沢へ帰城後、金谷御殿における慶寧の病気の治療について考察し、治療に当たった多数の医者について整理する。最後に同史料のなかから、慶寧の症状の推移や治療の内容について素描し、慶寧の謹慎期間中の前半は、病気の治療に費やされた様子を考察する。以上のことから、慶寧の治療方法に関し、前代と比較しながら、その特徴や当藩の政治史研究の中で、慶寧の病気、治療の側面が希薄であった背景や理由等について考察する。また、結果的に為政者側の病気、治療が当時の藩中枢部にとって、極めて大きな問題であったことがうかがわれる。その点から、為政者側の病気、治療と政治史研究の関わりについて考えてみたい。

第一節　退京・謹慎と帰国までの概要

1　出京前後の動静

慶寧はとかく「気鬱」気味であったのか、弘化二年（一八四五）五月段階で、父斉泰が述べたことについて、近習の成瀬正敦は、つぎのように記している。「筑前守（慶寧）様儀」は「丈夫」には見えるが、「兎角気鬱」になるので、「保養」として「貇ニ行歩」させたいが、在府中では保養が行き届かないゆえ、「国許ニ而御行歩緩々」させたい。そうすれば全く保養にもなるゆえ、当秋に国許へ御暇下されたいと述べ、幕府に願い出ている（金沢市立玉川図書館加越能文庫蔵「成瀬正敦日記」一五巻、弘化二年五月一八日条、自筆。本章では以下原則として特記しない場合は同文庫に依る）。

また、成瀬と同様近習御用の加藤三郎左衛門自筆の「公私心覚」によれば、慶寧が風邪を引きやすかった様子が散見される。例えば、同年秋九月六日金沢へ初入国するが、翌々日の八日には「少々御不例」となり、藩医の森快安・加藤邦安の診察、治療を受けている（「公私心覚」二巻）。

さて、慶寧の出京前年の文久二年（一八六二）より藩の動静をみると、二月斉泰は将軍徳川家茂の供奉のため、金沢を発し上洛、三月金沢に帰城する。また、この年幕府は禁裏守衛のため、諸藩の藩士の出京を命じ、加賀藩は禁裏南門（のち中立売門）の警衛に当たる。斉泰は藩老にいずれ隠退の意思のあることを表明し(6)、また、尊王攘夷を標榜して公武一致を図り、慶寧と再び上洛する意思を告げる。八月斉泰は「当春以来脚気難仕、同氏筑前守（慶寧）儀も気欝之症」であり、親子ともに病であるため京への出発を延期する（「御親翰帳之内書抜附録」上巻）。他方、この月朝廷は前田慶寧に上京を命じ、加賀藩に軍費三万二三〇〇両余の調達を命ずる（「公私心覚」「触留」「御用方手留」「近藤集書」二一冊）(7)。翌元治元年に入り、二月八日斉泰は再度重臣らに致仕の意のあることを告げ、一八日慶寧の病が全快したため出勤（金谷御殿から二ノ丸への出勤か）することを告げる。しかし、すぐにこれを取り消し（「筑前守様御用留写」）、また、慶寧が病気気味であったことがわかる。続いて二四日には斉泰は脚気のため、名代として慶寧に上京を命ずる。この旨在京の家老松平大弐のもとに伝えられ、且つ慶寧上京の御用として、慶寧附御附頭上坂丈夫（玉川図書館「諸頭系譜」に依る。加越能文庫「先祖由緒并一類附帳」では安政二年御側小将番頭、元治元年正月奥御取次）が京へ「急発足」するよう仰付られる（松平大弐著「公私日録」二巻、明治期写、元治元年三月朔日条）。三月六日慶寧は斉泰の隠退の意を諒承、四月一〇日京都にて幕府は斉泰の代わりに慶寧の上洛を命じる。こうして、同二八日慶寧は金沢を発し京に向う。しかし、藩内にはこれに反対する意見があった。

2　出京延引の意見と退京進言及び慶寧の病気

元治元年（一八六四）四月から八月一八日までの出京延引・退京に関する家臣の進言と慶寧の病気に関する史料の事例を表1に示した。この表の1でわかるように、元治元年四月の段階で、上坂丈夫による「御上京御延引之儀」についての上申書が知られる。その主な内容は「長州一条モ御沙汰止ニ」なるとは見えず、「攘夷ノ御決断モ」立たず、「長州征伐抔ノ御内評モ」あり、「御難渋之事件出来」するやも知れず、「昨年来病気未全快」ではないため、一先「京師之動勢御見据」えるよう進言するものであった。

表1　元治元年四月から八月一八日までの退京進言と帰国に至る慶寧の病気に関する史料の事例

番号	記年 月・日	標題（主な内容）	差出人・作成者	宛所	典拠史料
1	子 4・（朱書）「元治元年」	御上京御延引之儀（長州一条も沙汰止みにならず、攘夷の御決断も立たず、長州征伐抔の内評あり、難渋の事件も出来し兼ね、昨年来の病気も全快ではないため、一先京都の「動勢」を見据えるよう上申）	上坂丈夫		加越能文庫「雑記」九巻（堀郁三郎編著、明治24年）
2	子 6・20	松平大弐殿へ相達之写（当今の形勢切迫、御正論も貫通し難く、御家の危急の場になるやも知れず、尊攘の大義を御主張し、速かに御帰国のこと進言）	上坂丈夫、嶺・杉山・笹（篠）原・原・山路・堀・水越・沢田・小谷・山崎・奥村・今村・平田、右同意	（松平大弐）	同右

3	6・29	（長州人処々屯集、慶寧昨日より御不例、胸痛、病気のため帰国したき底意、極密儀仰出の事等言上）	奥村伊予守		加越能文庫「御親翰留」
4	子 7・朔	奥村伊予守殿等へ七月朔日重而相達ノ写（速かなる帰国と御保養が肝要、滞京は御病気に響き、朝廷・幕府へ御奉公も出来兼ること進言）	上坂丈夫、大野木・山崎ノ外一同連名		加越能文庫「雑記」九巻（堀郁三郎編著、明治24年）
5	子 7・	海津駅ニ而年寄衆江指出候写（京へ引返すよう仰の所、慶寧更に重症の為、寸刻早く御保養が必要につき）	上坂丈夫、十一名連名		同右
6	甲子 7・25	海津駅ゟ金沢へ言上之写（長州赦免に尽力、遂に長州追討の御沙汰となり、長州と合体になってはならず、進退窮迫至極となり、且つ藩医・京医上申御容体書の通り、一方ならぬ御重症、悪化進行なら万変の処置も廃欠、御帰国の上御熟定が要務）	上坂丈夫、十六人連判		同右
7	7・26	（慶寧御病気ニ付京へ引返には及ばず、御逗留、御保養の旨仰せの事達）	横山三左衛門	奥村伊予・長大隅守・本多図書・山崎庄兵衛・松平大弐	加越能文庫「御用方手留」（奥村栄通著、明治期写）
8	8・4	松平筑前守様御容体書（五月頃より御感冒、咳嗽・痰血・発熱、御思慮多く精神衰弱、胸腹痛顕著、肝蔵閉塞の為治療する。痛み・不眠不治なら、「菲沃私越幾斯」も調進予定、治療授養専一のこと）	村雲御所御内　大村泰輔	（松平大弐）	金沢市立玉川図書館奥村文庫「御用方手留」五三巻（奥村栄通自筆）
9	8・4	山崎庄兵衛等達（大村泰輔の診断結果、重い御肝癖の御症、長引くことも予想され海津に逗留などにつき）	山崎庄兵衛・横山外記・松平大弐	伊与（予）守等三人	同右

10	8・18	（慶寧御謹慎中金沢へ到着、金谷御殿へ御入ニ付留）	本多政和		加越能文庫「諸事留牒」一三巻（明治期写）
11	8・18	慶寧御謹慎中金沢へ到着、金谷御殿へ御入、帯佩場より御居間先御庭へ御入につき覚	加藤三郎左衛門		加越能文庫「公私心覚」二一巻（加藤三郎左衛門筆）

しかし、上坂の上申書は取上げられず、五月一〇日慶寧は京に到着、建仁寺に宿す。一四日「少々風気」にて「御口中痛」（「公私日録」巻二）などの病のため、翌一五日の参内を中止する。二四日幕府より禁裏「九門外」の見回りを拝命、翌二五日慶寧は京に名代や詰人を調え、何れ帰国したき旨を幕府老中に願出た。二八日に初めて参内し天盃を頂戴する。六月には老中水野和泉守を訪い、攘夷実行推進の書面を上申、また、京騒乱のため一番手を発し「九門外」の見回りを行なう。こうして、六月下旬から七月にかけ、慶寧を中心に長州藩の赦免のため周旋する。

この間、表1の2にみるように六月二〇日差出人上坂を初め、慶寧御附頭の嶺・杉山ら一三人（この内、平田のみ詳細不明〈「諸頭系譜」〉）は「松平大弐殿へ相達」として「速ニ御帰国」を進言する。その理由は「当今之形勢追日切迫し、「御正論も貫通」成難く、「御家」（前田家）の「危急之場」になるやも知れないからとし、「尊攘」の大義を主張して、「速ニ御帰国」するよう進言する。そして、表1の3のように、二九日奥村伊予守は、長州が京の処々にて「屯集」するなど容易ならざる形勢の中、「極密之御儀」として慶寧が前日より「御不例、御胸痛」等御病気のため帰国したき「底意」を洩らされたと報ずる（「御親翰留」）。長山直治氏はこの段階を慶寧の退京理由に上げる初見であると指摘する。[8]

七月朔日斉泰も病気ゆえ国政が行き届かず、致仕するため慶寧の帰国を告げる。一方では、同日付にて表1の4に示したように、上坂及び「大野木（御側小将頭〈「諸士系譜」〉）・山崎（慶寧御附頭〈「同」〉）ノ外一同連名」で奥村伊予へ重て上申する。その内容は「速ニ御帰国」が肝要で、滞京は慶寧の「御病気ニも御響」き、このままでは「禁廷・幕府」への御奉公もできない、ゆえに残念ではあるが、まずは帰国し保養を遂げるよう上申する。かくして、奥村伊予は慶寧の京引取りの決意を斉泰に告げ、七月五日斉泰は「御手前存寄通り此節に至り、病気申立帰国抔と申儀、不存寄事に候間、其心得を以無泥助言可有候」と述べ、伊予の意見に基づき公武の処置に順応して行動するよう命ずる。

3　退京より近江までの動向と謹慎拝命及び慶寧の様態

七月一九日長州藩が挙兵して会津藩と衝突し（蛤御門の変）、慶寧は退京する。その理由については、表向きは長州藩との戦いを回避するためであったといわれている(9)。史料や「拝診日記」などを解読していくと窮迫した複雑な情勢のなか、長州藩との戦争を回避しなければならなかったことに加え、慶寧の病気が次第に重症に陥ったことも主たる理由だったと考える。

以下、一八日「何分御病気被及御重症候」として、京都警固の藩士を残して帰国する決意を発表し、翌一九日京を出発した（「御用方留」）。京に残った伊予守は、二一日慶寧の退京理由を先達てより「御不例」として藩に報ずる（「京都御用状等内写」）。同二二日斉泰は長大隅守に上洛を命じ、一方、慶寧は二四日藩領である近江海津に着す。表1の5にみるように、「雑記」巻九では上坂及び一一名連名にて、子（元治元年）七月付で、「海津駅ニ而年寄衆江指出候写」には「今度大隅守ヲ以　筑前守様京都江御引返」すよう仰せがあった。慶寧は退京後も「日々御肉疲」にて「御食用モ次第」に減じ、「寸刻モ早ク御帰国御保養」が必要である。さもなければ「御全快之処、千万無覚束、甚心配」であり、京への引返しは「中々」難しく、「御供一統御重症之御様子」と承知している。引返しは「何様ノ変動モ」計り難い。昨今の形勢は止む無きことで、御帰国の上、巨細は中納言（斉泰）様へ言上し奉り、自分たち一同は「如何躰被処御厳刑候共無遺憾」ことであると結んでいる。

また、同様に表1の6の「海津駅ゟ金沢へ言上之写」によれば、甲子七月二五日付、上坂及び「十六人連判」にて長州赦免の周旋に尽力したが、「追々指迫り遂ニ（長州）御追討之御沙汰と相成」、「正義ヲ重シ長州ト御合躰」になっては「弥以不相成、御進退共御究迫至極」となる。且つ「予而ゟ御匕并京都医師山本大和守父子ゟ申上候御容躰書之通り、不一方御重症」であった。「此上御病気」が募ったら「万変之御処置も廃欠」となる。寸刻も早く御帰国の上、御父子御対面の上、今後の「御処置御熟定」するのが御要務としている。

なお、「見聞袋群斗記」（加越能文庫）にも同様に「海津駅迄御出之処、御病気追々相進候ニ付、同所ニ御逗留御止宿、禁裏御医師御頼、御療治御保養」されると見える。

続いて、表1の7にみるように、七月二六日斉泰は慶寧が病気ゆえ、京への引返しには及ばず、慶寧に海津にて「御逗留、御保養」するよう申渡す（「御用方手留」）。晦日には、藩老横山三左衛門が書面にて奥村伊予に善後策を相談する。この中で横山は「元来御守衛之御任」にも関わらず、「此度之御次第柄、御武門之御恥辱無此上御儀」というように、慶寧の詳細な病状を知らされていないのか、慶寧に対し厳しい見解を表わしている（「御用方手留附録」）。

一方、七月二一日付で、斉泰は藩老の前田土佐守宛で、慶寧への謹慎を申渡すために「急速出立」するよう達する（前田土佐守家資料館蔵）。「筑前守様御親翰写」によれば、慶寧自身は「土佐守を以被　仰下候御趣意」につき「如何躰之義」を仰下されても「不論是非、臣子之大道ニ候間、聊異存ヶ間敷義申立無之、幾重ニも御下知相守」ると述べている（玉川図書館河地文庫蔵）。

この間、斉泰は八月朔日付で二条斉敬に書を認め（「御用方手留附録」巻六）、長州の挙動に対し「御所向何之　御別条」もなかったことを承知した。慶寧の退京の理由が病気にあったことにより、朝廷に対し「申訳」なきことになり、「幕府より御守衛」を拝命されたにもかかわらず「迷惑至極」の事態となってしまったことなどについての「心底」を吐露、「御執成」を依頼した。また、斉泰は「仮令如何様病躰ニ罷在候共、戦争指起候節ニ臨ミ、引取候儀沙汰之限り、重き　御守衛之任を取失ひ、武門之道も難相立、何共当惑至極無申訳次第」に存ずると述べている。

こうした斉泰の慶寧に対する厳しい意見はあくまでも建て前であるものと考える。従来、あたかも斉泰・慶寧の間で親子の対立があり、斉泰が慶寧を「監禁」したというのは適切ではない[10]。謹慎は当然としても、斉泰の言は、むしろ藩の立場としては大変な事態になったことに対する、あくまでも建て前上の言葉であると解釈される。なぜなら、慶寧が「気鬱」気味であることを承知していた斉泰は、立場上藩内外に対して、前田家の威信、権威をかけて、そのように対処せざるを得なかったものと解釈できるからである。後に慶寧に対して手厚い治療体制を組ませていることからも、本音と建て前の違いを史料から読み解くことが肝要であろう。

さて、表1の8・9の奥村文庫「御用方手留」五三巻（写は加越能文庫「御用方手留」二八巻）によれば、八月四日村雲御所御内大村泰輔による慶寧の「御容躰書」及び山崎庄兵衛・横山外記・松平大弐による在京の「伊与（予）守等三人様」宛で達が出されている。以下、「御容躰書」を紹介しよう。

松平筑前守様
　御容躰書

御従来御疾癖病之御症被為　在候処、従去五月比御感冒被遊　御咳嗽・御痰血等被為　在、其後御寒熱往来、御腹中御攣急強時々御嘔気、御飲食不進、御衰弱被遊候ニ付、八月三日奉窺候処、全　御思慮過多、御精神御衰弱被遊候上、矢張寒熱往来、御腹中変急、以下病鞭胸腹苦満、御飲食不進、且肝臓閉塞、御痛被遊、腸胃汚物も少々被為在候様奉伺候、仍之御煎剤大柴胡去、大黄加茅根、蒲公英根、且少々之御大便通被遊候様、御丸薬、少量の旃那、大黄或甘汞下剤　御鎮嘔散御痛処江烘針御附ケ被遊、其御跡江解凝之御附薬被遊、御不寝、或御痛強被為在候節者、菲沃私越幾斯調進仕度奉存候、此度肝臓焮腫ニ被為成、且又肺病弥増ニ被為成候儀も難計、不容易御症ニ被為　在候故、只今御治療御授養専一ニ被為遊候様奉願候、以上、

八月四日　　村雲御所御内
大村泰輔

右史料の村雲御所は京都今出川村雲にあった日蓮宗の尼寺瑞竜寺で、豊臣秀吉の姉瑞竜院日秀尼の創建。徳川将軍家の庇護を受け、代々九条家ゆかりの者が住持を務めた。史料の差出人はこの村雲御所御抱えの医者大村泰輔である。同人は、万延二年（一八六一）孟春加州金沢の中村東平の跋文（序文は万延元年八月一日、得斎医叟）による「洛医人名録」に「漢蘭　外科　室町出水南　種痘科　大村泰輔　名重行　字萬夫、号藍涯、一号知止斎、又丹花堂」と記されている。また、文久三年「平安医家大集」に「洛東（「漢蘭」の印）大村泰輔」と見える[11]。これらのことから、大村泰輔は村雲御所お抱の漢蘭折衷医でもあることがわかる。処方予定薬が西洋薬「菲沃私越幾斯」においても首肯できる。

「御容躰書」の内容については、慶寧が従来「御疾癖病之御症」という病気がちであり、五月頃より感冒のため御咳嗽・御痰血、発熱・腹痛・吐き気・食欲減退の症状がある。八月三日に問診し、「御思慮過多、御精神御衰弱」のため容態がさらに悪化、胸腹痛が顕著で、肝蔵が閉塞していると診断。そこで、「御煎剤大柴胡去、大黄加茅根、蒲公英根、且少々之御大便通被遊候様、御丸薬、少量の旃那、大黄或甘汞下剤　御鎮嘔散御痛処江烘針御附ケ被遊、其御

跡江解凝之御附薬」を処方する。その後「解凝之御附薬」を調進、不眠が続き、御痛も強いようなら「菲沃私越幾斯」を調進したいという。かつまた「肺病」がさらに悪化することも懸念され、容易ならざる「御症」であるゆえ「只今御治療御授養専一」にされることを願い奉るとする。

右の薬のうち、蒲公英は「ほこうえい」と訓じるタンポポの根から製した消炎・健胃薬である。また、旃那は「センナ」という低木の葉から作る健胃剤である。さらに、「甘汞」は「カンコウ」と訓じ、塩化水銀の一種で、カロメルである。「菲沃斯越幾斯」は「ヒヨスエキス」と訓じ、ヒヨスの葉から製した粘った液で、鎮痛・鎮痙剤である。

なお、先の七月二五日には山本安房守父子が在京中の慶寧を診療している。山本安房守（大和守、一七九五～一八六八）は天保元年（一八三〇）典薬寮医師となり、弘化三年（一八四六）大和守、安政二年（一八五五）典薬大允となり、孝明天皇の診療を行なう名医であった。天保一二年には斉泰の生母栄操院の治療に金沢へ招請されている。[12]

同じく八月四日付山崎庄兵衛らの達は、「村雲御所御抱分町医師大村泰輔」が診断した結果、慶寧の御容体は「色々御症も入混候内、重モニハ御肝癖之御症」で、「御長引」ことも予想され、近江の海津に逗留している。また、大聖寺にて前田土佐守が海津への御使者を仰付られた旨等が報告される。

右の「御疾癖病之御症」「肝癖之症」について、詳細は不明だが、癖は腹の病であろう。また、「肝癖之症」に関しては、例えば『日本国語大辞典』「痫癖」（かんぺき）の項で、「痫」の字を「肝」の字に宛てている場合もあり、「痫癖」「肝癖」も同じ意味で解釈できるようである。[13] これらは神経過敏による肝臓・脾臓・胃腸などの内臓疾患を意味しているようにみられる。

ともあれ、八月七日には長大隅守が参内し、天機を奉伺。九日には前田土佐守が海津に達し、同一〇日付で、慶寧は病気とはいえ、退京に至ってしまい、天朝・幕府への仰訳が立たないため、御謹慎するよう斉泰の命が伝えられる。

一一日慶寧は海津を発し、同日松平大弐が同地で自刃、一八日慶寧は金沢に到着する。因みに、八月一九日山崎庄兵衛・原田又右衛門・上坂丈夫らは御様子有りとして閉門を拝命、九月九日には藩医の内藤宗安は慶寧の御匕を指除かれた。

4　謹慎拝命後の金谷への帰殿

八月一八日慶寧は海津より金沢に帰城、金谷御殿に入った。その様子について「諸事留牒」（本多政和著、明治期の写）一三巻によれば、表1の10に元治元年八月一八日条に「筑前守様海津御旅行中江御使者前田土佐守を以、御慎之義、被　仰進候付、今日御慎中之御着ニ付」と記されている。すでに海津で謹慎が申渡されての到着であった。同史料では、続けて金谷では「台背（帯佩）場より御入、且又年寄中等御待受無之」と記されている。この帯佩場の位置について、「公私心覚」一一巻、弘化二年一二月一六日条に「当時御文庫・御馬場ハ無之、たゐはいニ而」と記されている。少なくとも寛政期に存在した金谷出丸の御文庫・御馬場は、弘化二年の時点では帯佩場に代わっていた。なお、庄田吟右衛門は「成瀬正敦日記」一八巻、弘化三年七月二一日条では、「御近習之人々たいはい稽古方主付」を拝命している。

また、「公私心覚」二一巻では、表1の11に「筑前守様御病気」のため退京され、「御慎被　仰進候ニ付、金谷御殿入口御門〆切之義、且金谷御門等も是迄御留守中之通、六時御縮」となった。四時過ぎ慶寧は御着殿になり、御附頭今村源兵衛が参上し、これを斉泰に報告、「御間之内、御駕籠之御都合も有之故、たゐはい場より御居間先御庭江御入、御居間御椽《（縁）》江御駕籠昇上、御入」になったことが記されている。

第二節　「拝診日記」の概要と慶寧の治療担当の医者

「拝診日記」（石川県立図書館蔵　K二八八五－一〇二）の形態は袋綴、墨付六七丁、タテ二三・七×ヨコ一七・二センチメートルで、表紙には「元治元年八月　拝診日記　御医者溜」と記載されている。同史料は、拝診を担当し医者溜に勤務した複数の医者が交替で記載したものとみられる。また、「加賀山徳文庫」の朱の印があり、この山徳は近代の金沢の書肆であろう。ともあれ、冒頭部分を紹介しよう。

「加賀山徳文庫」（朱の印）

八月十八日　学方
君平
元貞
昼　玄昌
泊　恭莾

筑前守様夕八ツ半時御帰着被為遊候事、

長谷川学方

右、学方義、当分（平出）筑前守様御匕兼帯被　仰付候条、可被申渡候事、
右之通り不破彦三殿被申聞候段、成瀬殿被申渡候事、

子八月十八日

一、御導引御按腹指止候、
泊り　順道
筑前守様先達ゟ御滞之処、兎角尓々不被為在、時々御乾嘔御不食被遊候、依而御薬左之通り奉調上候、

柳肝散加芍薬羚羊角

御兼用　半夏藿香湯

十七日　昨日夕御飯目　握御飯弐ツ四匁

葛餅水目共　拾二匁五分

右之御容躰ニ付、御医者壱人充、当分毎日昼夜相詰候様、湯原平馬申聞候条、小谷錬太郎被申談候、依而御番割相調、左之人々、昼夜壱《三》人宛、御番致候事、

横井元中　江間三折　黒川良安

魚住恭菴　関伴良　久保三柳

二木東庵　河合円斎　等廿人

都合廿人

（後略）

上記内容には、八月一八日金沢に到着した慶寧に二〇人の医者による昼夜及び泊番の治療が始まったことがわかる。以後、さらに治療医者数が増加されることとなる。中心となる医者はこの時点では、長谷川学方で、御乾嘔・食欲不振に対し、「柳肝散加芍薬羚羊角　御兼用　半夏藿香湯」が処方されたことがわかる。羚羊角は「レイヨウカク」と訓ずるカモシカの角から作る解熱剤・鎮静剤である。なお、前日の一七日の夕には「御飯目　握御飯弐ツ四匁、葛餅水目共　拾二匁五分」を食したことがわかる。

つぎに、治療を担当した医者についての表記は、原則として史料中初出のものを重視し、統一に努めた。例えば、東菴（菴、以下同）↓東庵、大安↓大菴、祥庵↓祥菴、恭庵↓恭菴、西州↓西洲などである。また、史料には医者八人

の記名と都合二〇人とあるが、全体を通し、以降三三人の医者が治療に携わることになる。これら医者について、表2に示した。

表2　元治元年「拝診日記」にみる慶寧の治療担当医

番号	医者	侍帳等の記載状況、典拠等	分類
1	江間三折	＊○三〇〇石、十間町藪ノ内、クヤウ、禅・棟岳寺	Ⅰ
2	江間順道	「士帳」（一六、三〇－五四、幕末期）記載の江間順道（嘉永五年七一歳、一〇人扶持）の子、省吾（「先祖由緒并一類附帳」、近世史料館郷土資料「加賀藩組分侍帳」〈〇九〇－二〇一〉）	Ⅰ
3	久保三柳	＊○二〇〇石、彦三七番丁、羽団扇、浄・極楽寺	Ⅰ
4	小瀬貞安	＊○一〇人扶持、彦三七番丁、禅・普明院	Ⅰ
5	加来元貞	☆元達、一〇人扶持	Ⅰ
6	藤田玄碩	藤田道仙倅、弘化3年、一〇人扶持（藤田道三郎「先祖由緒并一類附帳」）	Ⅰ
7	不破文仲	文作ヵ、＊不和良伯、五人扶持、桶町、三巴、禅・全昌寺。（加越能文庫「先祖由緒并一類附帳」筆の不破文作の父は文中〈嘉永3年没〉）	Ⅰ
8	堀大莽	堀宗叔の後裔ヵ、「公私心覚」一四巻、安政3年6月15日条「御医者　徳田純作　堀大莽」と記	Ⅰ
9	横井元中	＊「元仲」三〇〇石、彦三町長谷川学方へ同居、石竹ノ花、禅・広昌寺	Ⅱ
10	魚住恭莽	☆道仙、二〇〇石	Ⅱ
11	八十嶋祥莽	☆東庵、二〇〇石	Ⅱ
12	桜井了元	＊○一〇人扶持、右衛門橋高、丸ノ内二ツ引、禅・宝勝寺	Ⅱ
13	二木順孝	＊○一〇〇石、才川荒町、一向（ママ）・高岸寺	Ⅱ
14	二木東庵	★「公私心覚」一〇巻、安政2年3月11日、同5年5月24日条、「桃庵」とも	Ⅱ

15	長谷川学方	＊○一〇〇石、桶町、三巴、真・千手院	Ⅱ
16	池田玄昌	＊「元昌」七人扶持、宗半町、丸ノ内笹リントウ、浄・弘願寺	Ⅱ
17	関伴良	☆玄迪、五人扶持	Ⅱ
18	河合円斎	＊○五人扶持、光岸寺、一向・越前勝縁寺	Ⅲ
19	河合善哉	★「公私心覚」一九巻、文久2年6月22日条、「円斎セかれ河合善哉」と記	Ⅲ
20	片山君平	＊○一二〇石、小立野、葵崩、一向・長周寺	Ⅲ
21	片山亮雄	良雄、遠平、君平の子。「跡目等諸事留書」「先祖由緒并一類附帳」	Ⅲ
22	高嶋正平	＊正顥、一二〇石、竪町	Ⅲ
23	吉田淳庵	吉田長淑の孫、長淑、尊経閣文庫寄託史料（玉川図書館近世史料館）「跡目等諸事留書」慶応2年12月条	Ⅲ
24	鮭延良節	弘化元年「士帳」に鮭延秀庵、一五人扶持、江戸在住と記、「成瀬正敦日記」一六巻に「鮭辺（延）良節」と記、秀庵の嗣子	Ⅲ
25	黒川良安	弘化3年藩医、八〇石（黒川自然「先祖由緒并一類附帳」）	Ⅳ
26	高峰元稑	安政6年藩医、一〇人扶持、高峰昇「先祖由緒并一類附帳」	Ⅳ
27	吉益西洲	藩医吉益北洲の子（「吉益家系図」）	Ⅳ
28	山本文玄斎	元治元年藩医、一〇〇石（山本亮吉「先祖由緒并一類附帳」	Ⅳ
29	吉田元琇	★「公私心覚」一七巻、安政7年正月27日「御守殿（溶姫）附御医者吉田元琇」と記	Ⅴ
30	坂春庵	（「坂春庵老」と称され、吉田元琇と毎度一緒に拝診）	Ⅴ
31	渡辺元隆	文久3年時、横山蔵人家中医（「役向日記」）	Ⅴ
32	洲崎伯順	文久3年時、竪町の町医者（「役向日記」）	Ⅴ
33	畑春斎	（眼科医）	Ⅴ

表2では、当該医者に関して、先代・先々代などが藩医として出仕、活動していた時期をみる。そのため、＊印は

弘化元年（一八四四）「士帳」、☆印は文化四年（一八〇七）～一一年「帳秘藩臣録」記載を示し、○は人名の表記が同じ場合を表わす。また、★は「公私心覚」による。さらに、分類の欄では、その先祖に関し、侍帳等を中心に、Ⅰは近世前期（元禄六年〈一九八三〉まで）の侍帳に、Ⅱは近世中期（享保九年～天明三年〈一七二四～八三〉）に、Ⅲは後期（文化元年〈一八〇四〉頃～弘化元年）の四種の史料に初出の医家を示す。Ⅳは、弘化二年以降に藩医として登用された者を、さらにⅤは、これ以外の御用医者を示す。この結果、三三人中二四人と半数以上が弘化元年以前に藩医として活動していたことがわかる。残る九人がそれ以後に藩医に昇格した医者、もしくは御用医者となる。

また、個々の医者についてはこれまで述べてきたが(14)、「拝診日記」では、苗字の記載がなく、不明な医家も少なくない。そこで、初出の医者や叙述が不充分であった医家や新たな史料により判明した医家について、表2より順次紹介しよう。なお、2番の江間順道に関して、詳細は後稿に譲ることとしたい。

表2の7の不破文仲は後掲、表3C・表3Dにみる一〇月一四日より慶寧の拝診で、以後四回程鍼治導引安腹を担当する。弘化元年「士帳」には「不和良伯、五人扶持、桶町、三巴、禅・全昌寺」と記されている。また、明治三年「先祖由緒并一類附帳」は不破文作によるもので、その父は文中（文仲、嘉永三年没）である。当時不破家を相続していた文作が父の文仲の名を襲名したとみられる。

8の「大蕣」（大安・大庵とも）は「公私心覚」一四巻、安政三年六月一五日条に「御医者　徳田純作　堀大蕣」と見え、大蕣の苗字は堀であることがわかる。さらに、14の東庵（桃庵）の苗字は二木であることが「公私心覚」一〇巻、安政二年三月一一日・同五年五月二四日条にて判明する。

つぎに「拝診日記」元治元年八月一八日、慶寧の御匕兼帯を拝命した15の長谷川学方の家系については、「侍帳」「諸士系譜」「先祖由緒并一類附帳」をも合わせて整理すると、つぎのようになる。

①**長谷川覚峯**（越前生、医者、正徳元年金沢へ移住、寛延三年没）‖②**覚峯**（公事場等三ヶ所御用を勤め、安永四年隠居、同八年没　以下、‖＝養子を示す）‖③**学方**（長崎外科中尾猶坦〈カ〉に医術相伝、安永四年公事場等三ヶ所御用、寛政一二年藩医、一五人扶持、文化四年没）‖④**其翁**（学方、茂、文化四年相続、七人扶持、同一二年～一四年「高御石垣御普請ニ付詰御用」、文政三年～七年「紀州華岡随賢〈青洲〉」へ入門、天保一〇年「明倫堂修補ニ付」医学指引、天保一三年一〇〇石となり、藩主前田斉泰の治療に加わる。嘉永七年一五〇石、のち二〇〇石、明治二年隠居）――⑤**六蔵**（安政六年召出、七人扶持、文久元年医学指引、明治二年二〇〇石相続）と続く。

このように、近世中期に御用医者を勤めた町医者の長谷川家は、三代の学方が長崎外科の医術を相伝、寛政期に藩医となった。つぎの四代学方も漢蘭折衷医であった紀州の青洲のもとに遊学。また、高石垣普請や明倫堂修補に際し、怪我人等の治療を担当、藩主斉泰の治療に当るなど躍進を遂げる。

19の善哉は「公私心覚」一九巻、文久二年六月二二日条に「円斎セかれ河合善哉」と記されており、河合であることがわかった。

21の片山亮雄は「跡目等諸事留書」元治元年二月七日条に「片山君平せかれ良雄」、七人扶持と記され（玉川図書館尊経閣文庫寄託資料）、また、「先祖由緒并一類附帳」に元治元年九月慶寧の「日並診并御薬調合相見御用」拝命とみえ、亮雄は良雄と同一人物とみられる。

また、23の吉田淳庵は「跡目等諸事留書」の慶応二年一二月に「吉田淳庵御加増之義申遣」などと見える。この淳庵は、文化七年藩に登用された蘭学医吉田長淑の養嗣子である道碩の跡を継いだ人物（淳一郎、長淑）であることがわかる。[15]

24の鮭延良節については、弘化元年「士帳」に鮭延秀庵、一五人扶持、江戸在住と見える。「成瀬正敦日記」巻一六、弘化二年一二月一五日条に、家督の御礼として「鮭辺（延）良節」の名が見えるゆえ、秀庵の嗣子として弘化二年相続したことがわかる。この後、良節に関しては同史料二七巻、嘉永五年七月九日条に「江戸定府鮭延良節」と見える。また、「御用部屋日記」同六年一二月二七日条によれば「御住居附御医師」の「加番」として江戸藩邸の斉泰附医師に加わっていることがわかる。

25の黒川良安（自然、古寺町住、五四歳）について、本人による明治三年「先祖由緒并一類附帳」から整理してみよう。同家の元祖治兵衛はもと公家侍で、越中新川郡黒川村に居住し、田地を開発したとされる。

①**治兵衛**（正徳三年没）――②**治兵衛**（元文五年没）――③**治兵衛**（安永二年没）――④**治兵衛**（文政六年没）――⑤**玄龍**（「越中上市村町医山田玄東」門人、文政七年越中大榎木村へ罷越、医業。のち長崎へ医学修業、天保五年帰村、のち富山へ転住、医業。弘化元年出雲守御目見医者、同四年隠居、遊翁、安政五年没）――⑥**良安**（文政一一年三月父玄龍と長崎へ医学修業、阿蘭陀通詞吉雄権之助等へ入門、天保一一年六月まで蘭学修業。同年八月金沢へ参り、重臣青山将監の家中医、五〇石。弘化三年七月藩医、八〇石、同四年正三位様伺御用。嘉永二年二月二二日「遠藤数馬等於御次、被　仰付候御内用方可相勤旨、同人を以、被　仰出相勤」。安政元年壮猶館翻訳方御用、同四年四月正三位様参勤御供。江戸詰中蕃書調所教授手伝、幕府より二〇人扶持并一ヶ年金一五匁拝領、同五年帰国。同六年江戸詰、一三〇石、万延元年江戸御供。文久三年正月御軍艦方御用兼帯、同二月正三位様上京御供、翌三月帰国。元治元年四月従三位様上京御供、同八月帰国。同一〇月二ノ丸広式御番、元治二年種痘所棟取。慶応元年五月から明治元年まで度々京・江戸へ正三位様・従三位様に随行。また、明治三年までの間富山従四位様・慰姫・初姫・正三位様・御同所様などの各御匕、侍医、俏喜千殿御用などを勤める。一方、慶応三年養生所主附、一八〇石、明治元年養生所詰。製造人体伝習として長崎へ出張、翌二年帰国。三年医学館取建方主附并同館教師、近侍長列、侍医是まで通）と続く。

なお、良安の弘化三年藩医登用に関連して、「諸事要用雑記」九巻、同年七月二四日条に「青山家来黒川良安義、医業も相応之仕様、蘭学ハ大分長シ候事」と見える。翌二五日条でも同様「蘭学宜、医術も相応之由」などと記載されており、蘭医学に長じているゆえの採用であったことがわかる。

27の西洲は京都町医者で、弘化期に加賀藩医となる吉益北洲の嗣子であることは、「吉益家系図」で知ることができる[16]。

なお、長谷川学方のあと、慶寧の御匕を拝命する28の山本文玄斎について、「拝診日記」元治元年九月二日より治療医師団に加ったことが記されている。同一〇日条に「文玄斎義、今般御匕被　仰付候ニ付、今日より御薬奉調上候」と見え、以後当番医者ら治療スタッフ達の統轄を担うこととなる。ここでいう御匕とは藩医ら治療スタッフの代表医師、侍医といえよう。

さて、山本家の「先祖由緒并一類附帳」（明治三年山本亮吉）には次の如くである。

①**山本権之丞**（福井知行三〇〇石、のち浪人、大聖寺居住、宝永期没）――②**七郎右衛門**（大聖寺藩召出、三〇〇石、諸士武術師範等、享保元年没）――③**清兵衛**（武術申立、横山蔵人召抱、宝暦五年没）――④**和平**（居合師範、文化一三年没）――⑤**文玄斎**（玄中、寛政期上坂平次兵衛手医者、のち町医、天保一三年前田美作守家中医、嘉永五年没）――⑥**文玄斎**（健、天保一三年一一月、前田美作守家中医、七人扶持、嘉永四年六〇石、元治元年四月藩医、一〇〇石、同九月「知事様〈慶寧〉診并御薬調合相見御用」、同月「御同所様御匕御用」、同二年五月「知事様御床払等」兼ね、白銀等拝領、明治二年没）――⑦**亮吉**（信、慶応元年敦賀へ出張、のち方々様診御用并御番、同四年明倫堂講師、明治二年相続、侍医）と続く。

以上のことから、慶寧の治療に当ったのは、六代目文玄斎であり、「拝診日記」の治療担当、御匕拝命のことが「拝診日記」と一致する。慶寧の病気の床払いは翌二年（慶応元年）の五月であった。なお、文化八年に紀伊の華岡青洲に入門するのは五代目の文玄斎で、町医者の時、天保五年斉広の子延之助、同一三年六月斉泰を治療した。また、藩老前田美作守の家中医の時、嘉永三年には栄操院の治療などに加わっている。(17)

因みに、29の吉田元琇（玄琇）は「公私心覚」一七巻、安政七年正月二七日条に「御守殿（溶姫、景徳院）附御医者　吉田元琇老」と記されていることを確認した。慶寧の生母溶姫附の医者が、慶寧の診察、治療にも当ることについて何ら不思議はない。また、文久三年（一八六三）「姫君様御入国四品帳并御道中触等」によれば、藤井方朔・大津道順・吉田淳庵といった藩医とは異なる。幕医らが列挙されている「姫君様御供之御附衆」として「御匕御医師津軽良春院老」とともに、「御医師　吉田玄琇老」と見えることから、(18)幕医とみられ、かつ加賀藩の御用医者と解釈できる。

一方、30の坂春庵は先の「拝診日記」に「坂春庵老」と記載され、同人は常に「吉田玄琇老」と一緒に慶寧の拝診をおこなっていることから、吉田と同様の立場にあったものとみられる。

第三節　元治元年金谷御殿における慶寧の治療

元治元年金谷御殿における慶寧の病状の変化と治療について、「拝診日記」を中心に、それに伴う記述からみて、これを四期に分けて考察したい。

1　第一期

第一期は八月一七日〜晦日までと考えたい。この時期は慶寧の病状がきわめて重い時期で、医者や藩士による治療体制が定まる。建て前は謹慎中であるが、内実は本格的な治療が始まった時期である。表3Aに示したように、主な病状をみると、肝癖・拘攣顕著、食欲不振、乾嘔、脾胃不良、御肉疲、発熱、下痢等が続いていた。

表3A　第一期　慶寧の病状と治療（八月一七日～晦日）

日付	主な容態	当番医・治療医 朝	当番医・治療医 昼・夕	当番医・治療医 泊り	導引 按腹 鍼医	処方薬〈御試人〉〈相見医者〉	前日の食事	前日の排便 大	前日の排便 小
17	慶寧の体調不良が顕著で、乾嘔、不食等のため、御附頭湯原平馬申聞せ、同じく小谷錬太郎と申談じたことなどにより、当分昼夜三人宛、当番医の勤務が定る								
18	乾嘔、不食（学方御匕兼帯、不破彦三殿申聞、成瀬殿申渡）		学方、君平 元貞、玄昌（夕8ツ半時御帰着）	恭莽		柳肝散加芍薬羚羊角兼用半夏藿香湯（9月9日条、肝癖の御症にて春庵・元琇による本方温胆湯加牛黄、兼用小半夏湯加茯苓）	夕、握御飯二ツ四匁、葛餅・水目共一二匁五分		
19	替りなし	学方 円斎	学方、順道		三柳		夕握御飯二匁、夜煮返シ・水目共一〇匁、葛餅三匁、握飯二匁		両度
20	肌熱、肝癖、拘攣 不食、乾嘔 脾胃不宜	学方 元中	学方、円斎 春庵 元琇			柳肝散加味羚羊角芍薬兼用、半夏藿香湯〈学方〉	握飯一匁五分、葛餅・水目共一八匁		
21	昨夜は快寝、痰水吐逆	三折 学方	元中、学方 東庵			半夏藿香湯六貼〈山路〉〈東庵〉	朝握飯二ツ一匁五分、葛餅・水目共一八匁、夕握飯二ツ三		両度

							匁五分、葛餅・砂糖・水目共九匁、夜握飯二ツ、葛餅・砂糖水目共六匁		
22	夜前熟睡 同様 御穏	良安 学方	三折、学方 良節	良節		本方同方六貼〔水越〕〈良節〉、含嗽剤一瓶、三黄丸、口中附薬	朝握飯二ツ三匁、葛餅一五匁、夕握飯三匁八分、葛餅一〇匁		三度
23	同様	貞安 学方	元貞、春庵 元琇、学方 元稑	元稑	三柳		朝握飯五匁七分、煮返四匁三分、夕飯目六匁、夜握飯六匁		一度
24	肌熱 気重	淳庵 学方 良節	祥莽、学方 元中	元中			朝握飯二ツ三匁、夕握飯三ツ六匁、間物やわやわ二ツ七匁・六匁、夜やわやわ二ツ半、すいき汁二椀	御余計	一合余 9つ時一合計
25	乾嘔緩和 肌熱	恭莽 学方	伴良、学方 了元	了元	東庵（鍼）	この日より兼用は得効方温胆湯加夭花粉六貼に転ずる、本方同方六貼〔水越〕〈恭莽〉	朝6時過やわやわ二ツ一〇匁、5時過同三ツ一五匁余、夕やわやわ八匁計、夜握飯二ツ四匁	二度	五度、五合一勺
26	夜前快寝 肌熱	円斎 学方	東庵、春庵 元琇、学方	順孝	順孝	本方柳肝散加味芍薬羚羊（角）兼用、得効方温胆湯	朝握飯三ツ五匁、芋頭汁一椀、南瓜少々六切、葡萄少々、昼やわやわ二ツ、握飯三ツ六匁余、山芋少々四切、南瓜少々、芋汁一椀、夕やわやわ二ツ八匁、葡萄少々、夜握飯三ツ六匁、芋汁一椀余	朝両度少々	朝両度七勺、夕五勺計、夜二勺五分、二勺八分、〆二合

27	食欲不振 下痢	正平 学方	順道、学方	三柳	順道 三柳（鍼）		朝握飯九匁、粥餅八匁、4時同六匁、夕握飯七匁、夜握飯五匁、粥餅七匁二分	八度少々宛、内、両度下痢	一一度 三合余
28	発熱 下痢	三折	良安、学方 三折	三折	三柳（鍼）	本方、柳肝散加芍薬羚羊角六貼〔原〕	朝御飯一三匁六分、4時過粥餅二ツ、夕飯握飯八ツ一一匁四分、薩摩芋一盛、7時頃粥餅五ツ一六匁五分、夜飯一一匁	三度	五度、〆三合計
29	折々発熱	元中 学方 春庵 元琇	良節、学方 元貞	元貞	東庵		朝握飯一一匁、夕同一四一匁、夜同一八匁	三度（朝少々両度）	七度 三合計
晦	発熱 腹鳴 下痢	貞安 学方	淳庵	祥蓊	三柳	兼用、同方六貼〔原〕	朝握飯一四匁、昼飯一八匁、8時頃粥餅九匁三ツ、又九匁三ツ、夜握飯一九匁、又一四匁、惣計八三匁計	三度 内二度少々、一度快通	三度 一合余

表の作成にあたり、「拝診日記」では医者名は苗字のみの箇所と、名前のみの箇所が混用して記載されているが、表3A～表3Dまでの医者の欄は名前で統一した。また、第一期より四期まで処方薬など記載が割愛してある箇所も少なくないが、空欄の箇所でも投薬がなされたことは充分考えられる。

ところで、慶寧の帰城の前日、八月一七日昼夜三人ずつの御番診が定められ、一八日より泊の医者も要するとされた。到着当初、長谷川学方の診断では発熱、「御肝癖御拘攣甚敷」、不食、乾嘔、脾胃不良と指摘する。二〇日段階で長谷川の診断では慶寧は金沢帰城の一八日及び一九日より、病態は「御宜」とし、重病中ではあるものの、とりあえず治療、療養による効果が見られたと解釈すべきであろう。二一日以降は泊番も割り当てられる。「拝診日記」八月二六日付の長谷川による「稠松様江指上候御容躰書」は次のように認められている。「筑前守御容子、先頃已来御同容ニ被為在候内、一両日御乾嘔御止被遊、御肌熱ハ時々御発シ被遊候得共、御惣様御平穏ニ被為　在候、召上り方も少々宛御進ミ、御精彩御宜キ方ニ被為　在候、御薬ハ本方柳肝散加味芍薬羚羊（角）御兼用、得効方温胆湯奉調上候、右今日迄之御容體、如此御座候、以上」と見える。このように、慶寧の病状は次第に乾嘔が止む傾向にあったこと。時々発熱があり、食欲は少しずつ増進してきたこと。処方薬も表3Aの八月二〇日付とほぼ一致する内容が稠松に伝えられたことがわかる。

なお、この稠松は当時九歳の慶寧の弟で、すでに安政六年（一八五九）一三代富山藩主となっていた前田利同である。元治元年の時期、謹慎中に関わらず、あえて稠松及び後述する寿正院へ慶寧の容体を数度報告している背景は定かでないが、慶寧と稠松・寿正院周辺との何等かの強い繋がりが推測される。

2　第二期

慶寧の病状について、九月朔日〜二八日までを第二期と考えてみていく。この時期は、下痢が甚だしく、発熱、消化不良、頭痛などの症状がみられる。治療担当医師には、第一期に続き、山本文玄斎・渡辺元隆ら蘭学修得者も拝診に加わる。この時期の様子を表3Bからみていこう。

表3B　第二期　慶寧の病状と治療（九月朔日～二八日）

日付	主な容態	当番医・治療医 朝	当番医・治療医 昼・夕	当番医・治療医 泊り	導引按腹鍼医	処方薬〈御試人〉〈相見医者〉	前日の食事	前日の排便 大	前日の排便 小
朔	下痢、肝蔵閉塞、胆汁分泌不良、飲食不振、発熱	元稑	恭蕣、良安、元稑、学方、伴良	伴良	東庵	柴苓湯六貼〈奥村〉〈学方、元稑〉	朝握飯等二四匁四分、粥餅三ツ、夕握飯等二五匁、粥餅一九匁八分、夜握飯等一九匁九分、粥餅一八匁、〆八七匁五分計	三度下痢	四度二合三尺計
2	下痢、肝癖、脾胃不和	了元、学方、文玄斎、伯順元隆	順道、春庵、元琇、学方	東庵	東庵	柴苓湯六貼〈篠原〉〈了元〉	御飯日七三匁	一一度大少共	七度二合五勺計
3	下痢緩和、肌熱	西洲、学方、君平	正平、学方、文玄斎	（三柳）	三柳	柴苓湯六貼〈原〉〈西洲〉	朝一五匁、夕三三匁、やわやわ一〇匁、夜一〇匁、〆六八匁	五度	四度二合計
4		亮雄、学方	順孝	良安	順孝	香砂六君子湯六貼、加猪苓沢瀉、〈奥村〉〈学方、元貞、文玄斎、順孝、大蕣〉	朝飯一〇匁、握飯一四匁、夕握飯三四匁、夜握飯二七匁、粥餅一五匁、〆百目	五度	四度二合計
5	下痢、熱状	玄碩、学方、良安	円斎、学方、春庵、元琇	大蕣	三柳		朝飯・握飯共二五匁五分、夕飯・握飯共二九匁、夜食握飯共二九匁、〆九三匁五分	五度	五度〆二合四勺余

6	同様の内 朝快通	文玄斎、学方	三折、学方、貞安	貞安	三柳		朝飯三〇目、握飯一四匁、夕常飯一五匁、握飯七ツ、夜食常飯一五匁、握飯一四匁、〆九五匁	五度 滑便	三合八勺
7	快通	善哉、学方	元稑、学方、文玄斎、淳庵	淳庵	君平 東庵		朝飯・握飯共三〇匁計、夕飯・握飯共三一匁、夜飯四三匁四分、〆一〇四匁四分	滑便共四度	五度 二合計
8	消化不良	淳庵、学方 文玄斎、春庵 元琇	祥蓁、文玄斎 亮雄	亮雄	三柳	前方六貼〔水越〕〈淳庵〉	朝飯三五匁、夕飯四二匁、夜飯三五匁、〆一一二匁	滑便四度	五度 二合計
9	下痢止む	学方、伴良 文玄斎〔御匕拝命〕	玄碩、文玄斎 玄昌	玄昌	順道		物〆一三三匁	三度	二合計
10	同様	玄碩、学方 文玄斎	恭蓁、文玄斎	順孝	順孝	前方六貼〔村田〕〈玄碩〉〔文玄斎、以降御薬調上〕	物〆一二四匁	四度 滑便宜キ方	〆五合七勺
11	平穏	良安、文玄斎 春庵、元琇	亮雄、文玄斎 恭蓁	正平			物〆飯一〇九匁	少々一度	二合六勺余
12	平穏	大蓁、文玄斎 学方	玄碩、文玄斎 三柳	三柳	三柳	前方六貼〔神田〕〈大蓁〉	物〆飯一二四匁	二度	三合余
13	平穏	文玄斎、玄碩	東庵、文玄斎 順孝	元稑 恭蓁	東庵 順孝		物〆飯一〇一匁	三度	三合余

14	平穏	了元、文玄斎 学方	善哉、春庵 元琇、文玄斎 祥莽	祥莽		菲沃斯 〔戸田〕〈元稑〉	惣〆飯一二〇目余	二度	四合六勺余
15	同様	淳庵、文玄斎	良節、文玄斎 元貞、春庵 元琇	元貞	東庵		惣〆飯九九匁	少々六 度	三合五勺計
16	同様	元中、文玄斎 学方	伴良、文玄斎 淳庵	淳庵		前方六貼 〔恒川〕〈元中〉	惣〆飯一二〇目	滑便四 度	四合余
17	同様	玄昌、文玄斎	順道、春庵 元琇、文玄斎 西洲	春庵	順道 三柳		惣〆飯九八匁	少々三 度	六合二勺
18	発熱	三柳、文玄斎	良安、文玄斎 祥莽、恭莽	祥莽		前方六貼 〔丹羽〕〈三柳〉	惣〆飯目一〇八匁	三度	五合余
19	発熱、偏 頭痛、腹 部御物彎 不馳（排 尿不良ヵ）	順孝、文玄斎	大莽、文玄斎 西洲	亮雄	順孝	この日より本方柴胡萬 桂湯、加芍薬枳実鼈甲 に転ずる、兼用は香砂 六君子湯荷、是まで通 り	惣〆飯目九六匁	少々ず つ五度	四合余
20	同様	正平、文玄斎	了元、春庵 元琇、文玄斎 亮雄	亮雄	東庵	本方六貼〔水上〕〈大莽〉 兼用三貼〔水上〕〈正平〉	惣〆飯一一一匁	一度	二合五勺八 才
21	微熱	玄碩、文玄斎	貞安、文玄斎 大莽	大莽	順道	本方六貼 〔伊藤〕〈玄碩〉	飯目一〇七匁	五度	六合四勺

22	微熱	元稑、文玄斎 学方	淳庵、文玄斎 恭莾	恭莾	東庵		飯目一一七匁	四度	五合一勺
23	同様	祥莾、文玄斎 西洲、春庵 元琇	元中、文玄斎 良節、恭莾	良節		兼用五貼〔恒川〕〈西洲〉	惣〆飯目一一二匁	三度	七合
24	替り無し	元貞、文玄斎 学方	玄昌、文玄斎 伴良	伴良	三柳 東庵	本方四貼〔水上〕〈元貞〉	惣〆飯目一一七匁	三度	四合半
25	同様	恭莾、文玄斎	文玄斎、順道	順道	三柳 順道		惣〆飯目一〇九匁	二度	四合九勺
26	同様	祥莾、文玄斎	正平、学方	東庵	東庵	本剤六貼〔神田〕〈祥莾〉	飯一二三匁	三度	三合余
27	平穏	亮雄、文玄斎	順孝、文玄斎 良安	良安	恭莾 三柳		飯目形一三〇目	一度	四合七勺余
28	平穏	東庵	伴良、文玄斎 順道	了元	東庵 順道		飯目一二八匁	四度	五合七勺

「拝診日記」中、九月朔日稠松様へ指上げの「御容躰書写」には、前月二六日申上げて以降、御容態は「御平穏」で、「御肌熱時々御発動」し、御食事は少々ずつ進んだ。大体八〇目余り召上り、「御大便御下利（痢）」され、「御薬は柴苓湯」に転じ、処方している旨記載されている。翌日の九月二日下痢が一一度ほどもあり、重症だったことがうかがわれる。そのため、同日二人の御用医者渡辺元隆と洲崎伯順に診療させ、医案をそれぞれ提出させる。すなわち、渡辺は「筑前守様御容體奉拝診候之処、御往来肝癖之御症ゟ御脾胃御不和被為成候御儀奉存候、御下利御数日ニ相成候而ハ不宜候、只今之処、左之方可然奉存候、以上、　浄府湯加鼈甲・参苓白朮散　御下利之御模様ニ寄御兼用」と認

める。また、洲崎は、「筑前守様御容體奉拝診候、最初御外威之邪気分別不被為遊、荏苒腸胃御不和ニ御至被為在候ニ付、御下利被遊候御症与奉存候、当時御主方柴苓湯加木香可然程ニ奉存候、以上、」と記す。つまり、「肝癖之症」で、「御外威之邪気」により脾胃が不和となり、激しい下痢を引起していると指摘する。これは、藩主斉泰の名代として出京、退京という幕末期の藩の大役を背負いつつ、全うできなかったことによる精神的ストレスによる下痢・発熱などの疾患との診断と解釈できよう。

また、九月四日「拝診日記」中の長谷川学方とみられる「稠松様江指上候御容體書写」には以下のように記される。「御食事少々御扣」「七拾目前後」召上られ、下痢もあるが、さほど激しくはない。晩は「御余計ニ御通」があり、「御薬御内方」を調進した。坂春庵老・吉田元琇老や渡辺・洲崎も拝診、その中には「格別之愚按」もなく、御下痢は「久々相止」まなくては、「御疲労も弥増」、稠松へ心配をかけまいとする配慮も見受けられたが、表3Bの九月四日段階でも未だ油断できない状態であったことがわかる。引続き九日、慶寧の叔母で、当時五一歳の寿正院（一二代藩主前田斉広娘、勇、天保三年大聖寺藩主前田利極へ入輿、池端御前、明治八年没）宛の山本文玄斎による慶寧の御容体書には次のように見える。「先御同位」の内、「御惣容御穏」にて「御精彩御宜、御食量御飯百弐拾目計、日々召上」られ、「御下利相止、御滑便ニて、昼夜三四度、御小水可也御通」になり、「坂春庵老・吉田元琇老時々拝診」、「御大便消化」未だ「御宜」くないゆえ注意が必要、「御薬前方調上」げると述べる。表3Bの九月九日頃には下痢が止む傾向にあり、未だ、注意を要するものの、食事の量も九月初めの八〇目前後から、この頃には一二〇目位に増進している。

さらに、この時期山本文玄斎が御匕を拝命、九月一〇日より同人が御薬も調進する。翌一一日には稠松・寿正院へ同文の御容体書が指上げられる。また、一四日表3Bにも示したように、「菲沃斯」を入用につき「一粒五厘宛之丸子弐拾丸指上」る。この時の御試人は慶寧の御附頭戸田清六郎勝則で、相見の医者は高峰元稑であった。因みに「菲沃斯」は西洋の薬で、ヒヨスエキスのことで、鎮痛・鎮痙剤である。高峰は蘭学医ゆえ、同薬の処方は首肯できる。このほか、一四日の昼八時過には春庵老・元琇老も拝診、下痢が止まるようなら「清熱」（熟睡）の薬として「黄連（蓮）（健胃薬）・枳実（からたちの実を乾燥した健胃薬）」の類が宜しく、「温胆湯」は如何かとの見解であった。

翌一五日にも再び文玄斎によるとみられる慶寧の御容体書が稠松に指上げられる。その内容は「御両便共御通不悪、御食餌連日百目余」召上り、折節少々御発熱あることが報告される。同様に二二日、「御腹部御攣急未被為御馳」と記され、御小水の出方に勢いがない。未だ御発熱があり、よって御薬は「柴胡（サイコ、ミシマサイコ等の根を乾燥したもの、胸脇苦痛の諸疾患に処方）萬桂湯加芍薬枳実鼈甲ニ香砂六君子湯荷御兼用ニ」調進したと見える。また、表3Bに九月一八日より再び発熱、病状はまだ厳しい状態であった。

3　第三期

九月二九日～一〇月二二日を第三期として述べていきたい。この時期は比較的内臓疾患などは落ち着き、兼用の薬も中止することとなる。しかし、新たに眼病が発症し、「内障眼」の「初発」と診断、時々微熱があり、肝部が痙攣する。

表3C　第三期　慶寧の病状と治療（九月二九日〜一〇月一二日）

月・日	主な容態	当番医・治療医　朝	当番医・治療医　昼・夕	当番医・治療医　泊り	導引 按腹 鍼医	処方薬〔御試人〕〈相見医者〉	前日の食事	前日の排便　大	前日の排便　小
9・29	微熱	貞安、文玄斎	元稑、春庵 元琇、文玄斎	三折	三柳	此日より兼用薬止	飯一二六匁	四度	六合余
晦	平穏	善哉、文玄斎 学方	祥葊、文玄斎	東庵	東庵 三柳		飯目一三八匁	三度	四合余
10・朔	同様	良節、文玄斎	元貞、文玄斎 恭葊	元中	三柳 恭葊	前方六貼〔岩田〕〈恭葊〉	惣飯目一二〇匁		
2	内障眼気不宜、初発	玄昌、学方、文玄斎	貞安、大葊、文玄斎、恭庵	(不記)	玄昌 三柳 恭葊		飯目一二六匁	三度	六合七勺
3	同様	順道、文玄斎 良安、貞安、大葊	西洲、文玄斎 貞安、良節 三柳、大葊	良節	順道 三柳		飯目一一七匁		五合九勺
4	眼気不良 頭痛	文玄斎、学方 良安、貞安、大葊、春庵、元琇	文玄斎、三折	(不記)	恭葊	川芎茶調散加菊花羚羊角六貼〔伊藤〕〈亮雄〉、眼薬堀家方指薬	九四匁	三度	八合六勺余
5	同様	大葊、文玄斎	祥葊、文玄斎	元貞	三柳		飯目一三九匁	二度	五合一勺
6	同様	了元、文玄斎 学方	玄碩	恭葊	恭葊	前方六貼〔岩田〕〈了元〉	飯目一一七匁	三度	五合三勺

7	微熱	貞安、文玄斎	元稑、春庵、元琇、文玄斎、大蒡	三柳	三柳		飯目一三五匁	三度	六合余
8	（眼気不良）	淳庵、文玄斎、学方	伴良、文玄斎、西洲	西洲	順道	前方六貼〔戸田〕〈淳庵〉。沃顛眼水〈指上は良安〉	飯目一二八匁五分	一度	六合余
9	（眼気不良）	元中、文玄斎、大蒡	順道、春斎、学方、文玄斎、玄碩	亮雄	恭蒡		飯目一一八匁五分		七合
10	内障眼（原因胃中の爵熱上衝瞳孔運転機能を妨碍）、肝部痙攣、胆汁逆行	玄昌、文玄斎、学方、春斎	良安、春庵、元琇、大蒡、祥蒡、順道	祥蒡	順道	春斎処方（蒸剤　解囲蒸剤、煎薬　茵陣湯　羚羊角、点薬　揮発水、ほか、鶏肝召上の事進言）前方六貼〔浅加〕〈玄昌〉	飯目一二五匁	二度	六合
11	同様	文玄斎、伴良	良安、大蒡、文玄斎、順道	（不記）	順道		飯目一二〇匁	四度	六合八勺
12	同様	淳庵、文玄斎	了元、文玄斎、三柳	三柳		菲沃斯〔浅香〕〈良安〉前方六貼〔伊藤〕〈淳庵〉	飯目一一六匁	二度	四合計
13	微熱	元貞、文玄斎	良安、文玄斎、順道、大蒡、春庵、元琇	（以下不記）	恭蒡		飯目一二四匁	三度	七合八勺
14	平穏	文玄斎、元中	文玄斎、三柳、文仲				飯目一二二匁	無	七合計
15	同様	文玄斎、三折	文玄斎、順道				飯目一〇二匁	一度	七合計

16	同様	文玄斎、学方	（不記）			飯目一二二匁	二度	七合三勺
17	同様	文玄斎、良安	文玄斎、良安			飯目一二二匁	二度	六合余
18	同様	文玄斎、西洲	文玄斎、文仲			飯目一一五匁	二度	六合半
19	同様	文玄斎、元貞 良安	文玄斎、三柳			飯目一二九匁	一度	七合四勺
20	平穏	文玄斎、伴良	（不記）		文仲	飯目一一一匁	一度	四合計
21	同様	文玄斎、玄昌	文玄斎 文仲			飯目一三八匁	二度	五合
22	同様	文玄斎、学方	（不記）			飯目一〇八匁	二度	六合計

表3Cでは一〇月八日、文玄斎を代表にして、学方のほかに、朝は吉田淳庵、夕は関伴良、泊まりは吉益西洲が当番医である。御薬は前方六貼、戸田清六郎勝則が御試人、淳庵が相見医者であった。このほか、「内障眼」の処方として、蘭学医の黒川良安が「沃顛《ヨジユム》（ヨジュームチンキ・ヨウドのアルコール溶液、殺菌剤・解凝薬）眼水一瓶」を調進の記載があり注目される。また、同月一〇日の眼科専門の「畑春斎ゟ指上候御容子書」にはつぎのように見える。「奉診候処、内障眼之御初発ニ而、御原因胃中之爵熱御上衝瞳孔運転機能を妨碍被為　在、殊ニ肝部御痙攣も強ク、胆汁逆行之御症ニ奉診候、何分数十日御不食等之御病後、自然脾胃御不和ニ被為　在、畢竟瞳神経御労倦之御場合ニも被為至候而者、不容易義と奉存候、伏而只今之内、左之御腸薬等を以、篤与御保養被為　在候而者、可然与哉ニ奉診候、以上」と診断する。すなわち、「内障眼」とは眼球内の疾病で、黒内障（視力低下等）・白内障（眼の水晶体が灰白色に変わり濁る）・緑内障（異常な眼圧亢進、過労・睡眠不足等も誘因）の総称である。

その「御原因」は「胃中之爵熱御上衝」し、「瞳孔運転」の機を妨害し、「肝部御痙攣」も強く、「胆汁逆行之御症」

であるためという。また、「何分数十日御不食等」の病の後、脾胃が不和になっており、何れ瞳神経が労倦となる危険性もあり、薬用療法にて充分な保養が必要と述べる。つまり、その処方は蒸剤として解囲蒸剤を、また、煎薬として茵陳湯・羚羊角を、点薬として揮発水を処方し、ほかに「鶏肝一具毎日」召上るよう進言する。このほか、眼科以外の処方として、この日の御薬は前方六貼を慶寧御附頭の浅加（浅香）嘉門一郷が御試人となり、相見医師は池田玄昌が担当する。引続き一二日には、再び良安により「菲沃斯（ヒヨス、第二期の九月一四日にも処方された）五厘為壱丸弐拾種指上」られた。

4　第四期

一〇月二三日～一二月一日までを第四期としてみていこう。この時期は排便の記録はなく、回復期とみることができる。表3Dに慶寧の病状と治療についてまとめた。

表3D　第四期　慶寧の病状と治療（一〇月二三日～一二月一日）

月・日	主な容態	当番医・治療医		導引針治医者	前日の食事量
		朝	昼・夕		
10・23	平穏	文玄斎、良安、亮雄	文玄斎	文仲	飯目一一八匁
24	同様	文玄斎、玄碩			飯目一三〇目
25	同様	文玄斎、伴良	文玄斎、文仲		飯目一二五匁
26	同様	文玄斎、了元	文玄斎、大蓁、文仲		飯目一一五匁
27	同様	文玄斎、文仲	文玄斎、三柳		飯目一〇八匁

28	同様	文玄斎、大葬	文玄斎、文仲		飯目一二五匁
29	同様	文玄斎、良安、円斎	文玄斎、文仲		飯目一〇〇目
11・朔	平穏	文玄斎、元稑	文玄斎、大葬	東庵	飯目一二三匁
2	同様	文玄斎、文仲	文玄斎、良安	文仲	飯目一一〇匁
3	微熱	文玄斎、元中、大葬	文玄斎	東庵	飯目一一〇匁
4	同様（平穏）	文玄斎、三折	文玄斎、良安	文仲	飯目一〇〇目
5	同様	文玄斎、学方、大葬	文玄斎、文仲		飯目一〇〇目
6	同様	文玄斎、良安	文玄斎、東庵		飯目一一〇目
7	同様	文玄斎、西洲	文玄斎、三柳		飯目一〇〇目
8	同様	文玄斎、順孝	文玄斎、文仲		飯目一二五匁
9	同様	文玄斎、玄昌	文玄斎、東庵		飯目一二五匁
10	同様	文玄斎、正平	文玄斎、三柳、大葬		飯目一一〇匁
11	同様	文玄斎、順道	文玄斎、文仲		飯目一二五匁
12	同様	文玄斎、良安、伴良	文玄斎、東庵		飯目一三五匁
13	同様、宜方	文玄斎、亮雄	文玄斎、三柳		飯目一三五匁
14	同様（平穏）	文玄斎、三柳、大葬	文玄斎、文仲		飯目一五五匁
15	同様	文玄斎、玄碩	文玄斎、東庵		飯目一三五匁
16	同様	文玄斎、了元	文玄斎、文仲		飯目一三五匁
17	同様	文玄斎、文仲	文玄斎、文仲		飯目一七〇目
18	追々宜き方	文玄斎、東庵	文玄斎、東庵		飯目一八〇目

19	同様（平穏）	文玄斎、円斎	文玄斎、三柳		飯目一五〇目
20	同様	文玄斎、大葊	文玄斎、東庵		飯目一六五匁
21	同様	文玄斎	文玄斎、文仲		飯目一四五匁
22	同様	文玄斎、元貞	文玄斎、三柳		飯目一三五匁
23	追々快方	文玄斎、元中	文玄斎、文仲		飯目一三〇匁
24	同様（平穏）	文玄斎、三折	文玄斎、東庵		飯目一六〇目
25	同様	文玄斎、学方	文玄斎、文仲		飯目一一六匁
26	同様	文玄斎、良安	文玄斎、三柳		飯目一八〇目
27	同様	文玄斎、西洲	文玄斎、東庵		飯目一四五匁
28	同様	文玄斎、元貞	文玄斎、文仲		（不記）
29	同様	文玄斎、玄昌	文玄斎、三柳		飯目一六五匁
30	同様	文玄斎、伴良	（不記）		飯目一三五匁
12・朔	同様	文玄斎、元稑	文玄斎、東庵		飯目一五〇目
2	追々御快方に付、此日より朝診のみ仰付られ、折々夕診すべきよう富田より談有り				

表3Dは回復期に当たる。この時期は、文玄斎を中心に良安・伴良・元中らが朝・昼・夕診に当たりつつ、東庵・文仲が針治療を行なう。食事も一二〇目〜一八〇目程に増加し、排便も特に記録する必要もなく、平常に回復しつつあったことがわかる。こうして、一二月二日朝には「奉診候処、御容子追々御快方ニ付、今日より朝診迄ニ被仰付候、其内折々夕診ニ罷出候様、富田より被談候」として、「拝診日記」の記載は終わっている。

以上、第一期よりの長谷川学方、第二期以降の山本文玄斎の二人は、それぞれ御匕を拝命、寿正院や稠松への報告も行うなど、当番医者らの総括を勤めた主治医とみてよかろう。因みに、慶寧の床払いは、慶応元年五月に行なわれたが、幕府から謹慎を解くことを許可されたのは、同五月二日であった。これは、「触留」（一巻、安井顕比旧蔵）に「筑前守様御儀、先般以来御慎被　仰進候之段、公辺江被　仰立置候処、不被為及其儀候」と見える。また、斉泰は四月二七日江戸を出発し、金沢に到着するのは五月一一日であることが「御用方手留」二九巻でわかる。[19]したがって、謹慎を解かれたことと、床払いが行なわれたことはほぼ同時であった。床払いを契機にして、謹慎を解かれたという方がより的確なのであろう。こうして、五月慶寧の床払のお祝いは斉泰の帰国後の五月中に行なわれ、医者山本文玄斎らに治療の慰労金を下賜したものと理解される。

おわりに

以上、元治元年の御医者溜による「拝診日記」をもとに、その前提となる前田慶寧の出京前後の加賀藩の状況、退京、近江海津にての謹慎拝命、金沢への帰城と金谷御殿での治療について考察した。以下のようにまとめることができる。

慶寧は元来気鬱気味で、風邪も引きやすく、出京の前年より病も全快しない状態であった。元治元年四月京都守衛のため上京、滞京中も心身は万全ではなかった。京医の山本大和守父子の治療も受け、退京の帰途、近江で滞留中八月四日には、村雲御所御抱の京の町医で、漢蘭折衷医の大村泰輔による治療を受ける。この時の泰輔による慶寧の診断は、「御従来御疾癖病之御症」、「御思慮過多、御精神御衰弱」で、熱・咳・痰血・嘔気・食欲不振・胸腹痛の病であった。帰城後金谷御殿でも藩医の長谷川学方・御用医者渡辺元隆・同洲崎伯順らは、「肝癖之症」と診断する。特に、伯順は「拘攣甚敷」「脾胃御運動不御宜」「御外威之邪気」により、脾胃が不和となり、激しい下痢を引起していると指摘する。

さらに、長期にわたる病態がもとになり、「内障眼」をも引き起こしていた。眼科医の畑春斎の診断では、その「原因」は胃中の高熱により「瞳孔運転」の機能を「妨碍」し、「肝部痙攣も強」く、胆汁が逆行しているためと指摘。また、数十日の食欲不振が続いたため「脾胃御不和」となり、「瞳神経御労倦」の危険性があるとの診断を下している点で注目される。そのほか、激しい下痢や乾嘔なども加わる。

このように幕末期の複雑な京都守衛という重圧から、慶寧は感冒の悪化による脾胃の機能低下を招き、激しい下痢、発熱、著しい食欲減退となる。これは神経性内臓疾患といえよう。さらに、合併症として、眼科専門の医者の治療も受けるなど、医者の長谷川学方・山本文玄斎を中心に、三三人の手厚い医療スタッフのもと、快方に向うまでは、昼夜三交替で治療が行なわれた。つまり、九か月間の謹慎中、およそ四か月に亘って手厚い治療が施されたのである。時には蘭方医の黒川良安や高峰元稑らによるヒヨスエキス・ヨジュームチンキなどの蘭方薬も処方されていることは、天保期の斉泰や嘉永期の栄操院の治療にはみられなかった点で注目される。

複雑極まる幕末期の藩主名代で、且つ次期藩主となる慶寧の事例は、元治元年段階でのストレスによる内臓疾患、さらに内障眼を引き起こしたという医者の診断は、近代医学の先駆といえるのであろう。[20]

また、漢方薬を含めた薬の調進の際には、慶寧の御附頭の山路・水越・原・篠原・奥村・村田・神田・戸田・恒川・丹羽・水上・伊藤・岩田・浅加の一四人が「御試人」（御試飲役）となった。このうち山路・水越・原・篠原・奥村の五人は慶寧の退京進言に連署し、そのためか九月九日御附頭を指除かれた人々であった（「諸頭系譜」）。

さらに、相見の医者は学方・東庵・良節・恭莽・元稑・了元・西洲・元貞・文玄斎・順孝・大莽・淳庵・元中・三柳・正平・玄碩・祥莽・亮雄・良安・玄昌などで、史料的制約もあるが、前代にはみられなかったことである。このような相見医師のもとで、御附頭が試飲役となる元治元年の慶寧の治療は前代にはなかった点が特徴である。

ただ、文化期（一八〇四〜一七）の職制を総合的に編纂した「国格類聚」巻五（加越能文庫）によれば、藩主の江戸在府中の藩医は四人で、この内一人は「御薬相見」を担当すると見える[21]。

つぎに、従来幕末の加賀藩では藩主斉泰、佐幕を標榜する御表衆という守旧派と、世子慶寧中心の尊王を主張する御側衆の改革派との対立があったといわれているが[22]、少なくとも、後の慶応三年一一月に慶寧は自ら「予カ本心ニおゐてハ、何処迄も徳川家を助ケ」天下のため尽力したいと述べている（「御親翰留」）。こうした点も含め、各時期における信憑性のある史料から斉泰・慶寧父子及び重臣・側近らのそれぞれの意見・動向を再検討することが肝要であろう。ただ、元治の退京に関し、従来いわれていたように、藩主である父斉泰が、たとえ遺憾に思うことがあったとしても、朝廷・幕府及び藩内に対して、あくまでも建て前であったとみられる親子の間での確固とした対立があったとは考えにくい。そのような史料も今のところ見出すことはできない。出京・退京に関しての意見の相違は父子間ではなく、京都の情勢を熟知し、前田家の行く末を危惧しつつ、慶寧の病気がちな様子を常に目の当たりにしている御附頭らや藩の重臣・斉泰の間でのことといえまいか。少なくとも慶寧の出京前の元治元年四月、御附頭の上坂丈夫は、慶寧の上京延期の上申書を提出し、出京後は数度に亘って、上坂ら十数人の連署で退京を進言していることからも明らかである。時期的に脚気のため、自身が動けなかったもどかしさの中で、斉泰は早く慶寧に家督を継がせたかったことを考えると、慶寧に絶大なる信頼と期待を抱いていたのではなかろうか。徳川の娘溶姫と斉泰との間に出生し、御抱守も多数附され[23]、次期藩主として大いに期待されて育った慶寧であった。そのため神経過敏な性格で、さらにこれが高じて気欝に成りがちであったのか。混沌とする時代性もあり、慶寧は、健康で父斉泰に続き藩政を主導することが自他ともに期待され、若君教育が早くから行なわれてきた。その期待感が慶寧の病気をより重症化させたのではなかろうか。

慶寧の退京に関しては、長州との戦闘回避を説く御附頭らの意見を背景に、その理由の一つが重病であったものと考えるのが妥当であろう。朝廷・幕府の命に背くこともできず、何とか斉泰の名代として京都守衛を全うしなければならないという思いが、慶寧の病気をさらなる重症に追い込んだものとみられる。

しかしながら、藩主前田家として病態の世子ということは、大々的に表には出せなかった。前田家または藩政史料の多くが前田育徳会や加越能文庫に架蔵されている。これに対し、推測の域を出ないが、「拝診日記」は後に加賀山徳文庫旧蔵という点で、書肆か、詳細は不明だが、何等かの事情で民間の手に渡ったのではなかろうか。多くの藩政文書とは異なり、為政者の後嗣の病という藩にとっては負のイメージであるゆえ、多くの公の文書群とは別に取り扱われたのではなかろうか。当時の社会にあっても、その後の歴史叙述においても、こうした慶寧の病気は極力表に出せなかった筈である。慶寧が病気だったから、藩及び藩主斉泰は建て前上の処置をしなければならなかったのであろう。

従来の研究の多くは、こうした無批判に慶寧の病気を見過した建て前上の合理的な歴史叙述であった感は否めない。上坂ら御附頭による出京延期、退京進言の上申書は、近代になって「雑記」として編集され（本文、表1）、表舞台から奥へ追いやられた感がある。

こうした背景から慶寧の病気に関する研究が希薄であったものとみられる。すなわち、藩政を左右する為政者側の病気を問題にしなければ史実は語れないのである。政治史に医療面を照射してこそ、歴史の真相に近づくことができるのではなかろうか。このような意味で幕末期の政治史を見直すことも必要と考える。

慶寧は藩主就任後、少なくとも慶応三年（一八六七）一〇月末～一一月の段階でも病気だったようであり（玉川図書館奥村文庫「御用方手留」八巻」、加越能文庫「御親翰留」、同「京都詰中手留」三巻、同「御親翰帳之内書抜」一一巻）、あるいは気鬱の症に伴う内臓疾患が一進一退を繰り返していたのではなかろうか。このような中で藩主に就任した慶寧の施策をみると、時勢の気運も加り卯辰山養生所・撫育所などを設立し、新しい学問、洋学を積極的に取り入れ、医療・福祉面に尽力していることは、慶寧自身の病気がちなことと無関係ではないように思われる。

註

（1）池田仁子（a）『金沢と加賀藩町場の生活文化』岩田書院、平成二四年、（b）「金子鶴村の蘭学と海外・科学知識─化政期加賀藩蘭学受容の一側面─」（『日本歴史』六九八号、平成一八年）、（c）「加賀藩蘭学の受容と医者の動向」（『北陸史学』五五号、平成一八年）、（d）「大高元哲の事績をめぐって─加賀藩蘭学の受容と展開─」（加能地域史研究会編『地域社会の歴史と人物』北國新聞社、平成二〇年）、（e）「医者と暮らしの諸相」（一九世紀加賀藩技術文化研究会編『時代に挑んだ科学者たち』北國新聞社、平成二一年）、（f）「加賀藩藩政史料にみる遠藤高璟」（『加能地域史』六四号、平成二七年）。

（2）池田仁子（a）「「寛文七年金沢図」等にみる医者の居住地と城内での医療」（『研究紀要　金沢城研究』八号、石川県金沢城調査研究所、平成二二年）、（b）「加賀藩前期の医者と金沢城内での医療」（『同』九号、平成二三年）、（c）「近世中期加賀藩の医者と金沢城内での医療」（『同』一〇号、平成二四年）、（d）「金沢城を中心とする化政・天保期の医療と蘭学医」（『同』一一号、平成二五年）、（e）「近世後期加賀藩の医者と金沢城内での医療」（『同』一二号、平成二六年）、（f）「近世金沢の医療─〝伝統〟の礎と社会史的意義を探る─」（地方史研究協議会編『〝伝統〟の礎─加賀・能登・金沢の地域史─』雄山閣、平成二六年）など。

（3）なお、小林弘子『加賀藩医　江間三吉（萬里）―幕末から明治へ―』橋本確文堂、平成一六年の表紙及び四二頁に「拝診日記」の写真が一部掲載されている。
（4）幕末・維新期の政治情勢については、佐々木克「「公武合体」をめぐる朝幕藩関係」（田中彰編『日本の近世』一八巻、中央公論社、平成六年）、青山忠正『明治維新と国家形成』（吉川弘文館、平成一二年）、三宅紹宣編『幕末の変動と諸藩』（吉川弘文館、平成一三年）、原口清『幕末中央政局の動向』（岩田書院、平成一九年）などがある。また、加賀藩の幕末の政治史研究及び元治の変の周辺について取り扱ったものに、つぎのものがある。石川県『石川県史　第弐編』石川県図書館協会、昭和四九年、八〇三〜八七六頁。徳田寿秋「幕末期の変動と藩政」（『金沢市史　通史編2』金沢市、平成一七年）、同『前田慶寧と幕末維新―最後の加賀藩主の「正義」―』北國新聞社、平成一九年。長山直治「前田慶寧の二度の退京をめぐって―徳田寿秋著『前田慶寧と幕末維新―最後の加賀藩主の「正義」―』への疑問」（『北陸史学』五九号、平成二四年）、宮下和幸「文久、元治期における加賀藩の意思決定システムと政治運動」（加賀藩研究ネットワーク会誌『加賀藩研究』三号、平成二五年）など。なお、徳田寿秋『加賀藩における幕末維新期の動向』（橋本確文堂、平成一四年）では、元治元年の慶寧の病気と退京に関して触れられていない。
（5）近年、長山直治氏は近代以降に執筆・編纂された史料集・記述の弊害などから、可能な限り同時代の原資料を丹念に読み込み、活用することの必要性を説き明かした。本章も極力このことに努めた。また、同氏は京への出兵に関し、藩内では当初より御小将頭らの間に反対の動きがあり、慶寧の病気と相まって右小将頭及び御附頭の間で帰京を早める動きがあったと指摘する（長山直治、前掲（4））。また、宮下和幸氏は前掲（4）において、「拝診日記」から、慶寧の病気はそれなりに重かったのではないかと述べている。なお、長山・宮下両論文は史料の選択・解釈などの点において示唆に富む所大である。
（6）この時点で斉泰が慶寧に家督を相続させたい意思のあることについては、石野友康氏は「溶姫の加賀下向と金沢城」（『研究紀要　金沢城研究』一二号、平成二六年）で指摘している。

（7）加賀藩の政治史的動向については、部分的には前田育徳会『加賀藩史料』藩末篇上巻・下巻、清文堂出版、昭和五五年復刻（以下『藩史料』と略記）にも収録。
（8）長山直治、前掲（4）七六頁。
（9）徳田寿秋「王政復古から廃藩へ」（金沢城研究調査室『よみがえる金沢城』1、石川県教育委員会、平成一八年など。
（10）奥村哲「前田慶寧」（『石川県大百科事典』北國新聞社、平成五年）。
（11）京都府医師会『京都の医学史』（資料篇）思文閣出版、昭和五五年、五三〇・五四九頁。
（12）池田仁子、前掲（2）（e）。
（13）『日本国語大辞典』三巻、小学館、昭和五五年。
（14）池田仁子、前掲（2）（a）～（f）。
（15）池田仁子、前掲（2）（e）（池田仁子『近世金沢の医療と医家』岩田書院、平成二七年、九三・九四頁）。
（16）京都府医師会『京都の医学史』前掲（11）本編、四七四頁。なお、吉益北洲については池田仁子、前掲（2）（e）でも若干述べた。
（17）池田仁子、前掲（2）（d）・（e）。
（18）溶姫の加賀下向については、石野友康「溶姫の加賀下向と金沢城」（『研究紀要　金沢城研究』一二号、平成二六年）。
（19）幕府による謹慎の解除許可や斉泰の金沢到着については部分的に、前掲（7）『藩史料』藩末篇下巻三六九・三七〇頁にも収録。
（20）古代以来、病気の原因の一つに心の「鬱滞」に因る場合もあり、また、近世初期後陽成天皇は「御鬱滞」にて嘔吐した事例がみられる（『古事類苑』方技部、吉川弘文館、昭和五七年、六四九・八二五頁）。さらに、一九世紀前半以降西洋では働きすぎや仕事に眼を向けすぎたり、不安や精神的動揺などのストレスにより身体的疾患である消化不良や精神疾患の抑うつ状態・病が発症することが指摘されている（K．F．カイプル編、酒井シヅ監訳『疾患別医学史Ⅱ』朝倉書店、平成一八年、三一三〜三一六頁)。幕末維新期にかけ慶寧のような事例が他藩などにあるのかどうか、今後の課題となった。

(21)『金沢市史　資料編4』金沢市、平成一三年、八一・八二頁。

(22)徳田寿秋「元治の変と慶寧の側室」(金沢城研究調査室『よみがえる金沢城』1、石川県教育委員会、北國新聞社、平成一八年)。

(23)池田仁子「加賀藩主前田家の子育てと御抱守・年寄女中」前掲(1)(a)第一編第一章。

第三章　藩主前田家の医療と医家

はじめに

筆者はこれまで、金沢などを中心とする加賀藩の生活文化や医療・医家について取り組んできた。本書では、医療や保養といった事柄について第一章では藩主前田家における近世初期の医療、第二章では金沢城内の金谷御殿での治療の考察を試みている[1]。しかし、これらは限られた範囲での事例研究にすぎず、ことに二代利長らに関する病気・治療医家などの考察は不充分であることはいうまでもない。

そこで、本章ではこれまで触れることができなかった未刊史料を翻刻、活用し考察を深める。その上で、これまでの研究における一応の総括として、金沢城主で、加賀藩藩主前田家の病気と治療、担当医らの動向についてまとめることとしたい。

はじめに、利長の病気の様相について、金沢市立玉川図書館近世史料館の郷土資料や「微妙公等御書写」（同館加越能文庫蔵、以下本章では、特記しない場合は同文庫蔵の史料である）や「渡辺文書」所収など、利長や三代利常の書状などをみていく。続いて未刊の「村井文書」に収録された利長の書状や藩祖利家正室で利長生母の芳春院の消息などより、芳春院や利長及び同人正室の玉泉院の病気について考察を深める。つぎに、これら史料の解読を通して、既に考察した近世初期の当家の医療と医家について、藩祖利家以降、各藩主の病状と、治療した担当医などを、表にまとめて考察する。地域社会をみる上で、こうした前田家の医療といった視点からの基礎的研究の積み重ねが肝要であろう。同時にこれらの事例がある意味で、一つの資料として、活用の便に供されるものとしても重要と考える。

第一節　未刊の新出史料にみる前田利長の病と医家

藩祖利家は天正九年（一五八一）織田信長より能登一国を拝領、同一一年豊臣秀吉より北加賀二郡（石川・河北）を増封され、金沢城を居城とした。ここに加賀藩主としての前田家の支配が始まる。利家の嫡子利長は天正一三年（一五八五）越中三郡（砺波・婦負・射水、のち新川郡を含め四郡）を秀吉より拝領、慶長二年（一五九七）越中守山城より富山城に移った。翌三年利家の隠居により、二代目として襲封、同五年関ケ原合戦の戦功により南加賀二郡（能美・江沼）及び弟利政の旧領地能登をも徳川家康より拝領する。同一〇年利長は異母弟利常に三代目を継がせて隠居し、金沢城より富山城へ移る。一四年三月富山城の火災により一旦は魚津城へ、新たに築城した高岡城に同年引き移る。[2]

以下、利長の高岡での病気と治療に関してみていくこととする。なお、利長は永禄五年（一五六二）に生まれ、慶長一九年（一六一四）に没するが、病気に関する文書は比較的数多く見受けられ、未刊の新出史料を紹介する。

〔1〕「新山田畔書」一巻（加越能文庫）　天正一五年カ

一、瑞龍公十八〔或いは二六カ〕ノ御歳、天正十五年（原文、ママ）（中略）

此年　瑞龍公御疱瘡被成ケル、

典拠史料は記録類であるが、利長が一八歳（あるいは二六歳）の若き頃、疱瘡に罹ったことが記されている。

〔2〕**「微妙公等御書写」前田利光（利常）書状、神尾図書・松平伯耆守宛、（慶長一一年〜一五年カ）一一月二四日付**

飛札令披見候、仍中納言《前田利長》様夜前御虫気ニ御座候処ニ早速御虫おちいり《落居》、御気色能候由、先以目出度、大慶此事候、不存候ハ、以使札も不申上致迷惑候、御次ニよく〳〵被相意得可給候、猶自愛可令申候、謹言、

十一月廿四日　　利光《前田利常》（花押）

神尾図書《之直》殿

松平伯耆守《康定》殿

慶長一五年利長の腫物再発についてはすでに知られているが[3]、虫気（腹痛、蛔虫症カ）に冒されていたことは、ほとんど知られておらず、この史料は新発見といえよう。なお、この史料は腫物再発以前とみられる。

〔3〕**金沢市立玉川図書館郷土史料〇九〇－一五一四、前田利光書状、宛所欠、（慶長一六年）六月一四日付**

已上

肥前守《前田利長》所労為御見廻遠路参給候事、本望至候、今度盛芳院《吉田浄慶》・慶祐法印《曽谷寿仙》被罷下、就被致療治、此比得精気候条、可被心安候、猶追而可申達候間、不能再筆候、恐々謹言、

松筑前守

利光（花押）

六月十四日

利長の所労（病）の治療のため、慶長一六年六月に盛方院及び慶祐法印が下向したことは「加藩国初遺文」などでも知られているが[4]、これらは写である。この史料は宛所が欠けているものの、折紙の原史料である点で貴重である。

〔4〕**「渡辺文書」二巻、前田利光書状、神尾図書・駒井中務少輔宛、（慶長一五年〜一八年）六月一六日付**

昨十五日午刻書中令披見候、

黄門（前田利長）御気色之様子一書之通、何も得其意候、御快気之儀、大慶此事候、猶重而可承候、謹言、

六月十六日　利光（利常）（花押）

神尾（之直）図書殿

駒井（守勝）中務少輔殿

病状や時期は未詳であるが、利長の没年月日は慶長一九年五月二〇日であるゆえ、おそらく腫物再発の慶長一五年～一八年の間であろう。内容から、「御快気」とも記され、利長の病状は一進一退を繰り返していたものと推測される。

〔5〕「渡辺文書」二巻、前田利光書状、神尾図書宛、（慶長一五年～一八年）一〇月六日付

先度中納言（利長）様御煩之儀、此方へ一円無其聞候、不存候て、令迷惑候、

今度奥村伊予（永福）帰参之上、聞届、驚入候、乍去早速御平癒之事、誠以目出珎重不過之候、御次之刻　御前へも可被申上儀頼入候、随而鷹之鴨五并小袖一重遣之候、委細伊予かたより可申述候、勤言、

十月六日　利光（花押）

神尾（之直）図書殿

〔4〕の史料と同様、病状や時期は未詳であるが、おそらく腫物再発の慶長一五年～一八年の間であろう。これも、「御平癒」と見え、ひとたび病状は快方に向かったのであろう。

〔6〕「渡辺文書」二巻、前田利常書状、神尾図書宛、（慶長一七年ヵ）一一月二三日付

態申入候、しかれハ盛法印（吉田浄慶）来廿五日ニ可被罷上候由、相聞候、内々ハかん（寒）中とうりう（逗留）可有かと存候所ニ、此節帰路あるへき由、無御心元なく、今少御よくりう（抑留）被成様ニいかゝ可有之候や、其元之様子うけたまハり（承）たきため、奥村河内（栄明）さしこし申候条、相談せられ、法印へことわり（断）申候、能々いぬ（往）やうと被得御意、可然よく申わたし候や

うニいたしたく候、我等も其地へ参候ハ、《て（訂正の指示は朱）》御様子をも承度たく《衍》候へとも、けつく《結句》法印六ケ敷可被存候かと
ゑんりよ《遠慮》せしめ候、とかく〳〵御気相何か《いかゝ（訂正の指示は朱）》と無御心元存事ニ候、猶口上ニ申ふくめ候、恐々謹言、

十一月廿三日　　ちくせん《前田利常》

つしよ《神尾図書之直》殿

幕医盛方院（吉田浄慶）は少なくとも慶長一六年六月頃から一七年一一月頃までの間に、何度か高岡に隠居している利長の治療に下向していることが確認されている。(5) ところで、「舜旧記」第三の慶長一七年一二月八日条には、京都より利長の治療のため、加賀へ下向していたところ、「自加州依上洛見廻罷」ると見え、盛方院はこの日にはすでに在京していた。利常書状の内容から、一一月二三日時点では、盛方院には利長の治療のため、もう少し高岡に逗留してほしいと望んでいた。しかし、盛方院本人は帰京を望んでいた様子がうかがわれる。

〔7〕「渡辺文書」一巻、前田利光書状、神尾図書宛、（慶長一五～一八年）一〇月朔日付

書中ミ《見》申候、此比利長さま《様》すこし《少》御しゆきこゝち《腫気心地》のよし《由》、おとろき《驚》入申事候、尚相かわる《替》事候ハヽ、承度存候、
尚々さう〳〵《早々》申こされ候事、まんそく《満足》ニ存候、恐々謹言、

十月朔日　　利光

神尾図書《之直》殿

「腫気」は腫物で、慶長一五年～一八年の間のものであろう。

〔8〕「神尾文書」一巻、利長書状、神尾図書宛、（慶長一五年～一九年）二月二九日付

つしよ
まいる　　ひ

こんと《今度》くすし《薬師》一くわんとやらんくたられ《下》候由候、我々ハ一ゑん此くすし《薬師》の事申入、すくやと《宿》の事まちや《町家》よく候へく候間、其心へ《得》候へく候、しゆもつ《腫物》のないやく《内薬》の《飲》ミ候て、かやうによハり《弱》はて《果》申候間、ないやく《内薬》のミ申事ハ、いたしましく候、内々其心へ《得》候《給》へく《候》候、

かしく、

二月廿九日

利長の腫物の治療に「一くわん」という薬師（京より下向カ）に治療を申し入れた。宿は町家がよいとのこと、それを心得ておくよう重臣の神尾之直に命じた。また、病体が弱り果てているから、内服薬のみに頼ることはしないと利長自身が述べている点は注目される。「一くわん」については、未詳であり、今後の課題とすべき医家である。

以上、慶長一五年から一九年の間と考えられる未刊の書状で、利長の腫物・虫気についてみてきた。ここでは、盛方院・慶祐法印・「一くわん」といった医者が治療に当ったことをうかがい見た。また、徳川から見舞いの使者が派遣されたこと、病気は一進一退を繰り返していたことが推測される。

なお、利長の病気に関する既刊史料にはつぎのものがある。

「小宮山文書」（石川県立歴史博物館蔵）正月二〇日（慶長一五年～一九年）長兵衛宛の利長書状には、「しゆもつ《腫物》ち《少》とおこり候て、たちいしゆふ《立居自由》ならす候、」と記され[6]、利長が腫物再発のため、立居が不自由である様子がわかる。

第二節　未刊の「村井文書」にみる芳春院・利長・玉泉院の病と医家

つぎに、未刊の「村井文書」にみる芳春院・利長の病気と医者についてみていく。この「村井文書」に収録された原文書の形態の多くは、おそらく折紙とみられるが、射水市新湊博物館などに現存しているものもある。(7)さて、「村井文書」は、明治期の前田家編輯方により筆写された五巻本仕立てである。一巻目は瑞龍公御書・微妙公御書、二巻目は芳春夫人贈千世姫書、三巻目は芳春夫人贈春香夫人書、四巻目は芳春夫人賜村井出雲かもし書、附賜村井飛騨書等、芳春夫人御返簡宛名未詳、といった各文書が収録されている。多くは、校訂者による朱筆にての訂正書きや文の続きを示す朱の曲線などのある場合も少なくない。また、平仮名書きに加え、複数段にわたる複雑な散し書きなど、煩雑な部分も少なくない。翻刻に当っては文意を読み解くことを主眼とし、一つ一つの注記は割愛した箇所の多いことをお断りしておく。

その前に、既刊史料の補遺として、つぎの史料を紹介しておきたい。(8)すなわち、「村井文書」四巻、一一日付の村井出雲宛、芳春院の消息には、「とくたち（毒絶）セられ候ハヽ、やかて〳〵よく候ハんか、とく（毒）ならは、よき（良）事ハあるましく候、」「ひせん（肥前）いよ〳〵よくしよし（笑止）かす〳〵（数々）まんそく（満足）申まいらせ候、しゆもつ（腫物）もやうしやう（養生）セられ候ハヽ、やかてやがてよくまいらせ候、これまてあん（是迄案）し入まいらせ候、」などと見える。芳春院は利長の腫物を案じつつ、毒絶ちの必要を説いている。

さて、未刊史料を紹介しよう。

〔9〕「村井文書」一巻、利長書状、千世宛、（慶長一五年〜一九年）月日未詳

おちよ
まいる
はひ(利長)

尚々、御ミまへまんそく(見舞満足)申候、
御ふミ(文)給候、まんそく(満足)申候、うけ給候ことく(如)びぜん(利長弟、備前利豊)御なかなが(長々)御とうりう(逗留)、爰に入、ちそう(馳走)も候ハす、我々
わつらい(煩)も、おなし(同)事候、いまた(未)ちから(力)つき(付カ)不申、めし(飯)ハよくたべ(食)申候、何といたし候や、志よくほ(程、「割には」の意)とこへ(肥)
候ハで、やせ(痩)申候、かしく、

「つく」は感覚や力等が働きだす。その場に座するの意であろう。「めしはよく」食べるが、肥えずに「やせ申候」

といった利長の消沈の気持ちが記されている好史料。

〔10〕「村井文書」一巻、利長書状、千世宛、(慶長一五年〜一九年)月日未詳

(大カッコ、原文ママ)
おちよ
まいる
ひ(利長)

尚々、御ふミ(文)まんそく(満足)申候、［　］も御返事者申上(上か)す候、
御《御》ふミ(文)たひ[ま脱]候、おほせ(仰)のことく(如)、いつもよりいんしん(音信)候、よくき(貴)殿より心へ(得)て可存候、たん《うて》(腕)のいたミ(痛)、
のとかに(長閑、穏かの意)なり候て、すこし(少)気［　］よき心にて、御ハし候、御心やすく(安)候へく候、かしく、

利長自身、腕の痛みが少しおさまってきた様子が認められている。

〔11〕「村井文書」一巻、利長書状、千世宛、(慶長一四年ヵ)九月九日付
「巻目之内」(朱書)

（墨引）　おちよ　　　ひ《（利長）》

かわる事、申こし候てまいらせ候、

おほせ《（仰）》のことく《（如）》、はうしめいん《ゆ》（芳春院）殿御事、こそ《（去年）》かことく《（如）》、はぐき《（歯茎）》よりち《（血）》出申候やう、しかしなから、一たん《（旦）》御心ハよく候よし《（由）》候間、御心やすく《（安）か》るへし、此方より人をしんし《（進）》候、

九月九日《（慶長一四年カ）》

芳春院の歯茎よりの大量出血に関して、慶長一三年とみられる月未詳九日付、村井長次宛の芳春院消息（射水市新湊博物館蔵）が知られている。さらに、九月九日付、千世宛の利長書状（センチュリー文化財団蔵、慶応義塾大学附属研究所斯道文庫寄託）により芳春院は、二年続けて歯茎より出血したことがわかる。この利長書状には「はうしめいん《ゆ》（芳春院）殿御事、こそ《（去年）》かことく《（如）》、はぐき《（歯茎）》ゟち《（血）》出申候やう」と記されている。「こそ《（去年）》」とは、慶長一三年をさすものとみられる。なお、この書状の原本は、センチュリー文化財団蔵の利長書状とみられる。(9)

〔12〕「村井文書」一巻、宰相書状、千世宛、（慶長一九年～元和九年）月日未詳

春かういんさま《（香院様）》
まいる
さい《（宰）》相

尚々、やうすうけたまわり《（様子承）》たく存候、

玉せんいん《（泉院）》様少つゝ、こゝろ《（心）》あしく《（悪）》御さ《（座）》候よし《（由）》、さて〱御こゝろもとなく《（心許無）》と存申候やうす《（様子）》かさね《（重）》てうけたまわり《（承）》候て《て》罷帰、御見まい《（舞）》申たく御さ《（座）》候まゝ、やうす《（様子）》、くわ《わ》しくおほせ《（仰）》くださ《（下）》而へく候《れ候へく候》、先々やうす《（様子）》うけたまわり《（承）》たく候て、早々使者を《を》進上申候事候、

かしく、

「宰相」は玉泉院の侍女とみられる。[10] 内容は玉泉院の心が病んでいることが記されている。

〔13〕「村井文書」二巻、芳春院消息、千世宛（慶長一五年ヵ）月未詳一一日付

わなわろ《ママ》申候てやり申候、いか《如何》なりとかってん《合点》まいらせ候、とかく《兎角》ニ我身かなかいき《長生》もめいわく《迷惑》にて候、いかなる御事か候ハんと、よる《夜》のねさめ《寝覚》も身のほと《程》をあんし《案》くらし《暮》まいらせ候、又々とし《歳》をかさね《重》まいらせ候、日本の物か、ことことく《悉》あつまり《集》申候まゝ、けつく《結句》いろよい《色好》にもの《物》なり候ハん事、おもひ《思》よらぬて、いニ《意》そへ《添》申候、返々、ひもし《利長》のあし《足》もよくなり候へかしと思いまいらせ候、わか身《我》ニ四五ねんさき《年先》はら《腹》とこし《腰》ニてもよくミめ《見目》もミへ《見》候ハて、わけ《訳》もミへ《見》かたくまいらせ候、かしく、

ねふとり《根太カ》廿、卅たへ《絶》すにいてき《出来》候て、めいわく《迷惑》申候、おとゝし《一昨年》は《歯》よりち《血》出てより、二たひねふと《根太》りうせはて《失果》申候、きとく《奇特》なる御事と申まいらせ候、さやう《左様》にも又申と申候御事候、よきくすり《良薬》なとも、文とも人の申やう《様》のやうしやう《養生》ハなく候まゝ、なをり《治》候ハんやう《様》もなく候、これもわかミ《我身》とを〱《遠々》ゆへ《故》にて候、あんし《案》くらし《暮》まいらせ候、そうほう《朱ニテ消し》かものニとくまいらせ候、文もいま《今カ》まいらせ候御事候、かしく、

文こま〱《細々》と給候、こんと《今度》ハひもし《利長》むしおこり《虫起》候て、きもつふし《肝潰》申候、されとも《去共》ハや〱《早々》とよく候て、かす〱《数々》まんそく《満足》申まいらせ候、しゆもつ《腫物》さいほつ《再発》候て、これのミセうし《笑止》と思まいらせ候、とくたち《毒絶》も候ハて、大やふれになりまいらせ候、おさな《幼》き物《者》なとのやう《様》に、身のやうしやう《養生》もしり《知》候ハて、さた《沙汰》のかきり《限》にて候とて、かしく、

十一日　（墨引）　かわしまこそても《小袖》　ゟ

あと《後》よりまいらせ候へく候、

このよし御申候へく候、

おちよ《（千世）》
御返事まいる
ちま
申給へ
はう《（芳春院）》

「おとゝし《（一昨年）》は《（歯）》よりち《（血）》出て」と見え、芳春院の歯茎よりの大量出血は慶長一三年とみられる。(11) さらに、根太（激痛のある化膿する出来物）が二〇～三〇できたことも記されている。一方、利長の「しゆもつ《（腫物）》さいほつ《（再発）》」は、慶長一五年であることから、この史料は慶長一五年に比定できよう。また、「こんと《（今度）》ハひもし《（利長）》むしおこり《（虫起）》候」とあり、利長は腫物のほかに、虫気も併発していたことがわかる。

〔14〕「村井文書」二巻、芳春院消息、千世宛、（慶長一五年～一八年）一〇月二〇日付

おりへ《（篠原織部長次）》身上の御事もいさい《（委細）》なり申候ましく候へとも、まつ《（先）》文をやり《（遣）》申候、しやうとく《（生得）》しあわせ《（仕合）》あしき《（悪）》物に
て候、くれ〳〵いつも《（村井出雲長次カ）》のわつらい《（煩）》セうし《（笑止）》さ《（左）》にて候、こなた《（此方）》へもひんき《（便宜）》候つるか、ろあん《（半井驢庵）》のくすり《（薬）》さうとう《（相当）》
申候、よく申候か、そのち《（地）》ハきこへ《（聞）》申さす候、とをき《（遠）》所ハとり《（鳥）》、ま　た《（以下「そく」迄墨書の囲い有り）》「むし《（朱書）》」そく、きこへ《（聞）》中《〔不脱カ〕》
候、心つくし《（尽）》すもし《（推察〈推文字〉）》申候、て　わ《（篠原出羽一孝）》所のむすめ《（娘）》、ふんこ《（青山豊後長次）》ニゑん《（縁）》の事ハ、何としたる御事ニまち《（待）》人とハうけ給
候や、
よきか《こた》こし《（越）》申候、ひやふう《（屏風カ）》ハこ物とものかわり《（代）》かたくさんに御入候ま《〔要〕》ゝ、それにて候へく候、まち《（待）》申候、
おしゑ《（押絵）》はかりと申候へは、ひやうふ《（屏風）》ハ何とそしたて《（仕立）》申候や、
てわ《（出羽）》ふたり《（二人）》より文をこし《（越）》、人をもまつまち《（先待）》申候、少将もしも《（霜）》月ならてハ、こし《（越）》申候ましく候、返々、
われ〳〵《（我々）》もきう《（灸）》あま《（尼）》へすへ《（据）》、くすり《（薬）》のミ《（飲）》候て、きあい《（気合）》一たん《（段）》とよく候事にて候、ひせん《（肥前利長）》の事のミあんし《（案）》申候、
わつらひ《（煩）》にさしそへ、うちのせわりをあんし《（案）》申候、さぞ〳〵ミな〳〵《（皆々）》もたいくつ《（退屈）》にて御入候やとあさ《（朝）》夕いて《（居）》

候、わする《忘》ゝひま《暇》なくあんし《案》申候、いかなる《如何》いんくわ《因果》そと思いくらし《暮》まいらせ候事候、よろつ《万》おり《折》なく申候へく候、

文こさ〳〵《こせこせの意》と給候、おりへ《篠原織部長次》つかい《使》ニこし《越》申候、大御所《徳川家康》さまいろいろ《色々》御きけんわろき《機嫌悪》こととも候て、とうりう《逗留》申候、わか《我》身とも《共》まてき《気》をつめ《詰》申候、まつ〳〵《先々》いつも《村井出雲長次ヵ》のわつらひ《煩》、そなたへハ御きう《灸》御入《要》候へく候、こころもとなく《心許無》思いまいらせ候、

こゝもと《爰許》にもさけ《酒》のうへ《上》にたはこ《煙草》をすき《好》申候しゆ《衆》、おとな《大人》もセうハ《小輩》へも、このふん《分》わつらひ《煩》大一ち《血》をはき《吐》申候、いつも《村井出雲長次》いつも候てさため《定》て、たはこ《煙草》をこのミ《好》にてまいらせ候、かしく、

十月廿日　（墨引）　ろ

おちよ
御返事まいる
申給へ　はう《芳春院》

少将は芳春院の侍女で、[12]「おりへ」は篠原織部長次（一孝の義弟、利家・利長に仕え、五〇〇〇石、のち六〇〇〇石、慶安二年没）である。「てわ」は、金沢城の高石垣築造で知られる篠原出羽一孝（一五六二～一六一六）で、[13]篠原長重（弥助、芳春院の従弟、一説に実兄）の養子。利家に近侍し、のち利長・利常に仕えた一万七〇〇〇石の重臣。「ふんこ」は青山豊後長次（一五七三～一六一五）で魚津城代をつとめる。一万四七五〇石で、長正ともいう。この史料では、出羽の娘が、豊後の所に縁付いたことについて、後の編纂史料「諸士系譜」（篠原氏・青山氏の両項）では、その逆で青山豊後の妹が、篠原出羽の後妻、と記されているが、この消息により、これは誤りであろうか。

なお、「ろあん」は半井驢庵（一五四四～一六三八）で、成信、瑞桂、宮内大輔、通仙院とも称し、家康・秀忠に薬

を調進、五〇〇石の幕医である。[14] 芳春院は半井驢庵の診療を受けたのであろう。さらに、「よこた」は横田七郎兵衛（七〇〇石）（「慶長年中御家中分限帳」〔「慶長延宝加陽分限帳」〕）であろう。ともあれ、芳春院は、利長の（腫物の）ことのみ案じていること、驢庵の薬は「相当」で（よく効き）、また、灸も据えていること、千世の夫村井出雲の病につき、酒・煙草が身体によくないことなどを千世に伝えている。

〔15〕「村井文書」二巻、芳春院消息、千世宛、（慶長一五年～一九年）月未詳二一日付

返々、かけし《掛字》の事、まへ《前》ニまいらせ候を、まつ〳〵《先々》給候へく候と、われ〳〵《我々》とうち《当地》ニおき《置》候ハて、かなわさ《叶》る物にて候ほと《程》ニまつおき《先置》候て、そなたへまいらせ候へく候、ほてい《布袋》のゑ《絵》かよく候と、ミな〳〵《皆々》申まいらせ候まゝ、まつ《先》それを御らん《覧》しまいらせ候、いまた《未》こなたにも御入候ハんまゝ、ミあ《見合》セ候てまいらせ候やと、たかをか《高岡》へこされ《越》候ハんよし《由》、さうさ《造作》にて候、さきをまいらせ候を、まつ〳〵《先々》候へく候、わかミ《我身》かたましい《魂》にて候まゝ、まつ《先》給候へく候、こなたにも御入り《要》候まゝ、まいらせ候へく候、こくし《酷似カ》のてい《躰》、いつれ《何》もおなし《同》事にて候、いまた《未》こなたにミ《見》事なるか御入《要》候まゝ、やかてまいらせ候へく候、そこもと《其処許》にて人々御申候ましく候、かしく、

文給候、くわしく《詳》ミ《見》まいらせ候、そこもと《其処許》何事なく候よし《由》、御心やすく《安》思いまいらせ候、ひせん《肥前利長》も心よく候よし《由》にて御うれしく《嬉》候、しゆもつい《腫物癒》へかね《兼》候て、めいわく《迷惑》あんし《案》申候までにて候、さ《左》のいか成むすこ《息子》の事、いつも《村井出雲長次》まて文をまいらせ候、たんかう《談合》候て、御らん《覧》し候へく候、そこもと《其処許》のしゆ《衆》にもむつかしき《難》事ハ、申かね《兼》候へとも、まつ《先》一ふて《筆》まいらせ候、かしく、

廿一日　（墨引）

おちよ
御返事まいる
申給へ
はう《芳春院》　ち

芳春院は、この史料で、利長の腫物が癒えかねることを案じている。

〔16〕「村井文書」二巻、芳春院消息、千世宛、（慶長一五年～一九年）月未詳一三日付

返々、ひもし《肥前利長》ハなをよく候や、しゆもつ《腫物》の事のミあん《案》しくらし《暮》まいらせ候、わかミ《我身》か申候やうしやう《養生》もき、
候ハす候、きとく《奇特》なるかきくすり《生薬》か御入《要》候か、いさゝかも何にもあたり《当》候ハて、かやう《加様》のわつらい《煩》申候物、
ふたり《二人》まてなをり《治》しを見申候か、何としてもき、候ハ、、《候ハて》せうし《笑止》にて候、あたり候なと《たり候》、、ミなく《皆々》申候
まゝ、さて《そのままでの意》ミセられ申候、御たてしさ《、カ》にて候へく候、
とくよりの文いさまいらせ候、そなたニゆるく《緩々》とうりう《逗留》申候て、のほり《上》申候よし《由》、かすく《数々》御うれしく《嬉》思いま
いらせ候、五《御寮人、利政の娘カ》もしもいよく《愈々》けなりけ《健気》ニ御入《居》候よし《由》、まんそく《満足》申候、かミかた《上方》へ候へかしと思いまいらせ候、
又ほくせん《卜占》きつほうし《吉法師カ》ハ、御となたにて、うせ《失》申候や、なく候、ほくせんきい《卜占奇異》、よそ《他所》へかへりて、とくよりこし《越》
申候、まいり《まいり》したい《次第》ニまいらせ候へく候、かしく、

十三日　（墨引）　ち

おちよ
御返事まいる
申給へ
はう《芳春院》

「五もし」は「御寮人」の文字詞で、前田利政の娘とみられ、二女の松か、三女の習か、四女の鐘か、五女の胡南ら

のいずれかであろうか。(15) ここで、芳春院は利長の腫物のことのみ案じ、奇特な生薬が必要かを千世に尋ねている。

〔17〕「村井文書」一巻、芳春院消息、千世宛、（慶長一八年ヵ）七月二九日付

返々、人のゑん《（縁）》なとの事ハたかをかしたい《（高岡次第）》かよく候ハん二、うちしゆ《（家中）》かおとしつけ《（威付）》候事、せうし《（笑止）》にて候、おく〳〵《（行末ノ意カ）》ハひせん《（肥前利長）》心にもよくハら《（腹）》たし《（、脱カ）》く候と思いまいらせ候、何も〳〵とお〳〵《（遠々）》にて申《候》候事もと〻《（届）》きかね《（兼）》申候、とかく《（兎角）》ひせん《（肥前利長）》かいのち《（命）》か御入《（要）》候か、ミなミ《（皆々）》なかため《（固）》よく御入《（要）》候まゝ、それまてをねかい《（御願）》申候、このか〻そめ《（加賀染）》このミ〳〵《（好々）》申候、しなのか《（神谷守孝カ）》七ひやうへ《（兵衛）》をにくし《（憎）》とのけ《（除）》たかり候事、せうし《（笑止）》と思いまいらせ候、いか〻《（如何）》候ハんと思いまいらせ候、申たき事、お〻く《（多）》候へ共、め《（目）》もミへ《（見）》候ハて、わけミへ《（見）》申たく候、さう〳〵《（早々）》申候、

文給候、御うれしく《（嬉）》思いまいらせ候、この比ハわか《（我）》身心もよく候て、めし《（飯）》もよくくい《（食）》申候、さりなから《（去乍）》はか《（歯）》ことことく《（悉）》うつき《（疼）》、ぬけ《（抜）》申候て、何もくわれ《（食）》候ハて、をかしき《（可笑）》ていにて《（躰）》候、たかをか《（高岡）》にハ、心もよく候よし《（由）》、御うれし《（嬉）》さかきり《（限）》なく候、しゆもつ《（腫物）》とくい《（疾癒）》へ候へかしと、よる《（夜）》のねさめ《（寝覚）》にも思いまいらせ候、おふく《（福）》ゑん《（縁）》の事、すミ《（済）》申候てよく候、ちくもし《（筑前利常）》きもいり《（肝煎）》ならは、ゆく〳〵もよく御入候へく候、かしく、

七月
廿九日

この文こ《（小）》松へと〻《（届）》けて
可給候、

ら

おちよ
御返事　まいる
申給へ

はう《（芳春院）》

「福」（一五八七～一六二〇）は利家の八女、母は金晴院（存）。慶長三年（一五九八）長好連と結婚、同一六年（一六

一二）好連没後、同一八年中川光忠に嫁ぐ[16]。この史料に利常（慶長一〇年襲封）の肝煎にて縁談とあるから、中川光忠との縁談を指すものとみられ、慶長一八年に比定されよう。また、神谷守孝（?～一六二九）は天正の末、利家に出仕、近侍。二五〇〇石から九〇〇〇石、信濃守、丹波守。大坂の役に出陣、人持組頭となる。ここでは、芳春院の歯茎が疼き、歯が抜けてしまったこと、利長の腫物が疾く癒えるよう願っている様子が綴られている。

〔18〕「村井文書」三巻、芳春院消息、千世宛、（慶長一八年～元和三年）月未詳四日付

ねつき《（寝付）》も昨日なハとハ、少もなく候、さしひき《（差引）》ハ少しつゝ御入候、一たんとさうたう申くすししゆ《（薬師衆）》きけんにて候、ぬしきりよく、よわく候て、しよく《（食）》もかた入ことく《（如）》御入御《候》御事候、御心やすくまいらせ候、返々、あすハかへりまいらせ候へく候、もしく何もさし出候てハと、せうし《（笑止）》かりにて候、とかくに、しゆもつ《（腫物）》ハまへの所ハいたミ《（痛）》のき《（除）》申候、はしめの所へ申候、しうたり申候、あすハかへりまいらせ候へく候、かしく、こゝもと《（此処許）》のやうす《（様子）》、昨日きよくさま《（玉泉院）》か、しなのや候ハんのひんき《（便宜）》ニねん《（懇）》比に文まいらせ候つるか、かミかた《（上方）》のくすり、いつれもふさい《（相応）》申候て、しゆもつ《（腫物）》おとゝい《（一昨日）》よりいへしミ《（癒滲）》候やう、昨日ハそれよりおゝ《（多）》くあか《（赤）》ミ見へ候て、又けさ《（今朝）》ハおゝ《（多）》く候、このふん《（分）》に候ハヽ、しゆもつ《（腫物）》ハ、やかてよくまいらせ候、ミやく《（脈）》もなをり《（治）》申候、かしく、

よるひるね《（夜昼寝）》られ候までにて候、

四日

はう《（芳春院）》ゟ

しゆんもしへ
御返事まいる
申給へ

この史料の宛名「しゆんもし」は、利家と芳春院の娘千世。村井長次に嫁いだ千世は、慶長一八年の長次没後は、春

香院と称する。したがって、この史料は慶長一八年から、芳春院没年の元和二年の間となろう。ここでは、芳春院も腫物を患い、少し快方に向かいつつあるが、赤味がまだ残っている。やがて治るであろうし、脈も回復してきたことなどが記されている。

〔19〕「村井文書」三巻、芳春院消息、春香院（千世）宛、（慶長一八年〜一九年）月未詳三日付

一ふて《筆》申まいらせ候、われ〳〵《我々》いよ〳〵《愈々》ほんふく《本復》申候、さりなからき《気》さん《散》セぬ事のミ、きゝ《聞》申候へハ、めか《目》
まい《眩》申候て、めいわく《迷惑》申候、二三日ハきあい《気合》もよく候へく候、かしく、
返々、たんこ《端午》のかたひら《帷子》わさとまいらせ候、ひやうふ《村井兵部長家》へも三つまいらせ候、
文して申候ハんか、よく〳〵御心ゆへ《癒》て候へく候、たかおか《高岡》にもきあい《気合》よろしきやうニうけ給候、
まつあんと《先安堵》申候、
ミなミな《皆々》こかね《黄金》御やり候よし、あるましき、ありかたき御事とミな〳〵《皆々》おもわぬ《れ》まいらせ候まゝ、おや《親》ハさ《左》
もなく候、やまと《大和》ニはかりなく候、いかゝしたる事やと思いまいらせ候、かしく、
めてたき申候へく候、むさく《無作》にて、さう〳〵《早々》申候、しゆもつい《腫物癒》へすより申候事、かしく、

三日　（墨引き）　ゟ

はう《芳春院》

ひやうふこうしつ《兵部後室》
しゆんもし《春香院、千世》へまいる

申給へ

「たかおか」は利長のこと、「ひやうふ」は藩老村井家の三代目長家。この史料でも芳春院は腫物か、歯痛が本復したとも、また、腫物が癒えないとも記し、さらに、目眩を起したことも伝えている。

〔20〕「村井文書」三巻、芳春院消息、千世宛、（慶長一八年〜一九年カ）月末詳三日付

返々、一たん《段》とよく候、此ふん《分》ならは、かわる《変》事ハ、あるましきかと思いまいらせ候、いそかわしき二人も給候ましく候、けふあす《今日明日》、ミつくろいて、かへりまいらせ候へく候、いよ〳〵よき御事申まいらせ候へく候、かしく、

一ふて《筆》申候、くすり《薬》ともふさい《相応》申候て、しゆもつ《腫物》も昨日ゟい《癒》へ、しゝかゝ《事事カ》へ申候、しよくじ《食事》も一たん《段》とよく候、ミやく《脈》ハ此中なく、なをり《治》申候よし《由》申され候て、かくちう《内山覚仲・藩医》・しゆあん《坂井寿庵・藩医》まつ《先》返し申候、まんそく《満足》申候、あわれと《とり（コレモ抹消）》も、とりなをし《取直》候へかしとねん《念》しまいらせ候御事候、かしく、

ゝ ゝ

三日　ゟ

はう《芳春院》

しゆんもしへ《春香院、千世》

まいる

申給へ

この史料の「ミやくハ」以下は、利長の病気に関する記述であろう。内山覚仲（三〇〇石）・坂井寿庵（二〇〇石）はともに藩医[17]。この二人は利長の腫物の治療に当っていたものとみられる。高岡から金沢に帰したことを、芳春院は聞かされ、これに満足し、利長の病気が持ち直してくれるよう念じている。一方、芳春院自らも腫物が癒え、食欲が回復したことなどを伝えている。

〔21〕「村井文書」四巻、芳春院消息、村井出雲宛（慶長一五年〜一八年）月末詳六日付

返々、とお〳〵《遠々》候ゆへ《故》、一しおめいわくあんし《入迷惑案》申候までにて候、おちよ《娘千世》へも文して申候ハんか、ほう〳〵《方々》にて、たいくつ《退屈》申候へく候、はなし事ニ申候、よく御申候へく候、この文をあんやうほう《安養坊》へ御やり《遣》まいらせ候

へく候、
はやはや《早々》と文給候、御《ハ》うれしく《嬉》候、まつまつ《先々》ひもしむしけ《利長虫気》のよし《由》、おとろき《驚》申候、御やくとよく候よし《由》、まんそく《満足》申まいらせ候、しゆもつ《腫物》さいほつ《再発》申候よし《由》をうけ給候て、あんし《案》入まいらせ候、つねつね《常々》ふようしやう《不養生》と申候ほと《程》ニ、しかしか《然々》となへて《並》めいわく《迷惑》申候、むしけ《虫気》ニ候て、ミなミな《皆々》きも《肝》つふしをすもし《御推察》申候、かしく、

六日　（墨引）　ゟ
いつも《村井長次》殿まいる　申給へ　はう《芳春院》

「安養坊」は波着寺開山空照。隠居後は白山長吏邸の後方に住した人物。芳春院は、この書状（別文カ）を安養坊に遣ってほしいと村井長次に依頼している。文中の「退屈」は嫌気が差す、「なべて」はひっくるめての意。この史料では、芳春院が利長の虫気発症に驚きつつ、腫物の再発という二重の病となったことを嘆いている。

〔22〕「村井文書」四巻、芳春院消息、村井出雲宛、（慶長一五年～一八年）月未詳二二日付

こともに《子供》もめ《あ》いたく候、おちよ《千世》をちゝ《ら》とワかわかにして、くた《くた》し候へく候事なり、申候ましくや候や、さりなから、たかをかしたい《高岡次第》にて御入候へく候、むやう《無用》と御申候ハゝ、せひ《是非》なく候、申候、
一ふて《筆》申まいらせ候、ちかちか《近々》ニ火事出て、気をつめ《詰》申候か、何事なく候て、まんそく《満足》申まいらせ候、ひセん《肥前利長》もしゆもつ《腫物》しかしか《然々》となく候て、せうし《笑止》御めいわく《迷惑》申候、われわれ《我々》も少のとうりう《逗留》ニミまいたく、色々さいさい《かく》申候か、なり候ハす候、したい《次第》ニとしより《年寄》候へハ、なり申候まて候へく候、かしく、

（墨引）
廿二日　ゟ

むらゐ《（村井）》
いつもとの《（出雲長次殿）》まいる
申給へ
はう《（芳春院）》

芳春院はわが身が次第に年老いていき、利長の腫物の見舞いに行きたいが、叶わないもどかしさなどを綴っている。

〔23〕「村井文書」四巻、村井出雲宛、芳春院書状（慶長一五年～一八年）月未詳一〇日付

われ〳〵《（我々）》もこの比《（此頃）》ハ心もよくなり申候、御心やすく《（安）》まいらせ候、こゝほと《（此処程）》ハおそろしき《（恐）》かふき物かおゝく《（多）》
候て《（候て）》、そのせんさく《（穿鑿）》にいへ〳〵《（家々）》のさう〳〵《（騒々）》しさにて候、され共、こなたむき《（無愧カ）》ハなくて、おもひて《（思出）》にて候、
そうそう《（早々）》申候、めてたく《（目出度）》事、うけ給候へく候、
たより《（便）》候まゝ、一ふて《（筆）》申まいらせ候、一日もたひ〳〵《（度々）》文まいらせ候、とゝき《（届）》、ひせん《（肥前利長）》もきあいよく《（気合良）》候て、きけん《（機嫌）》
もよく《（良）》候よし《（由）》申候ほと《（程）》ニ、まんそく《（満足）》かきり《（限）》もなく候て成共、あし《（足）》成共、なをり《（治）》候へかしとねんし《（念）》申候、まさしき《（正）》
物ことハ、人ハいのち《（命）》ハくるしから《（苦）》ぬと申候まゝ、かしく、

十日　（墨引）
はう《（芳春院）》
ち

いつもとの《（村井出雲長次殿）》
かもしへ
まいる
ちま
申給へ

芳春院は利長の足などの腫物が治るよう念じている。

〔24〕「村井文書」四巻、村井出雲宛、芳春院消息（慶長一五年四月ヵ）五日付

返々、しやくやく《（芍薬）》ことし《（今年）》花さき《（咲）》申候よし《（由）》、ひかけ《（日陰）》にていたミ《（傷）》申候や、めうねん《（明年）》ハふとり《（太）》まいらせ候、よ

く候ハす共、かさね《重》ても、まいらせ候へく候、花たん《壇》かせ《狭》はくや、いかに《如何》もつちやわらか《土柔》なるかよく《良》候、われ〳〵《我々》のいるかぶ《株》かミな〳〵《皆々》むね《胸》ニとゝき《届》申候、おひたゝしき《夥》御事候、ミセ《見》申たく候、めてたさ《目出度》申うけ給候べく候、

文給候、御うれし《嬉》く見まいらせ候、まつまつ《先々》ひせん《肥前利長》しゆもつおなし《腫物同》ことニいたミ《痛》申候て、しよくし《食事》もなり候ハぬよし《由》、せうし《笑止》御めいわく《迷惑》申候、しやうくんさま《将軍様》大かた御きもいら《肝煎》れ候て、ミそくちいつ《溝口伊豆》をつかハ《遣》され候、ぜうとこわく《強》やうしやう《養生》も人の申候まゝニ候ハぬゆへ《故》かと、一しほ〳〵《入》ほめいわく《迷惑》申候、かしく、

五日　（墨引）

いつもとの《村井出雲長次殿》　まいる返事

ゟ

はう《芳春院》

溝口伊豆について「加藩国初遺文」八巻に、慶長一五年（一六一〇）四月四日、利長への将軍秀忠の見舞状の使者として溝口伯耆（宣勝、五万石）が遣わされたことが記されている。その弟として、善勝（伊豆、一万二〇〇〇石）がいる。[18] すなわち、この史料にみる溝口伊豆は、溝口伯耆宣勝の誤りであろうか。それとも宣勝とともに弟の善勝伊豆も使者として、利長のもとに遣わされたのであろうか。そうであるなら、この史料は慶長一五年四月ということになるであろう。なお、芳春院は利長の腫物が依然として治らない症状であることに心を痛めている。

〔25〕「村井文書」四巻、芳春院消息、村井出雲宛、（慶長一五年～一八年）月未詳一六日付

しも《霜》のおゝい《覆》にハ、むまや《馬屋》のわら《藁》をあつ《厚》くきせ《着》申候、これも二月ニはや《早》くのけ《除》申候かよく《良》候、うへ《植》申候人によく〳〵たつね候ハれまいらせ候、ミな〳〵《皆々》ハへ《生》かたち《形》申候よし《由》申候、「裂出而」《朱ノ囲ノ中ニ朱書》しまかハへ《生》たち《立》候ハぬやうに御申つけ《付》まいらせ候、もし〳〵たち候ハゝ、しかる《然》へき所御きもいり《肝煎》候て、御やり《遣》まいらせ候、ひせん《肥前利長》のしゆもつい《腫物癒》へかね《兼》候て、あんし《案》入申候、かしく、

文給候、御うれし《（嬉）》く思いまいらせ候、まつ〱《（先々）》たかをかしゆ《（高岡衆）》そこほ《〔もヵ〕》とへこ《（来）》され候よし《（由）》、さうさ《（造作）》なる御事、
セうしさ《（笑止左）》申はかりなく候、又しやくやく《（芍薬）》三かふ《（株）》まいらせ候、いつれ《（何）》もふたをつけ《（付）》申候、より〱御うへ《（植）》させ候て、
ゆき《（雪）》のおゝい《（覆）》かんよう《（肝要）》にて候所を、かへ《（替）》申候、かわり〱候、いつまで《（何時迄）》もて《（手）》をさし《（差）》候ハて、九月・十月ミへ《こ》を
とを〱《（遠々）》とおき申候、かしく、

又申候、われ〱《（我々）》あを《め》かけ申候、いなはさこん《（稲葉左近）》に、あを《め》かけ候て給候へく候、たより《（便）》なき物にて候、たのミ
〱入申候、

十六日　（墨引）　ゟ　はう《（芳春院）》

いつもとの《（村井出雲長次殿）》御返事
申給へ

稲葉左近（直富）は、慶長末期に前田利常に仕え、五〇〇〇石、寛永一〇年（一六三三）切腹する。ここでも芳春院は利長の腫物が治らないことを案じている。

〔26〕「村井文書」四巻、芳春院消息、村井出雲宛、（慶長一五年～一九年）月未詳一五日付

返々、よくそ人を給候、御うれし《（嬉）》く思いまいらせ候、よき《（良）》御さうまち《（左右待）》まいらせ候、さむき《（寒）》しふん《（時分）》にて候まゝ、
一しほ《（入）》ニいたミ《（痛）》候にてまいらせ候つる、たひ〱《（度々）》文まいらせ候かと候き申候や、平ゑもんかた《（堀田平右衛門方）》への事つて《（言伝）》御
申候や、きゝ《（聞）》まほしく候、

文給候、くわしく《（詳）》ミ《（見）》まいらせ候、ひもし《（利長）》しゆもつ《（腫物）》いたミ《（痛）》候らゐておもく《（重）》御入候よし《（由）》、かす〱《（数々）》セうし《（笑止）》御あんし《（案）》
申候、セいほう御入《〔要ヵ〕》候へ申と思いまいらせ候、こなた《（此方）》にてハわつらわしく《（煩）》候まゝ、いかゝ《（如何）》と思いまいらせ候、
なか〱《（中々）》の御事候まゝ、たいくつ《（退屈）》にて御入候へく候、セうし《（笑止）と》と思いまいらせ候、かしく、

十五日　（墨引）
いつもと《村井出雲長次殿》の御返事
申給へ
はう《芳春院》ゟ

「平ゑもん」は堀田平右衛門。江戸と国元の使者を務める、元和元年（一六一五）大坂の陣にて討死する。[19] さらに「セいほう」は盛方院か、薬の製法か未詳。ともあれ、芳春院は利長の腫物が癒えかね、重病である由を承り、案じている。

〔27〕「村井文書」五巻、芳春院消息、村井出雲宛、（慶長一五年～一八年）月未詳一六日付

いらぬ事にて候へとハ、御入候へく候、
ひもし《利長》もきあい《気合》わりよく候か、しゆもつ《腫物》しか〳〵《然々》と、京のかもし《利政正室籍カ》する〳〵候ハぬよし《由》、かす〳〵《数々》あんし《案》いりまいらせ候、かんよう《肝要》の物かふちとり候ハて、又いかゝ《如何》とあんし《案》まいらせ候までにて候、又ちらとたけそろい《丈揃》、ふたり《二人》い御さかハり《替》御入候つるなと、きゝ《聞》申候、いかほと〳〵《如何程》あんし《案》申候か、さため《定》てそなたなとよりうけ給候ハんかと、思いまいらせ候か、又ふたり《二人》より文をやり、さい〳〵《再々》まいらせ候まゝ、心やすく《安》思てまいらせ候、
ひもし《利長》もきわミ《極》しかへまいらせ候、又そは《側》のしゆ《衆》もたいくつ《退屈》にてまいらせ候、さて〳〵せうし《笑止》なる御事とあけくれ《明暮》、あんし《案》申までにて候、ゆわ《利家側室岩》もさため《定》て、やかてくたり《下》まいらせ候、ほう《坊》もさい〳〵《再々》わつらひ《煩》せうし《笑止》ニ思いまいらせ候、とかく〳〵、ひもし《利長》をそくさい《息災》になしたきまてにて候、いつも《村井出雲長次》へしやく《や》そく（芍薬）まいらせ候、ひさしう候へと御申候而候へく候、ヤりたきうへ《植》物も御入候か、ためらい申候、このかミふくろのたへ御やり候て給候へく候、

一ふて《筆》申まいらせ候と、御のほり《上》候て、かすく《数々》まんそく《満足》申まいらせ候、そなたへも御入候よし《由》、よき《良》御事にて候、きとく《奇特》ニそくさい《息災》にて、ミやうか《冥加》にて候、ことさら《殊更》ちくせん《前田利常》へもよはれ《呼》候て、ひめ《姫》君へもけさん《見参》のよし《由》にて候、なおやよき《良》つゐてにて候に、そなたも御入候ハす候ほと《程》、ちかく候へく候、とをく《遠々》も、かしく、

十六日　（墨引）　ろ

はう《芳春院》

いつも《村井出雲長次》　ちま

かもし《妻千世》へまいる　申給へ

文中に見える利長の腫物及び村井出雲長次の生存から、この史料は慶長一五年から一八年の間に比定される。ここでは、芳春院が利長の腫物を案じ、息災にさせたいと願っている。

第三節　初期前田家の病と治療医家

利長の腫物の治療に派遣された幕医の盛方院については、その系譜などもすでに紹介した。その周辺部に関しては、いまだ不充分であることはいうまでもない。例えば、今枝直方が編んだ「後撰芸葉」一五巻に福島正則書状の宛所として盛方院が見える。[20]内容には茶の湯に関する両者の交流がうかがわれるが、この盛方院は一〇代吉田浄慶か、一一代の同浄珍か、一二代の同浄元のいずれかであろう。今後盛方院に関する詳細な研究が期待される。

さて、本章で判明したことを含め、これまでの成果をもとに不充分ながら、初期前田家の藩主などの病気及び治療医者について、表1～表4にまとめたが、これら各表とも人物ごとに編年とした。

表1　前田利家・芳春院・利政の病と治療医家の事例

年　月〔西暦〕	人名（年齢等）	居所	病状・治療・諸方対応等	主な治療医 医者名	主な治療医 所属・身分等
天正18年〔一五九〇〕7月	**利政**（13歳、利家の子）	京都聚楽	眼病を患う		
文禄4年〔一五九五〕	同（18歳）	京都	疱瘡に罹る	「著名な医者衆」	（未詳）
				夕庵	（未詳）
慶長3年〔一五九八〕4月～5月	**利家**（61歳、藩祖）	（京ヵ↓）上野草津温泉↓金沢	湯治、針治療、30日程すぎても薄墨の如き小水止まらず	以白（伊白）	出羽最上出身（鍼師）
同4年〔一五九九〕2月～閏3月	同（62歳）	大坂	喉より白き虫出る、虫の持病（蛔虫症）、2月喉より虫二筋出る。閏3月3日逝去（この間徳川よりしばしば見舞い受け、返礼・挨拶等書状の授受がなされる）		
（慶長5～13年）〔一六〇〇～〇八〕	**芳春院**（54～62歳）	江戸	病は一進一退を繰返す、喉痛となる		
慶長9年〔一六〇四〕	同（58歳）	同	喉痛となる		
（慶長10～19年）〔一六〇五～一四〕10月	同（59～68歳）	同	前日より喉腫れ、胸も痛む	曲直瀬玄鑑（今小路道三、玄朔の子）	幕医

（慶長10～19年）〔一六〇五～一四〕	同（59～68歳）	同	投薬、針治療を受ける		
慶長11年〔一六〇六〕6月	同（60歳）	同	3日咳気が再発、6・7・8・10日の間、曲直瀬玄朔に付っきりで治療受ける。蛔虫症に細菌性の下痢が加わったと診断、霍乱吐瀉、心下虫痛む〈寄生虫による腹痛、心痛〉足冷え、脈沈遅、大便激しく瀉し、口乾き、種々投薬、一生に二度とないほど苦しむ、22日より起きているが、まだ身体は衰弱している	曲直瀬玄朔（道三正盛の養嗣子、道三、正紹、延命院、延寿院）	（禁裏御用医、信長に拝謁、秀吉・秀次の侍医→）幕医
（慶長13年ヵ）〔一六〇八ヵ〕	同（62歳ヵ）	同	恐ろしき病に冒される、気の疲れに血が錯乱し、出血と診断、昼より晩まで耳盥を八度替え、夜中まで流れる如く出血、デウス所（キリスト教会）の奇特な薬でうがいし止血、その後脈途切れ、身が石の如くになり、身体から水分が流れるように出、脈が少々ずつ戻る	「薬師衆」 （デウス所の薬使用する）	（未詳）
★（慶長14年ヵ）〔一六〇九ヵ〕9月9日	同（63歳ヵ）	同	芳春院が去年の如く歯茎より出血したことを利長は妹千世に書状にて伝える		
（慶長15年10月ヵ）〔一六一〇ヵ〕	同（64歳ヵ）	同	湯治に行って来て一段と息災となり、鍼灸治も沢山行う		
★（慶長15年ヵ）〔一六一〇ヵ〕11日	同（同ヵ）	同	根太（化膿する出来物、激痛起きる）が二〇～三〇程出来、また、歯茎より多量に出血していると芳春院は娘千世に書状を書く		

★（慶長15年～18年）10月20日	同（64～67歳）	同	驢庵の薬はよく効き、また、灸を据えていると芳春院は千世に書き送る	半井驢庵	幕医
（慶長17～19年の間）〔一九一二～一四〕9月	**芳春院**（66～68歳の間）	江戸	咳気がひどく散々な思いをする		
★（慶長18年カ）7月29日	同（67歳カ）	同	歯茎が悉く疼き、歯が抜けたことを芳春院は千世に書き送る		
★（慶長18年～19年）3日	同（67～68歳）	同	腫物・歯痛を患い、目まいも起きたと芳春院は春香院（娘千世）に書き送る		
★（慶長18年～19年カ）3日	同（67～68歳カ）	同	薬がよく効き、腫物も昨日より癒え、食欲も出て、回復傾向であることを伝える。また、高岡で利長の治療に当っていた内山覚仲・坂井寿庵も（金沢へ）帰ったことを聞き、芳春院は春香院に返書を送る		
★（慶長18年～元和3年）〔一六一三～一七〕4日	同（67～71歳）	同	上方の薬がよく効き、腫物は一昨日より快方に向う、昨日は多く赤味があったが、今朝も赤味が多いものの、治りつつある、脈も回復してきたと芳春院は春香院（千世）に書き送る		

★印は本章において、〔1〕～〔27〕までの史料で確認したものであり、印の無い分は、池田仁子「近世初期加賀藩藩主前田家の病と治療・医家」『研究紀要　金沢城研究』一四号、平成二八年による。

表2　前田利長・玉泉院の病と治療医家の事例

年月〔西暦〕	人名（年齢等）	居所	病状・治療・諸方対応等	主な治療医	
				医者名	所属・身分等
★天正15年〔一五八七〕	利長（18歳〈26歳の誤ヵ〉）	越中守山ヵ	疱瘡に罹る		
★（慶長11年～15年ヵ）〔一六〇六～一〇〕11月24日	同（45～49歳ヵ）	越中富山、魚津、高岡ヵ	利長は虫気を患っていたが、落着き、回復し、大慶であると、利常は神尾図書（之直）・松平伯耆守（康定）に返書を書く		
★（慶長15年4月ヵ）5日	同（49歳ヵ）	越中高岡	利長は腫物が同様に痛み、食欲もなく、将軍方より溝口伊豆（善勝）を使者として見舞いに遣わしたと、芳春院は春香院に書き送る（「加藩国初遺文」八巻の卯月朔日秀忠判物写では溝口伯耆〈宣勝〉と記）		
★（慶長15年ヵ）11日	同（同ヵ）	同	利長は虫気が起こり、肝をつぶしている、また、腫物も再発し、毒絶ちしなければ大破れになると、芳春院は娘千世に書き送る		
慶長15年～16年〔一六一〇～一一〕2月	同（49～50歳）	同	腫物が再発、利長と徳川家康・秀忠等の間でしばしば見舞状の受け渡し有り（15年4月秀忠は利長に宛て、所労心許無く、重ねて溝口伯耆宣勝を遣わし、油断なく療養すべきと書状を送る）、本阿弥光悦より今枝重直宛に見舞状が届く		
★☆（慶長15年～18年）	同（49～52歳）	同	利長における腫物等の病の快気につき、利常は慶びの返書を重臣（利長付ヵ）に送る〔6月16日神尾図書・駒井中務少輔（守勝）宛、10月朔日神尾図書宛〕、また、芳春院は娘千世に、利長の腫物につき大変案じて		

★☆（慶長15年～18年）	**利長**（49～52歳）	越中高岡	いると書状を書く（10月20日）、さらに、同人は利長の腫物等病につき千世の夫村井長次に宛て、毒絶ちの必要を説き（11日☆）、虫気を患いつつ腫物が再発したことを案じ（6日）、見舞いが叶わないと嘆き（22日）、足の腫物が治るよう念じ（10日）、治癒しないことを案ずる（16日）。また千世夫婦に利長を息災にしてあげたいと悲願の思いを（16日）それぞれ伝える		
★☆（慶長15年～19年）	同（49～53歳）	同	利長は自身の腫物につき、「一くわん」という薬師が下向する故、宿の手配をするよう、また、内薬を飲んでいるが、ひどく弱り果てていると神尾図書に書送る（2月29日）。また、利長は腫物のため立居が自由にならないと奥村長兵衛に伝えている（正月30日☆）。さらに、利長は物は食べているが、痩せて行く（年月日欠）、あるいは腕の痛みが少しおさまってきた（年月日欠）などと妹千世に宛て書き送る。一方、芳春院は娘千世に宛て、利長の腫物が癒えかねるゆえ案じ（21日）、また、案じ暮らしつつ良く効く生薬が必要かなどと書送る（13日）	「一くわん」	（京都の医者カ）
（慶長15年～19年）	同（49～53歳）	同	利長の腫物につき、家康より繧繝膏を下賜され、使用、ほか高岡の聖安寺、内山覚仲・藤田道閑は談合にて治療する	聖安寺 内山覚仲 藤田道閑	住職 藩医 藩医
慶長16年〔一六一一〕5月	同（50歳）	同	腫物再発のため、行歩叶わず	盛方院（吉田浄慶）	幕医
★（慶長16年）6月14日	同（同）	同	利長の治療のため盛方院・慶祐が下向し、治療したゆえ、利長は精気を得て回復した旨、利常は某へ書状を出す	盛方院（吉田浄慶） 慶祐法印（曽谷寿仙）	幕医 幕医

同　6月～12月	同（同）	同	腫物煩い、盛方院・慶祐法印が幕府より派遣され、治療、処方薬の効き目が一時的に表われるが、平癒は難しく、行歩叶わず	盛方院（吉田浄慶） 慶祐法印（曽谷寿仙）	幕医 幕医
慶長17年（一六一二）正月～閏10月	同（51歳）	同	豊臣秀頼は芳春院に宛て、利長の治療として盛方院を遣わし、薬の効果ある由伝える。利長の腫物は痛みあり、依然一進一退を繰返す	盛方院（吉田浄慶）	幕医
★（慶長17年ヵ）11月23日	同（同ヵ）	同	利長の治療のため、盛方院は越中・加賀へ下向していたところ、利常や重臣らは長逗留を要請するが、盛方院は帰京を希望、利常は心もとなく、尚口上にて申し含めると神尾之直に書状を書く	盛方院（吉田浄慶）	幕医
慶長18年（一六一三）4月	同（52歳）	同	利長は自身の病気は以ての外のことと述べ、使者をもって幕府に音物を贈る		
★（慶長18年）7月29日	同（同）	同	利長の腫物は疾く癒えるよう念じていると、芳春院は千世に書き送る		
★（慶長18年～19年）3日	同（52～53歳）	同	利長の治療に当っていた内山覚仲・坂井寿庵を金沢（ヵ）に帰したこと満足であることなど（一時的に回復したためヵ）、芳春院は春香院（娘千世）に返書を書く	内山覚仲 坂井寿庵	藩医 藩医
慶長19年（一六一四）3月	同（53歳）	同	重臣本多政重は利長の腫物再発により、手足不自由、歩行困難ゆえ、利長の意中を幕府に伝えて欲しい旨覚書を認める		
同　5月	同（53歳）	同	利長は長期に亘る腫物の煩い（一説に「唐瘡」）のため、春より金沢の医師、針立が様々に指集い治療するが、重体となり、逝去	金沢の医師 針立	藩医 藩医

（慶長14年～19年）〔一六〇九～一四〕	**玉泉院**（36～41歳、利長正室）	越中高岡	利長とともに高岡在城のとき、気欝に陥る		
★（慶長19年～元和9年）〔一六一四～二三〕	同（41～50歳）	金沢	玉泉院が心を病んでいると宰相（玉泉院の侍女）は春香院（利家・芳春院の娘、利長妹）に書状を書く		

★印は本章における〔1〕～〔27〕までの史料で確認したものであり、☆印は本章の本文で紹介した史料に基づく。また、印の無い分は、池田仁子「近世初期加賀藩藩主前田家の病と治療・医家」『研究紀要　金沢城研究』一四号、平成二八年による。

表3　天徳院・前田利常の病と治療医家の事例

年月〔西暦〕	人名（年齢等）	居所	病状・治療・諸方対応等	主な治療医 医者名	所属・身分等
元和8年〔一六二二〕7月	**天徳院**（利常正室、24歳）	金沢	夏姫出産後、肥立ち不良のため、逝去となる		
寛永16年〔一六三九〕5月	**利常**（3代藩主、47歳）	江戸辰口邸ヵ	利常病臥につき、家光は使を遣し見舞う		
同 閏11月	同（同）	江戸本郷邸ヵ	家光は老中を遣わし利常の所労を見舞う		
同17年〔一六四〇〕正月～2月	同（48歳）	江戸本郷邸	利常所労につき、家光は使を遣し、また、利常は菓子を拝領する		
同年7月～10月	同（同）	加賀小松	利常は国許にて所労、幕府は寿昌院玄琢を派遣する。御瘧を発症し、本復した利常は御礼に加賀絹・能登鱈を進上する	寿昌院野間玄琢	幕医

寛永18年（一六四一）6月	同（49歳）	江戸本郷邸	利常所労につき幕府上使が遣され、菓子を拝領する		
同21年（一六四四）4月	同（52歳）	同	利常は眼病につき、家光は御側用人を見舞いに遣わす		
万治元年（一六五八）10月	同（66歳）	加賀小松	12日利常逝去（瀕死に際し、岡本平兵衛が鍼治、加藤正悦・藤田道仙が脈をとる、没後の17日要請により在京の幕医武田道安信重は加賀に赴く）	岡本平兵衛	（鍼師カ）
				加藤正悦	藩医
				藤田道仙	藩医

池田仁子「近世初期加賀藩藩主前田家の病と治療・医家」『研究紀要　金沢城研究』一四号、平成二八年による。

表4　前田光高・清泰院の病と治療医家の事例

年　月（西暦）	人名（年齢等）	居所	病状・治療・諸方対応等	主な治療医 医者名	所属・身分等
寛永8年（一六三一）5月	**光高**（17歳、寛永16年四代藩主）	江戸辰口邸	光高病となり、利常父子は幕府より御見舞いの御書を拝領する		
同15年（一六三八）正月	同（24歳）	同	光高は疱瘡を患い、家光より銀品を拝領する		
同年8月	同（24歳）	同	光高病につき、家光より鮭を拝領、幕府若年寄からも御肴贈られる		
同18年（一六四一）6月	同（27歳）	同	光高病につき、幕府は上使を遣す。御礼に利常は登城する		

同21年（一六四四）2月	同（30歳）	同	光高病により、家光は使者を送り、見舞う		
同年5月	同（同）	同	医者意安は光高重臣今枝民部に宛て、光高の病の拝診を了承の旨返書を遣す	啓廸軒吉田意安	幕医
正保2年（一六四五）4月	同（31歳）	同	光高頓死、（胸痛、一両度吐逆、その儘絶命、あるいは正気失い、気付薬、鍼治、灸治を行なう）	「医師中」 寿昌院野間玄琢	藩医ら 幕医
寛永15年（一六三八）2月	**清泰院**（12歳、光高正室）	同	清泰院は疱瘡に罹り、尾張等御三家は江戸城に参上し、老中に会い、見舞う。平癒し、家光より祝儀を拝領する		
正保2年（一六四五）5月	同（19歳）	同	清泰院の産み月につき、幕医大膳亮三悦を藩邸に付け置く	大膳亮三悦（「道峻據」）	幕医
明暦2年（一六五六）9月	**清泰院**（30歳）	江戸辰口邸	清泰院は五七日不予のところ、急死する		

池田仁子「近世初期加賀藩藩主前田家の病と治療・医家」『研究紀要　金沢城研究』一四号、平成二八年による。

利長の病気について、「北徴遺文」（石川県立図書館森田文庫）、「村井文書」二巻、「神尾文書」、「沢存」より利長自身の書状等二七点をすでに把握した(21)。これらも含め、本章においても、表2に示した。現時点では確実な年代比定が困難なものも少なくない。今後詳細な検証によって、利長の病気などを中心とした動向が明らかになるであろう。

つぎに四代光高の治療における医者意安については、「湯浅三輪両家伝書」（加越能文庫）にみられる。この史料の原本の写真版が東京大学史料編纂所「前田家所蔵文書」一一巻に見え、これを紹介するとつぎの如くである。なお、破損のため、判読不明な箇所などは、主に（　）にて「湯浅三輪両家伝書」によりルビで補った。また、「湯浅三輪両家伝書」と異なる記載のある個所などは、同様にルビで〔　〕に示した。

すなわち「□《(先)》刻預貴札候処、致修《〔他〕》〔　〕《〔行御報〕》令延引候、然〔　〕《〔者明朝〕》筑前様（光高）御脉之儀《〔義〕》被仰下候、御□《〔得其意存〕》意得候、必御見舞〔　〕《〔可申候唯〕》今自是御報可申上と存〔　〕《〔候処〕》重而預御使候、猶〔　〕《〔明日可得御〕》意候、恐惶謹言、　五月三日（寛永二十一年）　啓廸軒《〔廻院判〕》〔　　〕《〔意安　法印〕》　今枝民部様」《〔御報〕》と記されている。

医者意安は、刊本『加賀藩史料』が示すように「啓通院」ではなく、また、「湯浅三輪両家伝書」にいう「啓廻院」でもなく、「啓廸軒」と称し、姓は吉田とみられる。なお、年代比定は右刊本が示す寛永二一年（正保元年）によった。さらに、宛所の今枝民部（一五八七～一六五一、直恒）は光高の傅で、のちの家老である。

ともあれ、表1から表4より問題点に触れながら小括しておこう。まず、慶長から寛永四年までの侍帳から医者についてみると、坂井寿庵・内山覚仲・山科長庵・沢田道可・同道才・飛鳥井理庵・道甫・高田慶庵・藤田道閑・同道仙・不破養軒・名倉不乱・津田宗意・覚与・小林又右衛門・小林幸庵・堀部休庵・大石玄哲・加藤正悦らが記載されている[22]。彼らが、それぞれ初期の前田家の医療に具体的にどのように関わったか、今後新たな史料の発掘が期待される。なお、利常の治療の岡本平兵衛について、「寛永四年侍帳」「先代侍帳」「古組帳抜萃」「寛永元年侍帳」などには見えず、「諸士系譜」に記されている岡本左源太（三五〇石、利常に仕え、元禄一五年没）のゆかりの人物であろうか。

このように、近世初期では、前田家の医療において、文書や記録類などに藩医の名前が明確に記載されている場合はごく少数で、藩医として召抱えられる人数も少なかったものとみられる。一方、徳川から幕医の派遣が顕著である。その背景には、徳川家が緊張関係にあった前田家に幕医を派遣することで、ある意味で恩を売り、あるいは幕医に前田家の動きを把握させる意図もあったのではなかろうか。

また、新出史料などから、利長の病や芳春院に関する史料が多く残存していることがわかる。特に慶長一五年の利長の腫物と虫気の患いには、嗣子利常、母芳春院らの心配は尽きることなく、これを気遣う様子が多くの書状から確認できる。また、腫物の治療に幕医の盛方院・慶祐法印の下向のほか、新たに「一くわん」という薬師の下向も認められた。

一方、芳春院についてみると、歯茎の腫れと大量出血・蛔虫症のほか、新たに身体の腫物及び根太をも患ったこと。曲直瀬玄朔・同元鑑のほか、新たに半井驢庵の薬が病によく効くと認識、驢庵の薬をも使用していた。

第四節　五代綱紀以降各時期の前田家の治療と医者

つぎに、金沢城内における五代綱紀から、一四代藩主となる慶寧までの各時期の前田家の治療と医者について、表5にまとめた。なお、この表では人物ごとではなく、総編年とした。また、金沢城内の治療場所である二ノ丸御殿・金谷御殿・竹沢御殿の位置については、図1に示した。

表5　五代綱紀から一四代慶寧の代の前田家の治療と医者の事例

年月（西暦）	城内の治療場所	患者（年齢等）	症状・病名等	主な治療医者：藩医、又はその子弟	主な治療医者：御用医（所属等、藩領外からの派遣医含）医者名	主な治療医者：御用医 分類
貞享3年（一六八六）11月～12月	二ノ丸	**綱紀**（44歳、五代藩主）	鼻入口御出来、腹痞え、咽痛、風邪、頭痛	堀部養叔、端玄川、坂井泰順		

貞享3年 12月	二ノ丸	**恭姫**（21歳、綱紀養女）	発熱、頭痛、腹痞え	堀部養叔		
貞享4年（一六八七）3月	二ノ丸	**綱紀**（45歳）	逆上せ、足腫気、食細	堀部養叔		
貞享5年（一六八八）6月	二ノ丸	同（46歳）	腹痞え、鳩尾痞え、背張り	堀部養叔		
貞享5年 6月～8月	金谷	**豊姫**（2歳、五代藩主綱紀の娘）	せわり・吐乳・腹虫痛（前田佐渡邸より金谷へ引越による自家中毒ヵ）	堀部養叔、端玄仙 坂井泰順、富山周甫 久保寿静	明石立庵（町医、山科長安弟子、小児科）	b
					岸田如安（町医）	b
					津田寿軒（京町医）	c
					山科理安（京町医、禁裏御用医）	c
元禄元年（一六八八）9月	金谷	同右（2歳）	御滞り、吐乳	端玄仙		
元禄2年（一六八九）正・閏正・2月	二ノ丸	**綱紀**（47歳）	頭痛、鼻痛、歯茎痛、顔痛、鳩尾痞え、胸痛、腰部攣り、発熱、咳痰多出、痔痛	（堀部養叔）		
元禄2年 3月	金谷	**豊姫**（3歳）ら綱紀の子女		端玄仙	山科理安	c
享保10年（一七二五）4月	金谷	**宗辰**（0歳、のち七代藩主）	出生	南保玄隆、久保寿斎 林白立、山科教安		

享保10年〔一七二五〕4月	金谷	**宗辰**（0歳、のち七代藩主）	出生	南保玄仲、久保定能、松原寿永、森元育		
延享2年〔一七四五〕5月〜6月	二ノ丸	**吉徳**（56歳、六代藩主）	時気当り、脾脹、浮腫、食欲不振、不眠→没	中村正白、佐々伯順、林玄潤、池田玄真、大高東元、南保元伯、小宮山了意（全柳）、久保寿安	原田玄覚（町医、のち本多安房家中医）	b
					岩脇碩安（横山山城守家中医）	a
					小林意安（町医）	b
					辻祐安（京町医）	c
					奥田宗安（町医、宗信の弟）	b
					奥田宗信（町医）	b
寛延4年〔一七五一〕3月	二ノ丸	**重熙**（23歳、八代藩主）		佐々伯順		
宝暦3年〔一七五三〕9月	二ノ丸	**重靖**（19歳、九代藩主）	寒熱、麻疹→没	中村正白、八十嶋貞庵、中村全（佺）安、大庭探元		
宝暦3年10月	二ノ丸	**重教**（13歳、一〇代藩主）	麻疹	「御医師中」		
寛政7年〔一七九五〕	二ノ丸	**治脩**（51歳、一一代藩主）	過労による発熱、気分減退		荻野元凱（典薬大允、のち尚薬、金沢出身）	c
文化4年〔一八〇七〕2月、4月、11月	金谷	同（63歳、前藩主、隠居中）	疝癖（足腰、腹等の筋肉が引きつって痛む）、動悸		畑柳啓（京町医、禁裏御用医）	c

					畑柳泰（京町医、柳啓の弟）	c
文化5年（一八〇八）12月～6年2月	金谷	同（64～65歳、前藩主）			宇田川玄真（津山藩医、蘭学者）	d
					藤井方亭（宇田川玄真の弟子）	d
文化6年（一八〇九）4月、5月、7月～	金谷	同（65歳、前藩主）			畑柳泰（京町医、柳啓の弟）	c
文化6年（一八〇九）9月～7年正月	金谷	同（65～66歳、前藩主）	↓没		宇田川玄真（津山藩医、蘭学者）	d
					藤井方亭（宇田川玄真の弟子）	d
文化7年（一八一〇）正月	金谷	同（66歳、前藩主）	↓没	横井元秀、内藤宗純大石慶庵	畑柳泰（京町医、柳啓の弟）	c
					田中大玄（長甲斐家中医）	a
					津田随分斎（横山家中医）	a
					三宅良雄（本多勘解由家中医）	a
					白崎玄水（町医、三ケ所御用医）	b
文政4年（一八二一）10月	二ノ丸	**貞琳院**（60歳、一二代藩主斉広生母）	卒中風、痰ゼン（喘息）↓没	江間篁斎、丸山了悦	田中大玄（長甲斐家中医）	a
					梁田養元（小松町医）	b

文政7年（一八二四）6月～7月	竹沢	**斉広**（43歳、前藩主、隠居中）	麻疹、高熱、下痢、吐瀉、痔疾、腹痛、昏睡→没	江間篁斎、石黒玄丈、高木学純、丸山了悦、梁田耕雲（養元）	津田随分斎（横山家中医）	a
					前田土佐守家中医	a
					前田弾蕃家中医	a
					竹中文輔（京町医）	c
天保5年（一八三四）5月	金谷	**延之助**（14歳、前藩主斉広の子）	疱瘡→没	江間篁斎、石黒玄丈、丸山了悦、大庭探元、二木順孝、森快安	津田随分斎（横山山城守家中医）	a
					遠田元準（前田土佐守家中医）	a
					片山君平（奥村丹後家中医）	a
					山本文玄斎（町医）	b
					高嶋大膳（本多勘解由家中医）	a
					森良斎（横山山城守家中医）	a
天保12年（一八四一）2月～6月	二ノ丸	**栄操院**（53歳、一三代藩主斉泰生母）	精神的疲労、発熱、下痢	森快安、大庭探元、丸山徹叟（了悦）、加藤邦安、長谷川学方、鈴木立白、梁田方叔、高嶋正頴、江間篁斎、藤井方亭	津田随分斎（横山家中医）	a
					片山君平（奥村丹後家中医）	a
					森良斎（横山山城守家中医）	a
					三宅当一（本多播磨守家中医）	a

					広野了玄（町医）	b
					山本安房介（禁裏医師）	c
天保12年（一八四一）6月～8月	二ノ丸	**基五郎**（9歳）・**豊之丞**（7歳）（ともに一三代藩主斉泰の子）		藤井方亭、高嶋正頴	小林豊後守（禁裏医師）	c
天保13年（一八四二）5月、6月	二ノ丸	**斉泰**（32歳、一三代藩主）	脚気、足張り、むくみ、時気当り、発熱、乾嘔	大庭探元、長谷川学方、江間篁斎、加藤邦安、横井自伯、小瀬貞安、鈴木立敬、鈴木立白、高嶋正頴、小川玄沢、中野随庵、二木順孝、江間元林、津田昌渓、関玄迪、松田常安、黒川元良、加来元貞、久保三柳	片山君平（奥村丹後家中医）	a
					森良斎（横山山城守家中医）	a
					明石春作（長家家中医）	a
					横山政次郎家中医	a
					山本文玄斎（町医）	b
					鶴見啓輔（町医）	b
					小林豊後守（禁裏医師）	c
天保13年（一八四二）6月～7月、同14年7月	金谷	**真龍院**（66、67歳、前藩主斉広正室）	発熱、瘧、高熱	長谷川学方、大庭探元、森快安	小林豊後守（禁裏医師）	c
天保14年（一八四三）2月	二ノ丸	**基五郎**（11歳）・**豊之丞**（9歳）	高熱、斑点発生、疱瘡	森快安、大庭探元、高嶋正頴、長谷川学方、江間篁斎		

嘉永3年〔一八五〇〕11月	二ノ丸	**栄操院**（62歳、一三代藩主斉泰の生母）	水腫、痔脱疾	加来元貞、堀昌安 森快安、大庭探元	山本文玄斎（町医）	b
					渡辺元隆（横山図書家中医）	a
					洲崎白順（町医）	b
元治元年〔一八六四〕8月～12月	金谷	**慶寧**（35歳、次期一四代藩主）	肝癖の症、拘攣顕著、外威の邪気による脾胃機能不全、胆汁逆行の症、激しい下痢、乾嘔、食欲不振、胃中の灼熱による瞳孔機能障害、内障眼	江間三折、江間順道 久保三柳、小瀬貞安 加来元貞、藤田玄碩 不破文仲、堀大萼 横井元中、魚住恭萼 八十嶋祥萼、桜井了元 二木順孝、二木東庵 長谷川学方、池田玄昌 関伴良、河合円斎 河合善哉、片山君平 片山亮雄、高嶋正平 吉田淳庵、黒川良安 高峰元稑、鮭延良節 吉益西洲、山本文玄斎	吉田元琇（幕医、景徳院〈溶姫〉付）	c
					坂春庵（景徳院付の幕医ヵ）	c
					渡辺元隆（横山蔵人家中医）	a
					洲崎伯順（竪町の町医者）	b
					畑春斎（眼科医）	bヵ

池田仁子『近世金沢の医療と医家』岩田書院、平成二七年（『研究紀要　金沢城研究』八～一二号収載の分を再編成し新稿を追加）及び同「元治元年前田慶寧の退京・謹慎と金谷御殿における治療」『研究紀要　金沢城研究』一三号、平成二七年を基に作成。ほか、慶寧の治療における二木東庵（桃庵）は「公私心覚」一〇巻、安政2年3月11日・同5年5月24日条に、また、河合善哉は「同」一九巻、文久2年6月22日条に「円斎セかれ　河合善哉」と記されていることによる。また、四角囲いの者は、本人もしくはその後裔が、後に藩医に登用されたことを示す。

表5では、主な治療医として、藩医、またはその子弟のグループと、藩領内外から招請された御用医のグループに分けた。このうち、御用医の分類では、aは重臣お抱えの御家中医、bは金沢・小松の町医、cは京の町医及び宮廷医家、並に幕医、dは他藩の藩医、蘭学者及びその弟子とした。これは、あくまで事例であり、かつ延べ数であるが、その結果、推定も含め、aが二三例、bとcが一六例、dが四例である。

このことから、前田家の医療・治療に加わった医者のなかで、藩医以外の医家をみると、aの御家中医がもっとも多い。つぎに金沢・小松の町医と京都の町医・宮廷医家が続く。重要なのは、dの宇田川玄真・藤井方亭といった蘭学者も招請されている点である。このことは、蘭学が当藩に受容されている一面と考える。これら町医や御家中医は、診療当時の身分・所属を示すものである。御用医欄の四角囲いの医家は、本人またはその後裔がのちに藩に登用されたことを示す。これも延べ人数でみると、御用医の総計五九人中、二二人が後に藩に召し抱えられており、全体の四割程に当る。つまり、前田家の診療に加わった藩医以外の医家は、後に藩に召し抱えられる場合も少なくなかったことがわかる。なお、治療場所における城内の二ノ丸・金谷・竹沢の各御殿の位置については、図1参照。

また、近世初期と比較し、藩医や家中医・町医といった医者も支配・所属面よりみると、次第に多数となり、医術・医学の進展により、より優れた医者を前田家が求め、治療に当らせていることがわかる。

さらに、表5の一一代治脩の病と治療医者の荻野元凱（一七三四〜一八〇六）について、触れておこう。「袖裏雑記」三七巻（加越能文庫、一六・二八–二〇）によれば、「秋」に診療・治療したという荻野による治脩の御容体書の署名は、「典薬大允　源元凱草」と記されている。[23] 荻野は金沢出身の宮廷医家であるが、典薬大允に任ぜられるのは寛政六年（一七九四）。続いて尚薬になるのは同一〇年（一七九八）である。この間「秋」に治脩が在国しているのは、寛政七年と同九年に限定されることになる。しかし、何よりも決定的なのは、上記「袖裏雑記」の記述は、寛政八年二

（北）

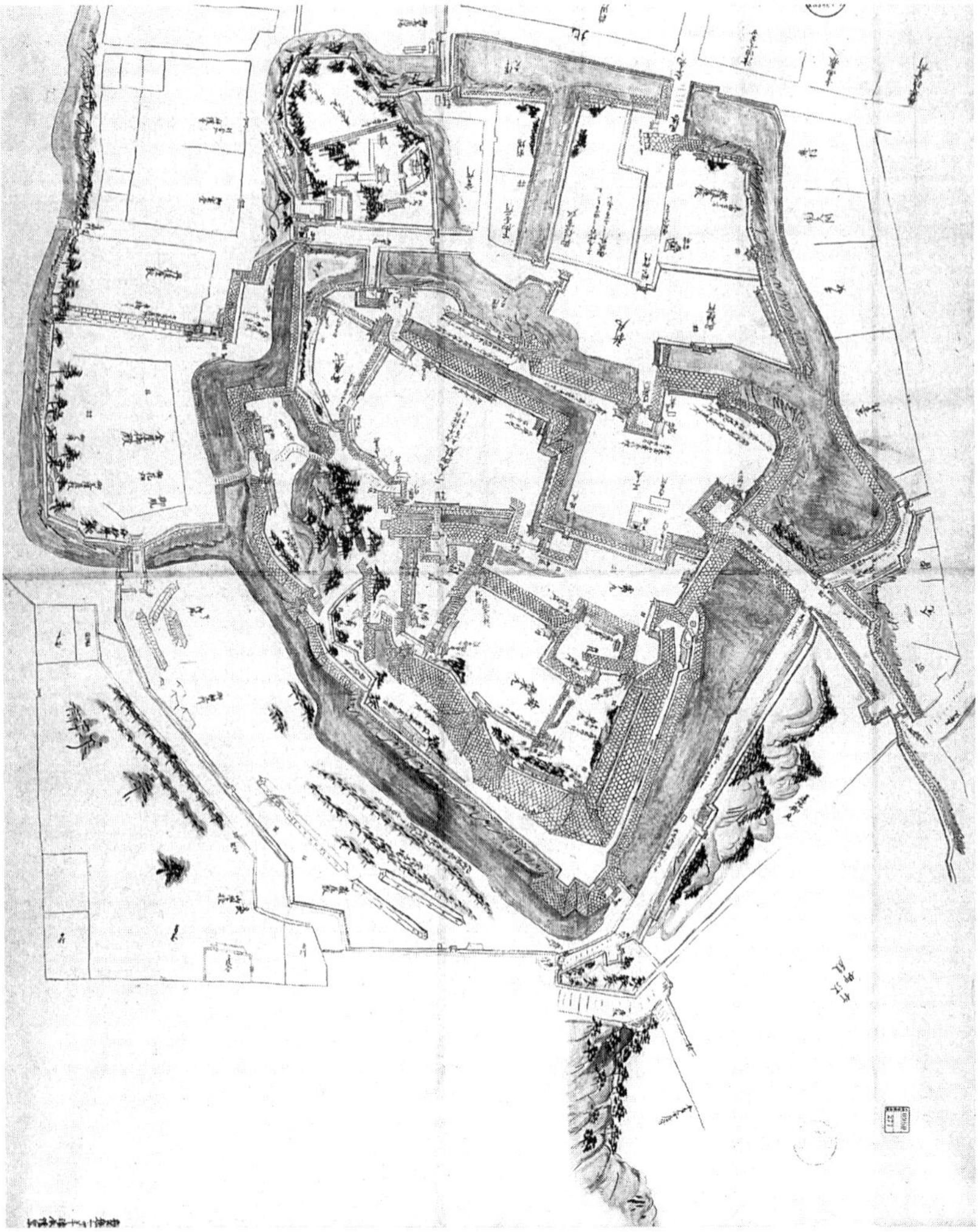

（南）

図１　金沢城絵図

金沢市立玉川図書館近世史料館藤本文庫蔵（096.0－277)、彩色図、78、0×100、0cm、端書に「慶応三卯年清辰（藤本）謹写」、絵図中の西側に「金屋（谷）御殿」、中央に「二ノ丸御殿」、南東側に「竹沢御殿」との記載がある。景観年代は文政初期と推定される。

月であることを新たに発見した。ゆえに、表5では、「去秋」の治脩の治療の年月の欄は、寛政七年とした。また、堀大莽・二木東庵・河合善哉・吉田淳庵・吉田元琇・坂春庵については、本書第二章で詳述した[24]。

おわりに

本章では金沢城主で加賀藩主前田家における病気と治療医家について、新出史料をも翻刻・紹介しながらみてきた。以下、一応の区切りとして、これらのことがらを含め、代ごとの発病及び治療場所、病状、担当した治療医家といった面より整理し、今後の課題について触れながら、近世全体を通しまとめておきたい。

初代利家から四代光高の代までの近世初期においては、京都・大坂・江戸・金沢、越中高岡、加賀小松など、また、五代綱紀から後の一四代慶寧までの代においては、金沢城内の各御殿における諸相、事例で、城内の利用のあり方にも関わるものである。

初代利家に関して、草津温泉での湯治では、針立の以白の針治療を受け、後に蛔虫症等で没する。保養のため大坂の屋敷内の庭や大坂城内山里丸を遊覧する[25]。利家と正室芳春院の子利政は京都にて疱瘡に罹り、夕庵の治療を受ける。江戸での芳春院は、喉痛・蛔虫症、下痢・嘔吐、歯茎からの大量出血（壊血病ヵ）などを発症、幕医の曲直瀬玄朔・同元鑑の治療やキリスト教会の薬のほか、幕医の半井驢庵の薬をも使用していたものとみられる。

二代利長は越中守山城で疱瘡に罹るが、隠居後の高岡では腫物の再発に加え、虫気をも患う。腫物との闘いは少なくとも足掛け五年に及び、腕や足にも広がる激痛で、立居も不自由となる。腫物の箇所を指で押すと膿が浮き上がり、物を食べても痩せていくと、利長自身の書状で嘆く様は、いかに苦しい闘病生活を送っていたか、容易に推察できる。

この間、幕府からの見舞状や幕医盛方院（吉田浄慶）及び慶祐法印（曽谷寿仙）も派遣され、また、「一くわん」という薬師も京都からか下向する。平生は内山覚仲・藤田道閑・坂井寿庵ら藩医や高岡の聖安寺住職の治療を受け、時には金沢から本道医や針立医の藩医が呼寄せられたものとみられる。利長の正室玉泉院は、利長の生存中は高岡で、また、利長没後は金沢にて、気鬱などに陥り、心を病んでいることがわかった。

三代利常正室天徳院は産後の肥立ちが不良のため二四歳にて他界する。つぎに、江戸辰口邸及び同本郷邸、隠居城加賀小松城における利常の病気をみると、瘧を発症し、幕医の野間玄琢の治療を受け、さらに眼病を患う。江戸藩邸などでの病気に対しては、しばしば幕府より見舞いを受ける。小松での危篤の際には、針立の岡本平兵衛や藩医の加藤正悦・藤田道閑などが手当てするも落命する。その訃報が届かないまま、在京の幕医武田道安信重が加賀へ下向する(26)。

四代光高の病気は、江戸藩邸におけるもので、父に先立ち逝去する。二四歳の時疱瘡に罹り、後に何らかの発病には幕医の啓廸軒意安（吉田宗恪）の治療を受けたが、翌年頓死する。この時、胸痛の後、吐逆し正気を失い、幕医の野間寿昌院玄琢（成岑）の灸治を受けるが、絶命したとされる。光高の正室清泰院（大姫）は、光高の疱瘡の翌月、同様に疱瘡を患う。正保三年（一六四六）産月の際には、幕医大膳亮三悦（道峻、好庵）の診療を受け、明暦二年（一六五六）闘病の末他界する。

つぎに、五代綱紀からのち一四代の慶寧までの各時期における前田家の病気と治療医家について整理したい。まず、金沢城二ノ丸御殿における綱紀の事例について、貞享・元禄期では風邪、出来物・腫気、痞え、歯痛などがみえる。元来、綱紀には頭痛・痰・痞えといった持病があったが、藩医の堀部養叔らの治療を受ける。乳児である綱紀の娘豊姫に対しては、金谷屋敷（御殿を含む金谷出丸の敷地全体を指す）の新御殿（金谷出丸における前田家の居住のための建物）で激しい吐乳などの自家中毒とみられる症状を発症。このため、藩医のほか、町医で小児科の明石立庵らが、また、京の町医津田寿軒や禁裏御用医の山科理安らが下向し、それぞれ治療に当る。なお、金谷屋敷における前田家の居住利用は、豊姫が最初であった。

六代吉徳は二ノ丸御殿で脾脹、浮腫を発症、中村正白ら多くの藩医のほか、原田玄覚ら町医、岩脇碩安ら御家中医に加え、京の町医辻祐安も招請され、下向して治療に加わる。金谷御殿にて、後の七代宗辰の出生時には藩医の南保玄隆らが診療する。また、二ノ丸にて八代重煕の病気には藩医の佐々伯順が、九代重靖の寒熱・麻疹には藩医の中村正白らが、それぞれ治療に当る。後の一〇代重教は麻疹に罹り、二ノ丸にて藩医らが治療する。

一一代治脩については、藩主在職中に二ノ丸御殿での過労による発熱などに対して、京都より下向する金沢出身の宮廷医家荻野元凱の治療を受ける。また、金谷御殿に隠居後の治脩は、疝癖などの病を患い、宮廷御用医の畑柳啓、弟の京医畑柳泰や津山藩医で蘭学者の宇田川玄真、その弟子藤井方亭、御家中医の田中大玄、三ヶ所御用医の白崎玄水ら藩医以外の多くの医者の治療をも受ける。

一二代斉広の生母貞琳院の卒中風、喘息には、藩医の江間篁斎、御家中医田中大玄、小松の町医梁田養元らが二ノ丸御殿にて手当てを施すが、絶命する。一方、斉広は竹沢御殿に隠居するが、麻疹・痔疾が重く、藩医江間篁斎、御家中医津田随分斎らのほか、京の町医竹中文輔も招請され、治療するものの逝去する。さらに、金谷御殿での斉広の子延之助の疱瘡の治療には、藩医江間篁斎らが、また、同御殿での斉広の正室真龍院の瘧の手当には、藩医長谷川学方らのほか、宮廷医家小林豊後守も招請され、それぞれ治療に当る。

一三代斉泰の生母栄操院は二ノ丸御殿にて下痢や水腫・痔疾などを患うが、森快安ら多くの藩医のほか、片山君平ら御家中医や町医の広野了玄、ほかに招請された宮廷医家の山本安房介も治療を行なう。天保期二ノ丸にては斉泰の子、基五郎・豊之丞に対し、藩医の高嶋正顕らのほか、禁裏医師の小林豊後守も診察に加わる。また、彼ら若君の疱瘡には大庭探元らの藩医が治療する。同じく、二ノ丸御殿での斉泰の脚気などに対し、大庭探元など多くの藩医のほか、森良斎らの御家中医や町医の山本文玄斎や、宮廷医者の小林豊後守も下向し手当てに当る。

幕末期の元治元年、禁裏警衛の任から退京し、後に一四代藩主になる慶寧の金谷御殿での病気について、癖痺之症、思慮過多による精神衰弱、食欲不振、激しい下痢、痰血、胸腹痛、外威之邪気による脾胃不和、肝癖之症、内障眼、胆汁逆行之症といった重病の診断がくだされる。これに対し、江間三折ら二八人の藩医及び慶寧の生母溶姫（景徳院、家斉娘、斉泰正室）付の幕医吉田元琇・坂春庵のほか、御家中医の渡辺元隆、町医の洲崎伯順、眼科医の畑春斎といった、総勢三三人の医師団が一昼夜三交代で治療に携わった。

このように、町医や御家中医の中には、緊急時の前田家の治療に加わり、治脩の時期以降、幕末に向け、多数の医師が後に藩医として、本人または後裔が登用される事例が認められた。ここには、前田家が医療に関し、より優れた技術・情報などを希求していたことが推測される。また、史料の残存の有無を考慮しなければならないが、近世初期では徳川が加賀前田家に対し、幕医を京都などから派遣し治療に当らせた。こうした傾向は、徳川政権の安泰や加賀藩の医療制度の確立などを背景に、五代綱紀以降、徳川から国元加賀金沢への幕医派遣は見受けられないものの、形を変えながら引き継がれることとなる。例えば六代吉徳の代などにみられるように、藩主・藩老らの協議の上で、医術の進んでいる京都・江戸等からの優秀な医者の選定、招請といった場合も少なくなく、幕末頃まで続けられたことは注目される。

さらに、初期の利家・利長や幕末の慶寧の事例などにみるように、為政者側の病気が政治的動向を左右することはすでに明らかである。[27] こうした病気・医療面での視座は重要であり、政治史と絡めて史実を一層明らかにしていくことは今後の課題である。また、治脩以降、前田家の医療に関わった医者の中には、徐々に新しい蘭医学を学ぶ者も現われ、藩領内における蘭学の受容の一面がうかがわれる。こうした医者らはどのように医術を学んだのか、遊学の問題や医者同士の交流、あるいは近代に向け、前提として、幕末維新期の医療政策の問題のほか、金沢城下の医療や医者について、さらに他藩との比較検討も加え、今後の課題は山積みである。

註

（1）池田仁子（a）『金沢と加賀藩町場の生活文化』岩田書院、平成二四年、（b）『近世金沢の医療と医家』岩田書院、平成二七年（『研究紀要　金沢城研究』八～一二号まで収載した分を再編成し、新稿を加えた）、（c）「近世金沢の医療―〝伝統〟の礎と社会史的意義を探る―」（地方史研究協議会編『〝伝統〟の礎―加賀・能登・金沢の地域史―』雄山閣、平成二六年）、（d）「元治元年前田慶寧の退京・謹慎と金谷御殿における治療」（『研究紀要　金沢城研究』一三号、平成二七年）、（e）「近世初期加賀藩藩主前田家の病と治療・医家」（『同』一四号、平成二八年）、（f）「加賀藩における庭の利用と保養・領民」（長山直治氏追悼論集『加賀藩研究を切り拓く』桂書房、平成二八年）など。

（2）利家・芳春院・利長・利政らの動向については、池田公一『槍の又左　前田利家―加賀百万石の胎動―』新人物往来社、平成一一年、同（池田こういち）『前田利家』学習研究社、平成一三年、同『加賀百万石をつくった名君　前田利長』新人物往来社、平成二一年などを参照した。

（3）前田育徳会尊経閣文庫『加賀藩史料』清文堂出版、昭和五五年復刻などにも部分的に収録。本文では、これを刊本『加賀藩史料』と称する〈註（21）関連〉。

（4）池田仁子、前掲（1）（e）。

（5）池田仁子、前掲（1）（e）。

（6）「越前敦賀小宮山家文書　十村渡辺家文書目録」『石川県郷土資料館紀要』五号、昭和四九年、一三八～一四三頁、

及び石川県立歴史博物館『利家とまつをめぐる人々—大河ドラマ放映推進事業—』平成一三年所収。宛所の長兵衛は「気多神社文書」などにも見られる奥村長兵衛であろう〈『気多神社文書　第二』気多神社、昭和五二年、六九・七〇頁、『同　第二』昭和五五年、一三八～一四三頁〉。また、この時期、長兵衛の文書については、大西泰正氏による「前田利長発給文書目録稿」（同編『前田利家・利長』戎光祥出版、平成二八年）にも散見される。さらに、「村井文書」一巻所収の利長書状、長兵衛宛、四月一四日付には、「此中しゆもつおこり申候由まいらせ候、」と見え、長兵衛も腫物を患ったことがわかる。

（7）『前田土佐守家資料館所蔵・射水市新湊博物館所蔵芳春院まつの書状図録』前田土佐守家資料館、平成二四年、二二頁による。

（8）前掲（7）、原本は射水市新湊博物館蔵。なお、本章全体を通し、芳春院の消息については、前掲（7）の瀬戸薫氏による解読・解説を参照した。

（9）池田仁子、前掲（1）（e）。

（10）宰相については、石野友康「玉泉院永姫に関する一史料と発給文書」（『研究紀要　金沢城研究』、一三号、平成二七年）がある。

（11）池田仁子、前掲（1）（e）。

（12）前掲（7）『前田土佐守家資料館所蔵・射水市新湊博物館所蔵芳春院まつの書状図録』三二・三三頁。

（13）金沢における物構堀の創建年次を検証したものに、木越隆三「金沢の物構創建年次を再検証する」（『日本歴史』七八〇号、平成二五年）がある。

（14）高柳光寿・岡山泰四・斎木一馬編『新訂　寛政重修諸家譜』巻一一、続群書類従完成会、昭和五五年。京都府医師会『京都の医学史』思文閣出版、昭和五五年、一五八・一五九頁。

（15）前掲（7）『前田土佐守家資料館所蔵・射水市新湊博物館所蔵芳春院まつの書状図録』二八頁。

（16）前掲（7）『前田土佐守家資料館所蔵・射水市新湊博物館所蔵芳春院まつの書状図録』三九頁。
（17）池田仁子、前掲（1）（b）第二編第一章。
（18）溝口善勝については、前掲（14）『新訂　寛政重修諸家譜』巻三、池田仁子、前掲（1）（e）。
（19）前掲（7）『前田土佐守家資料館所蔵・射水市新湊博物館所蔵芳春院まつの書状図録』一八頁。
（20）盛方院については池田仁子、前掲（1）（e）、また、「後撰芸葉」については大西泰正氏の御教示による。
（21）利長等二七点の書状及び光高の診療における「湯浅三輪両家伝書」の医者意安については池田仁子、前掲（1）（e）。
（22）池田仁子、前掲（1）（b）、第二編第一章。
（23）荻野元凱による治療については、前掲（3）一二編、八六六〜八六八頁に一部収録。但し、右書では、脱漏があり、また、返り点が省略されている。さらに右書では「去秋」とは寛政六年に比定しているが、これは寛政七年の誤りであることを新たに確認した。同様に、前掲（1）（b）八五・八六頁で、安永四年以降寛政五年の間と推定したが、これも寛政七年に訂正しておきたい。
（24）慶寧の元治元年の治療については、池田仁子、前掲（1）（a）の内容を一部訂正増補し、本書第二章に詳述。
（25）池田仁子、前掲（1）（f）。
（26）武田道安に関する史料としては、木越隆三「前田光高の学識を探る」（長山直治氏追悼論集『加賀藩研究を切り拓く』桂書房、平成二八年）がある。また、後藤典子「細川家文書に含まれる浅野内匠頭関係史料の再検討」（『永青文庫研究センター年報』七号、平成二八年）の中でも、道安についての記述がある。これに関しては、木越隆三氏に情報提供いただいた。
（27）池田仁子、前掲（1）（d）（e）。なお、利長の隠居政治については、見瀬和雄「前田利長の遺誡と慶長期の加賀藩政」（加賀藩研究ネットワーク編『加賀藩武家社会と学問・情報』岩田書院、平成二七年）、萩原大輔「前田利長隠居政治の構造と展開」（『富山史壇』一七八号、平成二七年）などがある。

第四章　藩の医療政策・医学教育と社会史的意義

はじめに

筆者はこれまで医者の居住地や諸活動、金沢城内での加賀藩主前田家をはじめとする武家、寺家・町家の各医療、蘭学、文人など、町場での生活文化について、都市生活史・都市社会史的考察を試みてきた[1]。また、わが国の医療史では、古代以来、京都の宮廷や寺社を中心に成され、武家の時代、特に戦国期には武将による戦陣の手治療や薬方・金創医術の伝授、貴族・寺社の常備薬やその製法の流通等が進み、京都より宮廷医家の領国への下向が活発化する。続く織豊期、秀吉は一族などの治療のほか、統治権者として優れた医者を天皇家や旧足利将軍家より登用し、輪番診療の仕組みを発足させる。近世に入り、封建領主は様々に仁政が求められ[2]、領国支配・経営のため年貢徴収の面からも領内の災害や疾病流行の対策などは不可避で、領民の救恤は必須の問題であった[3]。

わが国の医学・医療史の分野から系統的にみると、近世は日本式中国医学、漢方が生まれた時期で、初期は曲直瀬道三を中心に宋儒性理の学に従う金元医学（後世派）が主流であった。中期頃に名古屋玄医らが漢時代の古方医学を主張、日本独自の漢方医学を創り上げる。彼らは古医方派と呼ばれ、こうした中から実証的風潮が高まり、さらには蘭学者が出現する[4]。

近世は殺伐とした戦国期と異なり、「生きる」ための治療を受けるという医療に対する認識・需要が高まり、生命の尊重、生存への志向が現れる[5]。特に後期から幕末期には川柳や「いろはガルタ」に事寄せ、医者を揶揄するなど、治療に対する人々のこだわりや評価がより強化されてくる[6]。

このような観点から、本章では医療を通して近世都市社会をみるため、藩主前田家を拠点とする城下町金沢における医療を取り上げ、伝統の礎と社会史的意義について考察したい[7]。具体的には、①非人小屋（史料や史実に基づいて取り上げるものであり、差別を容認するものではない）での領民の救済と医療・医者、②藩校明倫堂での医学・本草学の教育、③加賀藩の医者の種類と金沢の町場の医者の数、④町医者開業の試験と手続、⑤災害や疫病流行に対する郡方への医師派遣と医薬品の配給についてみていく。この内、おおよそ①〜④は郡方から金沢への人々の流入・滞留を示し、⑤は金沢から郡方へ向けた対応を示す。これらにより、近世城下町の金沢が果たした役割や伝統文化都市としての底流、近世の医療における社会史的意義について考えてみたい。

第一節　非人小屋での領民の救済と医療・医者

幕府は享保七年（一七二二）小石川薬園内に養生所（施薬院）を設立、一般庶民の医療に取組む。加賀藩はその五〇年程前の寛文一〇年（一六七〇）貧民小屋を意味する非人小屋を創設する。ここにおいて、職業指導や病人の手当、医療行為を行ない、幕末まで存続した意義は大きい。非人小屋の設立当初の町医師（御用医者）をみると、加藤玄益・藤田見庵・藤田玄仙・白井宗庵の四人が同小屋の勤務を命じられ、収容された貧民・病人の治療に当たる。同所にはほかに算用場奉行岡嶋五兵衛・津田宇右衛門、及び町奉行の里見七左衛門・岡田十右衛門の二人が「二時」ずつ、また、国府孫右衛門ら四人の与力等が勤務した（金沢市立玉川図書館加越能文庫蔵「政隣記」巻一、以下、特記しない史料は同文庫所蔵）。なお、非人小屋とは別に、御救小屋（臨時的なものか）が天保九年（一八三八）・弘化三年（一八四六）等にできる（「本多政和覚書」巻二八、同館奥村文庫「官事拙筆」）。

以下、非人小屋について入居人数と病人数に関して概観すると、延宝六年（一六七八）には入居人数三二〇人余に減じ、内病人二六人がおり、若い藩医五人、町医者五人、都合一〇人の医者が治療に当った（「金沢古蹟志」巻一二、金沢町奉行・算用奉行より藩老本多安房外三人宛伺状[8]）。続いて元禄一一年（一六九八）一二月には入居者四四五五人、翌一二年、一年間の新入居者は三六八五人にのぼる。これを一日に平均すると、およそ一〇人前後に当る。この内、加賀石川郡出身者は八六九人、河北郡は四三一人、能美郡二八七人、能登から羽咋郡七二人、鹿島郡七人、鳳至郡三人、珠洲郡一人、越中からは砺波郡九二三人、射水郡五三人、新川郡四三人、加賀金沢の出身者は九九六人であった。つまり、郡方から合計入居者二六八九人がこの年金沢へ流入・滞留したことになる。これはこの年の入居者全体の七三パーセントに当る。同年一二月晦日には入居者数四五二五人、また、享保一七年（一七三二）七月には一七〇〇人程が入居する（「袖裏雑記」巻一四）。なお、この時年々の入居者増加により、小屋九筋が損壊していたため、二筋を修築することになる[9]。さらに、寛政四年（一七九二）一一月五日には入居人数一七三一人を数える（「非人小屋御救方御用方留帳」）。

つぎに、藩の飢饉対策の理念をみると、領民を餓死させないという原則があり、御救奉行を廻村させて貧窮者を調べ、介抱し、もし餓死者が出たなら担当役人の「越度」とする。病気の者は医者にかけ療治させ、貧窮者には衣類を支給する（元禄九年八月、「飢饉一種」）。また、裁許勤方について、天明三年（一七八三）の事例では①非人役人中から「看病人」を極め、病人の様子や不法人を見廻る。②他国・他領者の当病者、飢渇人は入置き医療を施す。本復したら鳥目・衣類を与え立退かせる。③癩病人「其外悪敷者」は御小屋に入れない。大病はその支配へ申遣す。④町人の「乱心者」に対して、困窮のため看病困難な場合は「非人小屋縮所」へ入れ療治する。⑤小屋での医者の療治の手続は、小屋頭・廻口の看病人より縮方非人役人へ届け、当番の足軽へ達し、小屋裁許人に届けて当番の医者に治療させる。⑥裁許人は、病人数・医者名・薬高目録を記載し、町会所へ届ける。これらのことから、医者は当番制であったことがわかる（裁許人で与力の斎田九郎大夫・原勘大夫・富永五郎左衛門・佐久間平助による「非人小屋裁許勤方帳」[10]）。さらに、乱心者等の非人小屋縮所入所に関しては、幕府による「非人溜」への「預置」に類似するものがある。[11]

つぎに、非人小屋の医師の事例をみると、前述のように寛文一〇年創設当初は四人、延宝六年には一〇人であった。元禄九年（一六九六）には藤田玄仙・白井宗周・千秋玄的・黒川周鉄・国松雪沢の五人、同一三年には右の白井・千秋・黒川のほか、上田養春・不破林庵（藩医）の五人。寛政四年（一七九二）には千秋宗瑗・白井宗周・長谷川覚方・高沢仙立・白崎玄水の五人で、藩医も若干含まれることもあったが、ほとんど町医かつ御用医者であった（「御用番方留帳」巻九・一三、「非人小屋御救方御用方留帳」）。以上のように、少なくとも創立当初より寛政四年までの非人小屋に勤務する医者は、ほぼ四人から一〇人であった。

第二節　藩校明倫堂での医学・本草学の教育

医学を修得する方法については、およそ三都等への遊学、藩領内での修学、親等からの修学がある。ここでは、金沢の藩校明倫堂における寛政期からの医学・本草学の教育についてみていく。因みに、江戸では多紀元孝の医学館躋寿館が明和二年（一七六五）創立された。[12]また、京都では天明元年（一七八一）畑黄山による医学院において教育が行なわれている。[13]

さて、各藩の藩校において二八七藩の内、寛政以前に授業科目として医学を含めている藩は、熊本・鹿児島・新発田・広島・亀田・加賀など一三例あり、これは全体の五パーセントに当る。後に校名を変更した場合などは除外し、一藩のなかで、藩校創設の当初から医学を授業科目として導入した場合に限っている。併用科目として本草学を授業科目として取り上げているのは、江戸の躋寿館、京都の医学院を除き、[14]藩校では唯一加賀藩のみであることが分かる。その背景として五代藩主前田綱紀自ら動植物などに関心が高く、「桑華字苑」等を著し、元禄六年（一六九三）稲生若水を起用、「庶物類纂」を編纂し、野呂元丈・内山覚仲（加賀藩藩医）ら著名な本草家を育成した。また、前田家が『草目譜目録』等の本草書や医学書を多数所蔵、本草学・医学に関する蓄積の程がうかがわれる。[15]

以下、藩校明倫堂における医学教育について、加越能文庫の諸史料より順次概観してみよう。[16]まず、医学・本草学開講日時について、寛政四年閏二月に、朔・望の一か月に二日間、四時より開始するとし（「政隣記」）、同年七月四日には四時半より開始（「学校雑纂」（乾））、享和三年（一八〇三）には、四日・一一日・二四日の月三回、夕八時より始めるとする（「政隣記」「学校雑纂」（乾））。また、文化四年（一八〇七）三月には、月三回の内、一日は本草学の教授に当てると定めている点で注目される（「学校方覚書」）。天保一〇年（一八三九）七月には、三日・一三日・二三日の月三日夕九半時よりの開始が定められる（「学校方雑纂」（坤））。

つぎに、貧窮の寄宿生一般に対して、寛政四年六月、寄宿舎を設置し、募集をかけている。すなわち、貧窮の寄宿生には、食費の無料化が定められた（「御郡典」「金沢古蹟志」巻七）。なお、寛政三年（一七九一）幕府公立の医学館に名義変更した元躋寿館でも貧窮の寄宿生に食費の無料化が行なわれていたが、[17]その影響もあろうか。引続き当藩では享和三年、町在の貧窮寄宿生の食費無料化の再触れが出されている（「御郡典」）。

また、医学・本草学の受講出願方法に関しては、寛政四年町在の者は町奉行を通し、学校へ出願する。さらに、文化三年六月には、家中医・藩医の子弟は医学指引の藩医へ、また、医者以外の陪臣も同様で、町儒医またはその子弟は、藩儒もしくは指引の藩医へ出願すると定めた。

藩校での医療と医学教授陣について、寛政四年閏二月受講生の医療については、白崎玄真（当時町医で、御用医、文化七年藩医〈「先祖由緒一類附帳」〉）ら二人を療養方主附に任命している。[18]また、医学教授陣の事例では、文化四年五月、医学「講師扣」を「講師」という名目に統一する（「学校方覚書」）。さらに、天保一〇年七月五日、「明倫堂医道稽古指引」の常勤の医者として藩医の森快安・中野随安・大庭探元・加藤邦安が務めた。この時、開講日のみの出勤の「指引方」として非常勤の藩医の長谷川学方・江間雀々翁・丸山徹叟がおり、同年一二月朔日には、鈴木立白・河合円斎、高島正頴（この時本多大学の家中医から藩医となり、新知七〇石、のち一二〇石）[19]が右指引に加わる。天保一一年五月一一日には藩医の小川玄沢の倅小川玄陽は、明倫堂医学講師に任ぜられている（「学校方雑纂」（乾））。

第三節　医者の種類と金沢の町場に住む医者

1　加賀藩領内の医者の種類

加賀藩には藩医のほか、家中医（上級藩士お抱えの医者）・町医・村医等がおり、この内、藩医や一部の家中医・町医等は藩主前田家をはじめ、藩の施設に勤務する御用医者として活動した。これら医者の種類について、所属や患者・診療場所・専門・住居地などを表1に示した。

この表におけるそれぞれの医者の主な居住地については、藩医は金沢の惣構堀の内側、あるいはその近辺等である。家中医はその主家の家中町もしくは町場に、また、町医者は多くは町場に住むが、中には藩医と同様、藩から屋敷を拝領し、惣構堀の内側か、あるいはその近辺に住んでいる場合もある。[21] また、町医者の中には、郡方から金沢に引越し、町場で医業を営む者も次第に増える。一方、村医者は郡村に居住し、村民や近隣の村々の医療に当った。

なお、当藩には表1のほか、藤内頭の支配を受ける藤内医がいる。しかしながら、幕末の事例では藩はこの藤内医を認めておらず、元治元年（一八六四）「藤内医共」が医業を学ぶことは甚だ「心得違」であり、これを禁ずる。同時に、「平人」が彼らに「薬味調合」し差し出すことも禁ずると定める。その理由は彼らが身分の「境界」を「忘却」し、「不埒至極」であるからという（「御用留」）[20]。ここには厳然とした身分差別があった。

表1　加賀藩医者の種類

種類	所属・支配	患者／診療場所	専門	住居
藩医（御医者）	寺社奉行 一部、町奉行	前田家家族・一族／金沢城内 一部、重臣等家族／その屋敷内等 一部、有力町村民／その屋敷内	本道・外科・金創（近世初期）・鍼立（捻等）・口科・眼科	武家屋敷、金沢城惣構堀の内側、一部はその近辺、町場
御家中医（重臣のお抱医者）	各重臣の家の家老	各重臣の家族／その屋敷内 一部、前田家家族／金沢城内 一部、有力町村民／その屋敷内	本道・外科等	各家中町、一部は町場
町医者	町奉行	町村民／藩の施設・町場・村内 一部、前田家家族／金沢城内	本道・鍼・按摩等	各町場、金沢での一部は武家屋敷で惣構堀の内側、またはその近辺
村医者	郡奉行・改作奉行・十村・肝煎	村民／郡村内	本道等	郡村内

表２　文化八年『金沢町名帳』にみる町場の医者の人数

種類	人数	備　　考
町医者	145人	以下の８人〔多賀才順後家、三ヶ所御用医（高沢仙立・小柳昌意）、付箋の下部の記（藤井元昌、加福養庵、吉本貞立、厚地元純、猪俣保助）〕及び按摩５人、座頭23人、検校１人を含む
家中医	43人	重臣らの家中医（以下、複数の場合の人数を示す）、本多安房（７）、今枝内記、本多勘解由（４）、前田伊勢、上坂平次兵衛、長甲斐（６〈内、付箋下の記１人含む〉）、横山監物（５）、村井又兵衛、前田中務、前田織江、前田橘三、前田土佐、玉井勘解由、前田権佐、津田玄蕃、奥村左京（２）、伴八矢、深美隼之助、山崎伊織、奥村助右衛門（４）、横山図書
藩医	7人	中村佺安（木倉町）、池田養中（竪町）、白崎玄真（横堤町）、大庭卓元（安江木町）、中野又玄（河原町）、二木順伯（犀川荒町）、桜井了元（高岡町）、
合計	195人	

金沢市立玉川図書館『金沢町名帳』金沢市図書館叢書一、平成８年より。

２　金沢の町場に住む医者

つぎに、金沢の町場には一体どのくらいの医者がいたのか。文化八年（一八一一）『金沢町名帳』より金沢の武家屋敷以外の町場に住み医療に当っていた医者について、その人数などを表２に示した(22)。

表２では按摩・座頭も医療に関わった者として加えてある。なぜなら、近世前期から按摩も医療の専科に加えられており(23)、十村が金沢へ出張の折、連日金沢塩屋町の按摩師（導引）に掛り、治療・投薬を受けている事例も確認されるからである。なお、右の内「病人」が多いため受診をあきらめ、立帰った日もあった(24)。

表２から当時武家屋敷町以外の金沢の町場に住する医者は一九五人程いることが分かる。

ところで、試みにこれら医者一人が抱える町の軒数と人数について、武家等の人数を除いて考えてみる。文化七年の場合、町家の軒数一万三七九二、人口五万六三五五人とすると、約七一軒、二八九人になる。[25]但し、この場合、医療を受ける側からみると、武家も町人等も身分を超えて、藩医・家中医・町医等の治療を受ける場合があるゆえ、医者総体が抱える武家・町人ら金沢の総人口における医者一人の割合を今後推定していくことも必要であろう。名古屋などと比較検討することも今後の課題である。[26]

第四節　町医者開業試験と手続

近世以前は、一般に医師資格制度が存在しないというが、[27]加賀藩では、町医者開業について、藩校で医師の試験を実施することにより、その合格者には医者開業が許可された（「学校方雑纂」「郡方御触」巻一七）。

これについて、「学校方雑纂」には天保一一年（一八四〇）六月、町医者試方として、つぎのように申渡されている。

〈史料1〉

明倫堂督学江

町医者願人有之節、医術之程、試方之儀、已来願人有之時々、町奉行より各江試方之儀、引送り候筈ニ候間、送越候ハヽ、御医者中へ申談、於学校業術之程試有之、其様子町奉行へ可被申遣候、右試方之儀ハ、別紙江間雀々翁等書取之趣ニ被仰付候条、被得其意、右等之趣、雀々翁等江も可被申談候事、

六月

町方之者、新ニ医業願人、町奉行中より督学中迄引送り御座候ハヽ、右業術試方、左之通りニ而、可然哉ニ奉存候、

三夕之日ニ当り、御指出可有御座候、其節私共一統出座仕罷在候間、出人呼出シ、日頃修業致居候学術、本道或ハ外科等、各得手之処、可有之候間、其程ニ承り、糺シ候上、講書議論、病症・薬方附等之儀、医道心得方緊要ニ候間、一通り承合可申、其上ニ而大抵医術ヲ以テ、世業与致候而も宜敷者哉否之所、御達可申上候、

右、試方、私共示談之趣、如此ニ御座候、以上、

六月　（藩医）江間雀々翁

（藩医）丸山徹叟

付札

本文詮議之通、被　仰付候条、已来願人有之時々、医術試方之儀、督学へ可被申遣候事、

町医者願人有之節、是迄御医師并町医者等、其師家添紙面ヲ以テ願書指出候得ハ、於町会所横目肝煎役之者ヲ以、猶更医術等之儀、為承合、其上ニ而、右願方承届候処、近年追々願人多有之、中ニハ医道甚不案内之者茂不少相聞候、元来医者之義ハ、大切成職業ニ而、御座候得ハ、いかにも綿密ニ遂穿鑿、弥医術慥成ル者ニ候得ハ、承届可申儀ト奉存候、就而ハ、是迄迚も前文之通、詮議方之法ハ相立居、随分入念ニ仕、容易ニて承訳候而ハ無御座候得共、師匠家ト申而も、色々甲乙も御座候義、右横目肝煎之承合方ト申儀も素人之事ニ御座候間、不慥成ニ御座候間、可相成儀ニ候者、已来右町医者願書付指出候節、督学中へ引送り於学校右願人医術之程、御医者中へ試有之、其趣私共へ申来候上ニ而、承届申度義ニ奉存候、此段御詮議御座候而、不指支義ニ候ハヽ、夫々被仰渡候様仕度奉存候、已上、

三月十八日　（保延・町奉行）水原清五郎　判

奥村内膳（惇叙・藩老）様

町医者願人之儀ニ付、拙者共詮議之趣、別紙之通り、御達申置候処、御聞届之段、御付札ヲ以、被仰渡候条、
為御承知、写壱通指遣申候、已上、

子六月十九日　　大野織人（定能・町奉行）　印

大田小又助（盛一・経武館督学）様
渡辺兵大夫（栗・明倫堂督学）様

一、右之趣候間、已来願人有之候ハヽ、御医者中へ遂詮議否哉、申聞候上、町奉行へ詮義之趣等可申遣事、

（傍線筆者）

引続き、同年七月「郡方御触」巻一七には、次のように記されている。

〈史料2〉

明倫堂督学江

向後新タニ医者相願候者、都而町医者同様試被　仰附候旨、被　仰出候之条、被得其意、遠所町方御郡方等其支
配人江各より右之趣可被申談事、

七月

別紙写之通、学校惣御奉行播磨守（本多政和）殿被仰渡候之条、御承知有之、右試之義者、明倫堂ニおゐて医学指引之御
医者中、業術之程、試申筈ニ候間、御支配之内、医者相願候者有之候ハヽ、其段拙者共迄、被申越候得者、
其節試業方可申談候、右之趣、御承知有之、御支配御申談可有之事、

七月　　大田小又助

渡辺岳太夫　（傍線筆者）

（砺波郡奉行）前田弥五作殿

右、二つの史料の内容を整理すると、つぎのようになる。

【受験出願方法】天保一一年藩校明倫堂督学への達により、医術修得の試験を実施する。町奉行から藩医へ相談し、藩校で業術試験を行ない、その結果を町奉行へ通知することとした。

【試験方法】年配の熟練者で非常勤の藩医である江間雀々翁・丸山徹叟の意見に基づき、三・一三・二三日の月三日間の医学開講日に出願する。その日は江間・丸山も勤務する。

【受験内容】本道・外科等「得手之処」を申出、「講書議論、病症・薬方附等」及び「医道心得方」を試験する。すなわち、医術で「世業」が成り立つかどうか試験する。

【実施の理由】同年三月一八日付、町奉行水原清五郎（保延）より藩老の奥村内膳（惇叙）宛の達で、これまで町師家の添書を付し出願していた（つまり町会所で横目肝煎が「請合」っていた）が、近年出願者が多く、「医道甚不案内之者」も多い。「元来医者之義ハ大切成職業」であるから、綿密に「穿鑿」した上、「弥医術慥成ル者」を「承届」けるべきである。なぜなら、当時師家といっても、様々に甲乙（優劣）有り、横目肝煎も「素人」で、今までこのような「不慥成」る方法であったから、改めることになった。このことは町奉行の間で協議し、これを上申した結果、許可された。

【陪臣の場合】各々の其頭支配人より学校の督学へ届出て、藩老へ出願するよう、村井靫負より申渡された（「雑事日記」[28]）。

【郡方の場合】郡奉行から藩校の督学へ出願する。このことは、砺波郡奉行前田弥五作宛達等で分かる。

以上の点から、専門的に素人の横目肝煎らの手に負えなくなった、ということを示し、町奉行の間で協議し、藩校で藩医が試験を実施するといった制度化を意味する。すなわち、これまでの横目肝煎が取扱うという、いわば、地縁的住民組織である町共同体で医師開業を認可していたが[29]、今後は新たに町医者として開業する場合は、藩が公認することを定めたのである。これは天保期に、より高度な医療技術を求める傾向が出現したといえよう。同時に、こうしたことはこれまで藩が蓄積してきた伝統的な事柄であり、近代医療の先駆的側面と考える。但し、史料的限界があるが、以後おそらく既存の町医者開業人と試験合格の医者がともに、そのまま併存したものとみられる。なお、横目肝煎は、町肝煎の中から三〜六人、町年寄が撰び、町奉行が任命したもので、町肝煎・散肝煎（職業掌握の肝煎）の事務の監督、町会所の監視を行なう町役人である[30]。

第五節　郡方への医師派遣と医薬品の配給

1　郡方への医師派遣

災害や疫病流行に対する藩の郡方への医者派遣の事例は、表3の通りである。

表3　郡方への医者派遣の事例

事例番号	年代	西暦	事由	医者名【担当の国郡村】	合計
1	元禄11年	一六九八	雪頽	白井宗周・黒川周鉄【加賀石川郡女原、上下折村】	1郡2人

2	享保15年	一七三〇	疫病流行	南保玄伯【加賀河北郡】	1郡1人
3	明和8年	一七七一	疫病流行	内山覚順・大場順元【藩預地、能登鹿島郡石崎村】	1郡2人
4	安永2年	一七七三	疫病流行	小瀬甫元・藤田道閑【能登奥郡】、池田昌貞・加藤玄叔【加賀河北郡】、加来玄達・小倉正因【能登口郡】、江間玄貞【能登能州島】、丸山了悦【能登奥郡】	延べ5郡8人
5	天保5年	一八三四	疫病流行	関玄迪【加賀能美郡】、加来元貞・魚住恭莽【加賀石川郡】、池田三同・堀周庵（代り小川玄沢倅小川善徳）【加賀河北郡】、**梁田耕雲**（代り白崎玄令弟白崎玄正）・**松田常安**【能登口郡】、有沢良貞【能登奥郡】、不破文中・**黒川元良**【越中砺波郡】、藤田道仙・河合善庵（代り小瀬貞安）【越中射水郡】、**中村文安**・今井昌軒【越中新川郡】	8郡14人

「政隣記」巻二・一一、「加賀藩史料」巻二九五、「鈔録合集」巻五、池田仁子、本章、註（1）（ク）（ケ）より

表3に示した事例の詳細は以下の通りである。

〈事例1〉元禄一一年一二月二四日、「石川郡木滑之村」の奥の「海原」（女原）（現白山市）で「雪頽」（なだれ）が起り、百姓家一六軒が潰れ、怪我人七二人、内二三人「半死」あるいは「半生」するという災害に見舞われた。翌二五日には、「越前境上下折村」（現白山市）においても、山雪頽により「一村皆潰」れ、圧死者八〇人余の犠牲を出した。この時、蘇生者三三人であった。これらに対し、藩から医者の白井宗周・黒川周鉄が怪我人などの手当てのため派遣され、医療を施し、被災者に衣類・食料を支給した（「政隣記」巻二、「御用番留帳」巻一一）。

〈事例2〉享保一五年六月には、河北郡内で疫病が流行し、南保玄伯が当地に派遣され、薬用治療を行なった。

〈事例3〉明和八年一二月、加賀藩の預地である能州石崎村（現七尾市）で疫病が大流行し、藩医の内山覚順・大場

順元が同月一六日派遣され薬用治療に当たり、二二日には金沢に帰っている。翌安永元年（一七七二）一二月二八日、一貼当り七厘宛で、この時の薬代が両人に支給されている（「政隣記」巻一二）[31]。
〈事例4〉安永二年二月二三日、能州奥郡で疫病が大流行し、藩医の小瀬甫元・藤田道閑が治療のため派遣される。これが加能地域全体に広がり、同三月二六日に河北郡には池田昌貞・加藤玄叔が、能登口郡には加来玄達・小倉正因が、さらに能州島に江間玄貞が、同奥郡には丸山了悦が、それぞれ派遣される。かくて、同年四月、奥郡での患者は四一〇〇人余にのぼり、内二〇〇〇人余が死亡する。また、石川郡宮腰で患者数は六〇〇〇〜七〇〇〇人程にのぼり、金沢の非人小屋では八〇人余が病死する（前田土佐守家資料館蔵「頭書日記三番」）[32]。
〈事例5〉天保五年五月、再び疫病が流行し、藩領内へ派遣された医師は、関玄迪が加賀能美郡に、加来元貞・魚住恭斉が同石川郡に、池田三同と堀周庵の代りに小川玄沢倅小川善徳が加賀河北郡に出向いている。また、梁田耕雲の代りに白崎玄令弟白崎玄正と松田常安が能登口郡に、有沢良貞が同奥郡に、不破文中と黒川元良が越中砺波郡に、藤田道仙と河合善庵の代りに小瀬貞安が同射水郡に、中村文安・今井昌軒が同新川郡に、というように、藩領内全郡の八郡にわたり、一四人の医者が各郡方に派遣された。なお、表3での太字の医者は蘭学修学の医者を示しており、蘭学受容の側面がうかがわれる。

つぎに、表3の医者の内、郡方側の貴重史料として、能登口郡中島村で蔵宿を勤める今本屋左助の「末世目覚草」を紹介しよう（橋本家文書、七尾市）[33]。これによれば松田常安は能登口郡で五日間逗留し、郡内の治療に当った。今本屋左助も「自分も頭痛之薬法」を処方してもらったと記している。また、幕府の「天明四年御渡の薬法」の天保五年五月加賀藩算用場からの再触を以下のように書留めている（現代口語訳）。

【時疫流行の節の処方】〇大粒の黒大豆を煎り一合と甘草を一匁合わせ水で煎出し飲む。〇茗荷の根と葉を搗砕き汁を取り飲む。○牛蒡を搗砕き搾って汁にし、茶碗に半分ずつ入れ二度飲み、その上、若桑葉（または枝）一握程火で炙り、黄色になったら茶碗に四杯入れ、二杯に煎じ、一度に飲んで汗をかく。○高熱で悶え苦しむ時は、芭蕉の根を搗砕き汁を搾って飲む。

【物の毒に当った時】○煎塩を舐め、又ぬるい湯に掻立て飲む。○胸が苦しく、腹張り激痛の時、苦参（くしん。健胃・利尿・解熱剤等）を水で煎じ飲む。食物を吐瀉すると良い。○大麦を煎り、粉にして白湯で度々飲む。○口鼻より出血し悶え苦しむ時は、葱を刻んで一合水でよく煎じ冷し置き、幾度も飲む。出血が止まるまで用いる。○特に魚の毒に当った時は、大粒の黒大豆を水で煎じ、何度も用いる。○獣の毒に当った時などは、赤小豆の黒焼きを粉にし、蛤貝に一つ程ずつ入れ、水で飲む。○キノコの毒に当った時は忍冬（にんどう。健胃・利尿・解熱剤等）の茎葉とも生で噛み汁を飲む。

2　医薬品の配給

寛政三年（一七九一）、砺波郡の在方においては、「貧窮成者ハ大体之病気ニ而ハ薬も給不申、少々之薬代も出得不申」状態であったという（富山大学付属図書館蔵、菊池文書、旧記四冊ノ内一）[34]。また、翌年七月「岡部氏御用留」巻九によれば、「医業ハ貴賤与なく人命を預義ニ候得ハ、療治方大切ニ」心得べきとする藩の方針が示されている。すなわち、医業は身分に関係なく、その恩恵を受けるべきものであるから、人命は大切であり、町在の者は病気の節は「無会釈」（返礼なく、無料）で藩の医者に療養を依頼すべきと領内へ申触れている[35]。

こうした中、享和二年（一八〇二）六月にも領内で麻疹が流行し、金沢で医薬の調合が行なわれた。特に能登の珠洲・鳳至両郡へ医薬の配給が申触られている[36]。例えば、羽咋・鹿島両郡には、鵜川組に七五〇貼、本江組に六六〇貼、堀松組に六八〇貼、酒見元組六一〇貼、笠師組三九〇貼、鰀目組二一〇貼、高田組四六〇貼、武部組四三〇貼、能登部組四二〇貼、酒井組三二〇貼というように、十村単位で医薬品の配当が成されている（六月一七日付、本江村惣助より仲間宛所の書付）（「加賀藩史料」巻二六一）。その際、薬は発病より一二日以内に処方するよう、「元来貧窮者」は薬も飲むことが出来ず、「不便（憫）」であるとの藩主の上意が添えられた。平生は「身分相応ニ而其身等服薬」が差し支えない者が「頂戴」できるが、今回は特別な「御仁恵」であるゆえ、「末々迄」薬を配当すると申触れている。なお、安政五（一八五八）・六年領内にコレラが大流行し、特に六年には金沢より郡方への医薬品の配給が確認できる（「御用鑑」、「加賀藩史料」巻三二）(37)。

おわりに

本章では近世金沢の医療についてみてきたが、つぎのように整理できる。まず第一に、藩は寛文期非人小屋を創設して、貧民を救済した。ここでは町医者である御用医者や藩医が複数人常置され、病人に医療を施した。このことは郡方より人々が流入・滞留し、結果として金沢が救済の場となった。第二に、医学・本草学の修学・教育は、金沢の藩校明倫堂でも行なわれた。月三回の受講日のうち一日は、本草学を教授しており、これは医療の充実化を示している。また、貧窮の寄宿生の食費の無料化も掲げられた点も注目され、現代の給食費援助の底流がこの辺にもみられる。第三に、文化八年（一八一一）金沢の町場に住む医者等は、本道・鍼医など多くの町医者、一部の藩医や家中医を合わせ、一九五人程が確認され、幕末へ向け増加傾向にあったものと推測される。第四に、医者開業の手続には、天保一一年（一八四〇）以前は、師匠から非専門の横目肝煎が取扱うことでほぼ決まり、形式的に町奉行へ届け認可されていた。すなわち、それまで町共同体に委託されていたが、こうした非専門人による認可の弊害が顕在化し、医者開業者の増加で、手続きが煩雑となった。以後、明倫堂督学へ出願し、藩校で藩医による試験を実施し、合否の結果を町奉行へ報告することとなった。また、遠所の町、郡村、陪臣出身者も同様、藩校で試験を受けた。なお、陪臣は主家より出願することを定めた。こうしたことは藩が医師開業を公認したことを意味しており、ここには寛文期頃より伝統的に、より高度な医療技術の蓄積があったものとみられる。第五に、藩は災害や疫病の流行に対し、領内へ医者を、時には複数人派遣し、治療に当たらせた。一方、金沢で医薬品を調合した上、十村単位で領内の郡方への配給の実施が確認された。

以上のことから、近世の城下町金沢は、医療の面でも、藩領内各地における中心的役割を担い、その機能を果たしたといえよう。こうしたことは、城下町一般にいえることともみられる。ともあれ、加賀・能登の旧藩領域内の現在に形を変え、引継がれているといえるのではなかろうか。というのは、近世から近代以降の主な医療・医学教育機関について考えると、非人小屋・明倫堂における機能は、主に壮猶館（嘉永六年創立、文久二年より医学教育）→同附属種痘所（慶応元年）→卯辰山養生所（同三年）→金沢医学館（明治三年）→金沢病院→石川県病院→金沢医学専門学校・同附属病院→金沢大学医学部・同附属病院などというように、次第に受継がれていったものと理解できるからである。

つぎに、社会史的意義については、戦国期以前の医療はほぼ個人で支えたが、近世の医療は、秀吉の頃よりみえ始めた領国統治の仕組み作りが発展・充実化した。一部身分や貧富の差に限界があるが、多数の医者・医薬により、社会全体で取り組み、支える傾向がより強化された。このことは、公的な医療の胎動を意味し、近代医療の礎であると考える。

今後の課題は天保期以降の詳細な動向、町・郡方からみた具体的な事例、遊学の様相、他藩の医療との比較検討などである。

註

（1）池田仁子（ア）『金沢と加賀藩町場の生活文化』岩田書院、平成二四年、（イ）「金子鶴村の蘭学と海外・科学知識―化政期加賀藩蘭学受容の一側面―」（『日本歴史』六九八号、平成一八年七月）、（ウ）「加賀藩蘭学と医者の動向」（『北陸史学』五五号、平成一八年）、（エ）「大高元哲の事績をめぐって―加賀藩蘭学の受容と展開―」（加能地域史研究会『地域社会の歴史と人物』北國新聞社、平成二〇年）、（オ）「医者と暮らしの諸相」（一九世紀加賀藩技術文化研究会『時代に挑んだ科学者たち』北國新聞社、平成二一年）、（カ）「「寛文七年金沢図」等にみる医者の居住地と城内での医療」（『金沢城研究』八号、石川県金沢城調査研究所、平成二二年）、（キ）「加賀藩前期の医者と金沢城内での医療」（『同』九号、平成二三年）、（ク）「近世中期加賀藩の医者と金沢城内での医療」（『同』一〇号、平成二四年）、（ケ）「金沢城を中心とする化政天保期の医療と蘭学医」（『同』一一号、平成二五年）、（コ）「近世後期加賀藩の医者と金沢城内での医療」（『同』一二号、平成二六年）〈以上（カ）～（コ）は『近世金沢の医療と医家』〉。

（2）仁政については、岡山藩主池田光政に仕えた儒者、熊沢蕃山が為政者、すなわち賢者による飢人のいない社会、万民が安穏に暮らせる社会を先決問題とし、治国平天下論を展開している（池田仁子「熊沢蕃山の『女子訓』について」〈『日本歴史』四七六号、昭和六三年一月、九六・九八・一〇〇頁〉、同「熊沢蕃山の「子育て」像」〈『同』五一八号、平成三年、三八頁〉など）。

（3）富士川游『日本医学史』真理社、昭和二三年。日本学士院編『明治前日本医学史』四巻、日本学術振興会、昭和三九年。小川鼎三『医学の歴史』中公新書、昭和三九年。酒井シヅ『日本の医療史』東京書籍、昭和五七年。山崎光夫『戦国武将の養生訓』新潮新書、平成一六年。新村拓編『日本医療史』吉川弘文館、平成一八年など。なお、戦国～近世初期の医薬については、廣瀬良弘「曹洞禅宗の地方展開とその住持制―永平寺・總持寺の両本山を中心に―」地

方史研究協議会第六四回（金沢）大会資料、平成二五年。

（4）酒井シヅ、前掲（3）一九三・一九四頁。青木歳幸「近世の西洋医学と医療」〈新村拓、前掲（3）一五一・一五二頁〉。蘭学については片桐一男『蘭学、その江戸と北陸』思文閣出版、平成五年、沼田次郎『洋学』新装版、吉川弘文館、平成八年など参照。なお、曲直瀬道三のキリスト教入信については、日本側に史料がないことから、その真偽に検討が必要である。しかし、キリスト教の学院長を診療したことが縁となり、また、キリスト教は道三が長らく求めていた医の論理に合致していたとの解釈がある。このことは、フロイスの『日本歴史第二部六九章』（松田毅一・川崎桃太訳『日本史〈五〉五畿内篇Ⅲ』中央公論社、昭和五三年、一七八～一八八頁）では五九章〈二部七〇章〉及びイエズス会総長宛のフロイスの書簡により知られる（京都府医師会『京都の医学史』思文閣出版、昭和五五年、一九七～一九九頁。山崎光夫、前掲（3）四一頁）。

（5）塚本学『生きることの近世史』平凡社、平成一三年。岡崎寛徳「生類憐れみの令とその後」（中沢克昭編『人と動物の日本史2』吉川弘文館、平成二一年）。丸本由美子『加賀藩救恤考―非人小屋の成立と限界―』桂書房、平成二八年。

（6）池田仁子、前掲（1）（オ）。

（7）伝統都市金沢を論じたものに、二宮哲雄編『金沢―伝統・再生・アメニティ―』御茶の水書房、平成三年がある。同書中、地域経済の面では中野節子「近代移行期における金沢の経済―加賀藩産物方と金沢米商会所―」、社会面では高澤裕一「幕末期の金沢における救恤」などがある。一方、加賀藩の医療については、池田仁子、前掲（1）のほか、制度からみたものや疾病史の立場から、あるいは上級武士の医療を取り扱ったものなど様々である（津田進三「加賀藩の医療制度」〈『石川郷土史学会々誌』創刊号、昭和四三年〉。前川哲朗「疱瘡・コレラの流行と対策―藩政期疾病史の試み―」〈『市史かなざわ』六号、平成一二年〉。竹松幸香「加賀藩上級武士の疾病・医療について」〈『加能地域史』四七号、平成二〇年〉。徳田寿秋「医療の発展と旧医師会の活動」〈『石川県医師会創立百年史』北國新聞社、平成二五年〉)。

(8)「金沢古蹟志」は森田平次著で、ほかに、石川県立図書館(写本)や同館森田文庫(自筆本)にも所蔵されている。また、日置謙校訂で、金沢文化協会(昭和八・九年)、歴史図書社(昭和五一年)などによる刊本がある。本章では自筆本の加越能文庫本を活用。また、非人小屋創設に関しては前田育徳会『加賀藩史料』(以下『藩史料』と略記)四編に、他方、天保九年・弘化三年の御救小屋設立に関しては一四・一五編、清文堂、昭和五五年復刻にも各々収録。さらに、非人小屋創立当初の医者については、池田仁子、前掲(1)(ク)三八頁参照。なお、これらに関連し、本章では史料・史実に即し取り上げた箇所があるが、差別を容認するものではない。因みに、寛文~享保期の医療と救恤について、一部は『藩史料』五・六編にも収録。

(9)日置謙『加能郷土辞彙』(改訂増補、北國新聞社、昭和四八年)によれば、非人小屋は初め数棟、後に四五棟になったという。

(10)田中喜男編『定本　加賀藩被差別部落関係史料集成』明石書店、平成七年にも収録。

(11)丸本由美子「江戸期日本の乱心者と清代中国の瘋病者(上)―その刑事責任に関する比較研究を中心として―」〈『北陸史学』五九号、平成二四年〉、「同」(下)〈『同』六〇号、平成二五年〉。

(12)躋寿館については、富士川游、前掲(3)、日本学士院日本科学史刊行会『明治前日本医学史』一巻、日本学術振興会、昭和三〇年、三一頁参照。

(13)池田仁子、前掲(1)(ケ)。

(14)吉川弘文館編集部『日本史必携』吉川弘文館、平成一八年。日本学士院日本科学史刊行会、前掲(12)四四頁。

(15)池田仁子、前掲(1)(ケ)。

(16)医学教育・医師開業試験については、一部は『藩史料』一〇・一一編にも収録。

(17)宮本義己「近世の医療」(新村拓編、前掲(3)一一六~一一八頁)。

(18)池田仁子、前掲（1）（ケ）。
(19)池田仁子、前掲（1）（コ）。
(20)田中喜男編『定本　加賀藩被差別部落関係資料集成』明石書店、平成七年、三八〇・三八一頁。
(21)池田仁子、前掲（1）（カ）。
(22)金沢市立玉川図書館『金沢町名帳』金沢市図書館叢書一、平成八年。
(23)京都府医師会、前掲（4）一一四四頁。
(24)加能地域史研究会近世部会「岡部忠憲日記」『加能史料研究』一七号、平成一七年。
(25)軒数・人数は「角川日本地名大辞典　石川県」編纂委員会編『角川日本地名大辞典　石川県』角川書店、昭和五六年に依る。
(26)近世名古屋には五〇〇人以上の医者がいたという（岸野俊彦『尾張藩社会の総合研究』清文堂、平成一三年、三六四頁）。
(27)杉山章子「西洋医学体制の確立」（新村拓、前掲（3）二三五頁）。
(28)『藩史料』一五編、なお、天保期の医師開業については、部分的に同書に収録。
(29)朝尾直弘『都市と近世社会を考える』朝日新聞社、平成七年、九四・一〇六・一七八・三四四頁。
(30)濱岡伸也・袖吉正樹「町奉行と町役人」（金沢市史編さん委員会『金沢市史　資料編六』、金沢市、平成一二年、九・一〇頁）。
(31)『藩史料』八編、『新修七尾市史』一一、七尾市役所、四三頁にも収録。
(32)池田仁子、前掲（1）（ク）。
(33)中島町史編集委員会『中島町史』石川県中島町役場、昭和四一年にも収録。堀井美里「学問と教育」（『新修　七尾市史　一五　通史編』七尾市、平成二四年、池田仁子、前掲（1）（ケ）。

（34）『富山県史　史料編Ⅲ、近世上』、富山県、昭和五五年、一一四八頁。
（35）『藩史料』一〇編にも収録。
（36）一部は『藩史料』一一編にも収録。
（37）安政五・六年のコレラ大流行に関しては、一部『藩史料』藩末編上巻にも収録。

地方史研究協議会編『〝伝統〟の礎―加賀・能登・金沢の地域史―』（雄山閣、二〇一四年）より転載

第五章　藩老横山家の家臣と家族

―陪臣の分限帳と出生関係史料にみる―

はじめに

これまで加賀藩の陪臣の研究では、一部を除き、課題も多いように思われる。[1]こうしたなか、著者は藩老横山家に関して、加賀藩の陪臣として、横山家の重臣を中心に、その居住空間や社会的位置、役割、出産と医者などについて考察した。[2]

本章では、これまで触れてこなかった明治元年（一八六八）の横山家の分限帳と出生関係文書を取り上げ、陪臣と家族について、考察を深めたい。はじめに、元禄一五年（一七〇二）の家中の人数などとの比較を試みる。つぎに右分限帳にみる主な役職、与力などの行政方の役職、さらに、右分限帳の特徴や医者について、明治二・三年と比較検討する。さらに、横山家の出生規式について、関連する家族及び文書史料を紹介しながら、関連規式の概要を把握、出産と診察、御七夜祝などについて整理する。

このように、加賀藩の生活文化の一側面として、藩老の家族間の様相や家臣の役割などについて、一次史料の横山家文書から検証していきたい。

第一節　明治元年陪臣の「分限帳」

横山家文書の中には、明治元年・同二年・同三年の各「分限帳」が残され、幕末維新期頃の横山家における陪臣組織の概要がわかる。この内、表紙に「分限帳　辰ノ歳付」とあるのは、明治二年の「分限帳」中の個々人の年齢より推して、明治元年と比定できる。形態は綴葉装といわれる厚紙の冊子で、六八丁あり、一丁分に一〇人（半丁に五人）前後で、人名毎に短冊風の切紙が各々張付けてある。特徴的なことは、ほとんどの人名において、年齢や役職の部分に白絵の具での塗りつぶしがあり、乾いた部分に修正後の文字が記されている点である。下に透けて見える部分に注視し、修正前の個々人の年齢を見ると、初めはほぼ四年前の元治元年（一八六四）に記載されたものか、あるいは四年前のデータをもとに明治元年時点で、新たに修正を加えたものと解せる。

1　元禄一五年との比較検討と家臣の役職

つぎにこの分限帳に見える家臣団の所属・身分と人数は表1の通りである。なお、表1では、元禄一五年の横山家の身分別人数は、木越隆三「横山家臣団の形成過程」(3)によった。

因みに、加賀藩では藩主を頂点に人持組頭（八家）――人持組――平士――与力――御歩――足軽といった格付がある。陪臣にも家老――中小将・小将――歩――足軽――小者という格付がなされている。(4)横山家においては表1の家老役組頭を筆頭に以下、小将頭、平士、医者までの一二五人が給人に、奥小将組支配、御小将組の五一人は小将に、徒組・留守居支配は歩に、鉄砲足軽以下は足軽にそれぞれ相当するといえよう。ただ、身分上、与力を除いた家

表1　明治元年「分限帳」にみる家臣団数

<table>
<tr><th>所属・身分等</th><th colspan="3">人　　数</th><th colspan="2">元禄15年の人数</th></tr>
<tr><td>（与力</td><td colspan="3">11△（30）</td><td colspan="2">14）</td></tr>
<tr><td>家老役組頭
小将頭、平士
医者等</td><td>125</td><td rowspan="2">（120）</td><td>125</td><td>70</td><td rowspan="3">123</td></tr>
<tr><td>奥小将組支配</td><td>24</td><td rowspan="2">51</td><td>10</td></tr>
<tr><td>御小将組</td><td colspan="2">27△　（35）</td><td>43</td></tr>
<tr><td>御徒組</td><td colspan="2">23△　（30）</td><td rowspan="2">69</td><td>20</td><td rowspan="2">49</td></tr>
<tr><td>留守居組支配</td><td colspan="2">46　（30）</td><td>27
2（小算用）</td></tr>
<tr><td>鉄炮足軽組（含当分支配）</td><td colspan="2">86△　（100）</td><td rowspan="4">204</td><td>38</td><td rowspan="4">123</td></tr>
<tr><td>坊主組支配</td><td colspan="2">24　（15～16）</td><td>14</td></tr>
<tr><td>割場留守居足軽支配</td><td colspan="2">55　（40）</td><td>34</td></tr>
<tr><td>新組足軽支配</td><td colspan="2">39△（小人180）</td><td>19（弓足軽）
14（足軽）
4（厩組）</td></tr>
<tr><td>小計（与力除く）</td><td colspan="3">449 △（550～551）</td><td colspan="2">295</td></tr>
<tr><td>御奥惣女中</td><td colspan="3">29</td><td colspan="2">47</td></tr>
<tr><td>総計</td><td colspan="3">478</td><td colspan="2">342</td></tr>
<tr><td>（馬</td><td colspan="3">8疋）</td><td colspan="2"></td></tr>
</table>

老役より小将組までは直臣の藩士でいう平士身分に当たる。この区分をもとに、表1では、明治元年の各人数について、元禄一五年の分限帳の身分別人数と比較し、明治の方が多いものを四角で囲んだ。つまり、平士・御徒・足軽の括りの中では、明治維新期の方が元禄期に比べて多く、特に足軽の数は八〇人程多い。ただ、細かくみると明治元年では、主君及びその一族の側に仕え雑用を担った小将組や奥惣女中の数が減少していることがわかる。人数欄の（　）内の数字は、横山家文書における盤石な理想的必要概数を示した文政六年（一八二三）の「惣御家来数大法」（以下、大法と略称）中の数である。また、△印は明治元年の人数が文政六年の必要概数より少ないものを示

している。これに当たるのは、与力や鉄炮足軽などである。詰まるところ、横山家の家臣数の必要概数について、文政六年では五五〇人とし、明治元年段階の実数では四四九人であるゆえ、望ましい人数より一〇〇人程少ない家臣数である。

また、明治元年の新組足軽は維新期に他に属さない新規のものとして設置されたのであろう。明治二年の分限帳では「割場附新組足軽」として四一人が記されている。これは文政六年の大法には記載されておらず、ここには小人一八〇人が代わりに記されている。この小人は小者ともみられるが、元和期に一一八人の小者の記載があるが（「横山家武功書上」）、元禄・明治ともに横山家の分限帳には略されている。ともあれ、与力や小者を除いた明治元年の家中の総人数は四七八人で、元禄一五年より一三〇人余多くなっている。藩の重臣には石高相応の小者（武家奉公人）がいたことを考えれば[5]、横山家にも実際には幕末維新期に一二〇人以上の小者がいたものとみられ、総勢六〇〇人を越える家中がいたのではなかろうか。なお、横山家文書の文政六年の大法では、「頭分以上平士」の箇所で、「御与力三十人相加」えれば「三万石之丸御軍役百五十騎」に成ると付け加えている。つまり、表1の与力より＝＝＝で示した奥小将組支配までの部分が騎馬人数に数えられている。

以上の所属・身分の家臣が平時にどのような行政上の仕事をしていたかなど、明治元年の分限帳に見える具体的な役方の諸職について、表1の明治元年の部分をさらに詳細に見ると表2のようになる。

表2　明治元年「分限帳」にみる主な役職

所属・身分・家格	主な役職（兼職）	人数	禄高	年齢
与力	壮猶館入用方御用本役、公事場附御用、石川門御番入、会所土蔵前御番入、御席留書并御城附御用兼務、竹沢御庭方并蓮池御用、巽御殿裏門番等	11	二〇〇石～一〇〇石	60～26

家老役組頭		4	五〇〇石～二三〇石	65～47
組外支配 小将頭 御徒頭	御用人、勘定役、鷹方用事、鉄砲・薬奉行、近習頭御次廻省略方	8	二三〇石～一〇〇石	69～25
鉄炮足軽組	武具奉行、勘定役、長囲炉裏之間詰、御間奉行、宗門改役	5	一五〇石～一〇〇石	63～49
奥小将組支配	御手回役、武具奉行	2	一二〇石・七〇石	50・26
留守居組支配	近習頭、御次廻省略方等	2	一五〇石・一一〇石	43・34
坊主組留守居 足軽支配	御城方御用、奥御用聞役	2	七〇石・六〇石	72・67
新組足軽支配等	近習頭、御次廻省略方	3	一三〇石～三〇石	42～32
大横目	大横目	1	七〇石	57
頭分	割場奉行、地方奉行、御馬奉行等	3	八〇石～金一五両	57～41
	隠居人	1	二人扶持	65
平士	御使役、納戸役、公義御用書写方棟取、左右御駕添役、御乗役、組才許并勤方役、御城方御用、式台取次役、奏者番役、城中御使、御荷用役、割場奉行、地方奉行、御馬奉行、作事奉行、御台所惣縮方役、土蔵奉行、祐筆役棟取、幾久馬様近習、靭負様近習、医師、茶堂役	110	二〇〇石～六人扶持	67～15
	勤仕御免、隠居人	3	七〇石～二人扶持	70～67
奥小将組	給仕役、近習、御次詰、納戸役加人	24	一五〇石～二人扶持	27～12
御小将	横目、武具方下役、祐筆役、収納方、靭負様近習、金銀小払役、御厩横目、式台番、幾久馬様御附、茶堂役見習、画師御次詰	26	二二俵二人扶持～金一両三分三朱	70～17

	勤仕御免	1	一九俵二人扶持	78
御徒組	小頭役、大工棟梁、幾久馬様附定加人、料理方、中御式台詰、御用所留書役	22	一五俵三人扶持～一二俵二人扶持	63～20
	勤仕御免	1	一七俵二人扶持	73
御留守居組	御衣服役、武器方縫物御用、小頭役、厩横目定加人、小算用役、組横目、式台張附定加人、料理方、弓矢奉行、中式台増詰、幾久馬様御附定加人、下屋敷引越番人、鉄炮薬奉行、中式台詰、買手役、靫負様御附定加人、御大工所作見習、御用所留書役、壁方・露地才許、具足師、御城代方御用書役、祐筆役見習、弓師、甲冑師、桶方細工見習	46	一七俵二人扶持～八俵二人扶持	64～16
鉄炮足軽等	割場小頭、割場浮役、武器方下附、組横目、相場横目、小者頭定加人、鉄炮奉行下附、裏門番、作事門番、鉄炮金具師、表門番、表小頭、外破損大工、鉄炮張御用所下仕、表小頭所定加人、柵門番、靫負様附坊主、御次横目足軽、御供押、飼料才許、内輪杖突、家具才許、内作事門番、紙細工師、式台定番、桶師定役、御櫛役、御居間坊主、御次留書役、幾久馬様御附、掃除役	85	二五俵～金一両一分一朱二人扶持	69～15
	勤仕御用捨	1	一八俵	72
坊主組	小頭役、掃除役、幾久馬様附坊主定加人、御櫛役、御次坊主見習、御居間坊主	24	金三両三朱二人扶持～一両一分一朱二人扶持	57～8
割場御留守居足軽	小頭并小者頭、割場浮役、弐番丁町口木戸番人、裏門番、下屋敷引越杖突、掃除方、穴生方、御作事門番、桶師、靫負様附坊主并御櫛役、御内蔵引越番人、奥附足軽、畳刺	53	金二両一分二人扶持～一両三朱二人扶持	69～13
	勤仕御用捨	2	金一両二分二朱二人扶持	86・84

新組足軽	小頭	39	金二両一分二人扶持～一両三朱二人扶持	59～31
奥惣女中	年寄女中、中臈、御筆、仕立、御櫛、御近習、御児小将、靫負様・幾久馬様仕立、奥方様附年寄女中等	29	一八俵～銀五〇目	63～43
〈馬　栗毛、黒毛、青黒毛〈羽州・能州産〉		8疋		11～5〉

一人扶持は一石八斗（一日男子五合×三六〇日）、一俵は玄米五斗入り、米価は四三四匁、銀一匁は銭一〇〇文、銭四貫文（明治二年九月五日より一〇貫文）は金一両程である（『近世地方史研究入門』『加賀藩史料』幕末篇　下など）。

表2で禄高をみると、与力・家老役組頭より平士まで、あるいは奥小将組までの者は、知行取りの給人で、家中において上位の家格を有していた。つぎに奥小将を含む場合もあるが、ほぼ御小将組・御徒組・留守居組・足軽組は切米取りで、二人扶持等といった扶持米が併給されることもあった。また、表2でも明らかなように、足軽や軽輩の者は給金・給銀取りの者もいた。(6)

2　与力の地位と役割

ところで、与力とは戦国期の大身譜代の備頭（戦闘集団の先頭部）に組合せて、その采配に従わせた新参の直臣であった。江戸期には次第に陪臣化していく傾きもある。しかし、横山家の分限帳の冒頭部に記された与力は、家老職より小禄で、これより先に記載されるなど、横山家家臣（陪臣）とは若干異なる。別格の要素を有し、直臣と陪臣の中間的な独自の地位にあったともいえよう。(7)こうした与力の平時の行政方での役職をみると、壮猶館や石川門、竹沢御殿や巽御殿の門番など、藩の施設に直接関わる役割を担っていることがわかる。例えば、壮猶館入用方御用の三輪良次郎（二〇〇石、五五歳）、公事場附御用定役の杉安右衛門（一八〇石、五〇歳）、石川門番の北川七十郎（一八〇石、四九歳）、竹沢御庭方并蓮池御用の伴鉄五郎（一三〇石、五〇歳）、巽御殿裏門番の安田和左衛門（一二〇石、年齢不詳）などが見える。また、年齢や家柄等によって多少の差異はあるが、小将頭等は行政面では御用人や勘定方等に、また、鉄炮足軽頭や奥小将組支配に所属の者は、武具奉行等様々な役職に就いている。全体的には家臣団の中で、平士以下、足軽に属する者がもっとも多く、城代方御用や作事奉行等の諸奉行、祐筆といった細々種々の役職に当たってい る。事例を挙げると、坊主組留守居足軽支配の加々井和大夫（七〇石、七二歳）は、横山家の当主隆平が務めた金沢城代付の書記官ともいえる城代方御用を務めている。平士の中で同役職にあった者に、荒木助三（一〇〇石、四五歳）、山北久平（八〇石、四〇歳）、中条恒之丞（七〇石、五四歳）、屋後幸左衛門（六〇石、五一歳）が見える。同じく平士の内、御城中御使の職には、依田平馬（一〇〇石、三九歳）、堀鉄太郎（八〇石、二六歳）、結城覚之丞（八〇石、五六歳）、寺本篤次郎（七〇石、四九歳）、徳田千之助（七〇石、五一歳）、加納勇左衛門（七〇石、四七歳）、吉川新右衛門（六〇石、四七歳）などがいる。この他、割場留守居足軽支配下に属する中宮次兵衛（金一両二分二朱　二人扶持、二九歳）は、穴生方として城の石垣修理の職に当った。なお、年齢をみると、七〇歳以上では、ほぼ隠居するか、または勤務を容赦されている。若年層では八歳及び一〇歳代の前半からの者も坊主組・奥小将組などに若干名加わっていることがわかる。

3　奥女中と馬の記載

このほか、分限帳には、惣奥女中として年寄女中・中臈・御筆・仕立・御櫛・御児小将・御次者・端者等二九人の女性の名も記されている。例えば「拾五俵　壱人下女扶持、年寄女中、歳四十三、岩井」とあり、表向きの侍達と同様、禄高・役職・年齢・名前が一人一人記されている。禄高のもっとも多いのは、年寄女中休息人の花野という女性で、一八俵を給されている。これら女性達の年齢は、六三〜四三歳と比較的高年齢である。これは分限帳で明らかなもののみを取り上げたもので、実際には奉公する若い女性達も少なくなかったものとみられる。因みに最高齢の六三歳の久田は一五俵、壱人下女扶持で、横山蔵人（政和）奥方付の年寄女中と見える。

ところで、羽州最上や能州鳳至郡産で、東雲・総角・青嵐・三芳野・初雁・追風・浮船といった名の馬八疋も、生産地や出仕の年月日、毛の色、年齢・たてがみの長さが一筆毎に書上げてある。例えば「能州鳳至郡出生、慶応二年寅七月廿八日被為繋、青嵐、鹿毛、六歳、長尺六寸」とあるのがもっとも大きな馬である。このように、分限帳には女性の名前や馬の名前まで記載する例は珍しく、特に武士にとって馬が如何に大事であったかがうかがわれる。同時に奥女中も横山家の私生活を支える上で重要であったことなど、大変興味深い。

4　横山家御家中医の検討

横山家の家臣の内、平士に属する医者について触れておきたい。近世の医者は、前述のように、騎馬人数の中に組み込まれている。また、他の横山家文書を見ると医者と軍粧、軍事の関わりを少しく知ることが出来る。例えば、家中の医者五人の内、三人は戦時には出陣し、残る二人は留守居とされた（横山家文書、文政五年「出陣之人数当時家来在高引合積」）。この二人は「本道・外科・針治ノ三人」をいい（横山家文書「自分知軍役人数積」）、出陣の際の医師などは「備之時ハ御馬之所ニ可備」とされた（横山家文書、文政五年「御当家御軍粧調理留」）。このように医者は戦時には負傷兵の手当に当たるため、重要な役目を担っていたことが推測される。

ところで、文化八、九年の金沢の町名帳(8)に見える横山家の医者を抜出すと、津田随分斎が下提町に、森良斎が十間町に、森専太郎が四丁壱番町に、岡部玄竹が石引町に、伏田元幹（元監、博厚）が袋町に住み、同じ家中の医者でも

表3　明治元年「分限帳」にみえる医者

人名	禄高	年齢	出仕年月	相続年月	文化期	明治2年	明治3年
伏田元幹	80石	46	天保14年12月	慶應4年7月	○	○	×
津田随分斎	60石	20	文久2年8月	文久3年8月	○	○	×
伊藤玄長	10人扶持（18石）	32	安政5年12月	文久元年正月	×	○	×
石川見斎	7人扶持（12.6石）	39	嘉永6年12月		×	○	×
岡部慎斎	7人扶持（12.6石）	28		文久2年12月	○	○	×
森　賢造	6人扶持（10.8石）	26		慶応元年7月	○	○	×
清瀬元柳	6人扶持（10.8石）	32	安政5年12月		×	○	×

各々異なった町に点在していた。これら五家は、明治元年分限帳にも見え、表3に示したように、ほぼ幕末維新期まで横山家の医者として存続する。

表3で、文化期の○×印は、先の文化期の町名帳に見える医家としての有無を示す。すなわち、明治元年には、文化期になかった伊藤・石川・清瀬の三家が加わっていることがわかる。また、明治二年・同三年の欄の○×印は、各々の年の分限帳における記載の有無を示す。したがって、明治元年の伏田・津田・伊藤・石川・岡部・森・清瀬の七人の医者は、翌二年も同様に横山家の医者として存続した。しかし、明治三年の分限帳には、医者の記載が全く見られない。これは、明治維新の職制の変革により、前年までの七人の医者は解職されたことを示している。とはいうものの、伏田元幹や石川見斎の場合、明治三年横山隆平の長女茂樹出生時の主附を拝命するなど、同家と深い関わりを持つこととなる。なお、文化期の岡部の住まいは石引町にあったが、近世中期から幕末期の景観を記す横山家の下屋敷図の中に、岡部慎斎の名が見えている。

第二節　出生関係史料にみる家族と家臣

1　規式と略系図

横山家文書の中には同家の子女、隆貴・隆平・茂樹のそれぞれの出生・出産に関する史料があり、その中から関連規式の概要について紹介したい。ここでいう規式とは、旧来定まった、人の行うべき道としての礼法をいう。すなわち、横山家文書における出生関連の規式は、懐妊・着帯から御色直までの諸々の儀式のほか、各祝における家族・一門などとの間の進物の授受、家臣等への金品の下賜等をも含む。特に、近世武家社会は規式や伝統に則して先例を重んじつつ、実施に当たって、時には臨機応変に、若干形を変えることもあったが、原則的にはそれを踏襲した。しかし、明治期に入ると、社会の変革や諸制度の改革に伴い、旧来の規式は簡略・省略化される傾向の中、各々執り行われた。なお、ここで関連する横山家の人物について、略系図をつぎに示した。数字は当主の代数で、太字は本章で取扱う出生児である。

図1　近世後期横山家略系図

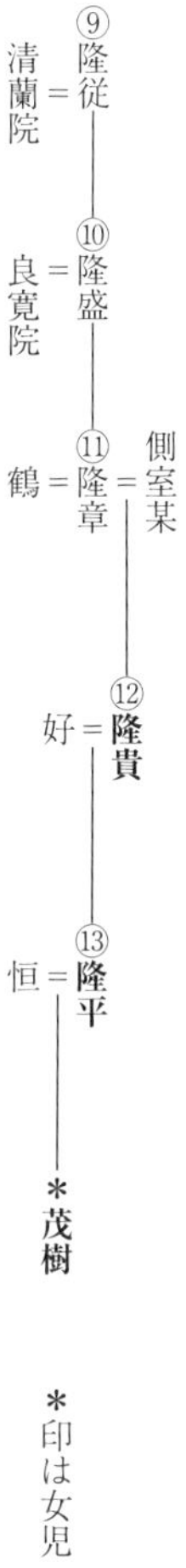

2　史料紹介

A「三郎様御出生ニ付御七夜御祝御用留」（文政一〇年一一月、袋綴七二丁）

横山隆貴は文政一〇年（一八二七）一一月一三日、金沢城代を務めた隆章（一八〇五～一八六〇）と側室某（前田土佐守家臣浅尾氏娘）との間に生まれ、直ちに「奥様方御養子」となった（横山家文書「御家譜等并御同姓系図草稿」「三郎様御出生ニ付御七夜祝并御一門様方等江御案内紙面等留」）。その時の御七夜祝に関するものがこの史料で、「伺紙面」「御産衣等絵図」「（金）銀等切手」「御大小等拵付」「書通□書抜［　］」「［　］御結伺等」「□覚書」とあるように、内容毎に見出しが付けられている。その主な内容を示すと、次のようになる。

表4　「三郎様御出生ニ付御七夜御祝御用留」の見出しと主な内容

見出し	主な内容
伺紙面	夫婦夜会の献立、御産髪規式の御飾り、御七夜の御膳、御七夜家族間進物、幼名選定と規式担当、家臣等へ御祝金下賜など
御産衣等絵図	御名謹呈、御進物目録等略絵図
（金）銀等切手	家族間進呈祝金、家臣・穏婆へ祝下賜金
御大小等拵付	御守刀、御守脇差の銘や付属品の色・形等拵付の覚
書通□書抜［　］	幼名、家臣の献上物、家臣へ吸物・御酒の下賜、御七夜祝儀式の覚、御産髪規式の作法、御買手へ諸品手配の覚
［　］御結伺等	長・奥村等他家及び松山寺・宝幢寺へ御祝の返礼など

□覚書	御用主附等各役職の申渡、夜会の御伽女中のこと、小児療養医師のこと、御七夜祝当日執行、家臣へ吸物下賜、一門や松山寺等より御祝の到来、返礼など

この史料の作成者は御用主附の高沢五左衛門（小将頭、御用人）で、内容は夫婦夜会のことや御産髪規式の御飾り、祝膳、幼名のこと、祝金と返礼のことなど、御七夜祝当日を中心に、その前の準備から後始末のことまで、伺・覚書・申渡等詳細に記録している。

Ｂ「三郎様御七夜御祝御用留」（弘化三年三月二三日、袋綴四八丁）

隆章の嫡男隆貴は家督相続するに至らず、安政五年（一八五八）に亡くなり、その後嗣と成ったのは孫の隆平である。隆平は弘化三年（一八四六）三月一七日、隆貴と好（一八二九～一八五九、横山隆則娘、遊仙院）との間に生まれ、のち金沢城代や金沢城番を務めることとなる。この史料は隆平の出生に関するものである。その主な構成は、初めに弘化三年三月一八日～二五日までの書状・伺・覚書の写が記されている。さらに月日が無記載で箇条書きの「品々覚」が、最後に三月一八日から二四日までの「口達覚」がそれぞれ記述されている。具体的には、前代の隆貴出生の時と同類で、御七夜における夜会、御産髪規式、幼名謹呈、御七夜祝献立、御守大小御拵附、進物飾附規式、家臣・穏婆等への御祝下賜などにつき、御用主附の太宰孫助（御用人、のち小将頭）が記している。

Ｃ「御奥様御産向留帳　外ニ御道具等調理帳副」（明治三年、長帳一五丁）

これは、隆平と恒（奥村栄通娘）の第一子として生まれ、成長後は前田土佐守家に嫁し、前田直行夫人となる女児、茂樹の出生に関する留帳。御用振向を務めた堀内素入によるものである。表紙の袖に「明治三庚午年正月廿八日御着帯御祝、七月七日朝六半時御安産　御女子様御出生、御七夜七月十三日御当り之所、表向御祝方御枕直与被為兼、八月朔日御祝也、御名茂樹様与被為称候事」と記されている。この留帳は他の一紙物及び冊子物等一連の文書とともに

表5　出生諸祝の史料記述の有無

出生児	出生年月日	着帯祝	御七夜祝	枕直し	御色直
隆貴	文政10・11・13	×	○	×	×
隆平	弘化3・3・17	×	○	×	×
茂樹	明治3・7・7	○	○（内祝）	○（兼表向七夜祝）	○

「御産御用諸事留等入」と記載された袋に入り残されていた。一紙物等の文章は素入と在西京の同人嫡子勘左衛門との間の伺・申渡に関する往復の継添書簡や出産入用品目録等である。すなわち、先の隆貴や隆平関係史料は御七夜祝が中心であったが、茂樹に関する出生関連の様々な動向がこの留帳等でうかがわれる。例えば表5でも明らかなように茂樹の場合、留帳を中心として産前・産後を通した日々の出来事、節目毎の御祝の様子を知ることができる。

3　各種出生関係規式

このように、出生関連の節目毎の状況を右の三人の事例で、すべてみることはできない。先に示したA〜Cの残存史料から産前・産後の各祝の記述の有無を○×にて一覧表にすると表5のようになる。

以下、先に掲げた史料をもとに、横山家における懐妊から「御色直」までの産前・産後の出生関連諸規式の概要について、表5で示した○印の出生を中心に紹介する。

①懐妊・着帯祝規式と出産準備

一般的に妊娠五ヶ月目に入った最初の戌の日に腹帯を付けるが、その規式が着帯祝の規式である。明治三年出生の茂樹の場合、その五ヶ月半程前の一月二六日に医師の診断により、懐妊が明らかとなり、医師伏田元幹・石川見斎が主附を拝命。この両名及び「御用懸」りの家臣は、二八日着帯祝の規式に上下着用にて出席する。当日の規式はつぎのように執り行われた。

☆御前（隆平）より奥様（恒）へ帯一筋、御肴一折（鯣三把）、御樽代一〇〇疋が、逆に奥様よ

表６　明治三年着帯祝下賜金一覧

下賜金銭	銭換算（貫文）	人名、役職等
金100疋	2.5	伏田元幹（医者）
同	同	石川見斎（同）
金200疋	5.0	穏婆
銭700文	0.7	同人下女
金100疋	2.5	岩井（年寄女中）
金２朱宛	1.25宛	平女中２人
銭500文宛	0.5宛	御次者等２人
銭200文宛	0.2宛	袋持、板前、御買手小遣等兼勤８人

銭換算は金1両につき銭10貫文として計算した（『加賀藩史料』藩末篇下、明治二年九月五日条）。

り御前へは御結（返礼）として御肴一折がそれぞれ進呈された。前々の進物授受は使者を以て行ったが、今回は双方とも「御直」で成された。

☆穏婆へは御奥にて料理一汁一菜、吸物、酒が、奥女中へは小豆飯がそれぞれ振る舞われた。

☆安産の祈祷はそれまで宝幢寺が担当していたが、今回は妙応寺へ依頼し、祈祷料金は一〇〇疋とする。

☆胞衣刀《えながたな》（臍帯《さいたい》等を切る竹刀《たけがたな》）等は従前は奥御用達主附より献上したが、今回は素人が買手懸りと相談の上、用意する。

☆祐筆小算用役等は前々は主附御用の役目であったが、今回よりは御家司である勘定役が務めた。

着帯祝の各人への下賜金は表6の通り成された。すなわち、穏婆が最高額の金二〇〇疋で、銭換算五貫文である。つぎに多いのは、医者と年寄女中で、ともに金一〇〇疋、銭換算二貫五〇〇文である。このことから、着帯規式における彼等の役割が重要であったことが推察される。このほか、平女中や穏婆の下女や御次者・袋持・板前・御買手小遣等も金二朱、あるいは銭七〇〇文、五〇〇文、二〇〇文というように、それぞれ下賜金を拝領し、着帯規式に関わったものとみられる。

着帯から一ヶ月半後の三月一二日には御産用御拵品につき、奥土蔵等の在庫を調べ、白布等不足の品は御買手方や年寄女中の岩井と相談の上、胞衣桶《えなおけ》・提《ひさげ》・おり桶・掻笥《かいけ》の手配がなされた。さらに、医者と相談し、安神丸等の常備薬も準備された。また、乳付人として家臣の中から、小国主馬（二七歳、明治元年では一三〇石、御納戸役等）の妻と真田要人（三六歳、同年では六〇石、御近習詰）の妻の二人が選ばれた。出生児の介抱人は女中の兼務となり、子守を主としたとみられる乳母奉公には、石川郡末松村長右衛門娘しゅんが決まり、乳母座の越中屋こん及び車屋清兵衛の取持ちで、乳母奉公請合状も調えられた。

②出産と診療

六月二四日奥様が「御産月」に入られた故「何時御催」になられても良いよう、医者等への「急速」の使者の手配が成された。七月七日暁六つ時（午前六時）頃より兆しがあり、穏婆と医者二人が呼び寄せられ、六つ半時（午前七時）前、ついに女児誕生となった。安産の末、母子「御両方様共御丈」「御達者」の診断が下され、横山家中へは勿論、産婦恒の実家、藩老、奥村栄滋（恒の兄）方へ吉報が届けられた。直ちに当日同家の御手医師石川元隆、翌日同じく関周之進が、さらに翌々日には同家の元医師生柴元春が診察に訪問する。

名前は出生前、隆平より女児なら「環」か「茂樹」か、奥様にお任せとの仰せが有り、「茂樹」に決定。乳母座へ取切銭も渡された。素入は小児の薬、紫園・「蛇香」を手配し、在西京の勘左衛門へ来るべき御七夜祝の相談を早便で送っている。

③御七夜祝の諸規式等

近世武家の出生関係史料は、御七夜祝関連の留帳や文書類に集約されているようにさえみえる。これは当時出産・出生が母子にとって、生命の危険を孕んだ大事業で、なお産後の七日間は特に注意を要する期間であった。母子ともに健康で迎える御七夜の意義が大きかったことを物語っているといえよう。それゆえ、御七夜を祝う様々な規式が礼法として、代々執り行われたものとみられる。

（イ）家族間の進物授受

隆貴出生の場合は、御前（隆章）より近習頭が使者となり、小児へは御守大小・御産衣・御守袋、御肴一折（鰑九把）、御樽一荷が、同じく奥様（鶴、本多政礼娘）へは御肴一折（鰑七把）、御樽代一〇〇疋が各々進呈された。また、奥様よりは、奥御用聞をもって御肴一折（鰑七把）、御樽代一〇〇疋が、同じく御前へは御結として、御肴一折（鰑七把）が各々進ぜられた。さらに、清蘭院（先々代横山隆従妻、天保五年没）及び良寛院（先代隆盛妻、同十年没、横山家文書「高運院様御続書」「良寛院様御三十三回御忌御法事留御兼合桃嶽秋栄様御百回御忌」）からは、奥御用聞をもって、小児及び御前・奥様夫婦へ各々御肴一折（鰑七把）が贈呈。一方、御前・奥様夫婦より御結として、清蘭院・良寛院へ御肴一折（鰑七把）が進呈された。

つぎに弘化期の隆平出生時は、祖父隆章が当主（御前）で、その近習頭が使者となり、小児隆平へ御産衣一重、御肴一折（鰑七把）が、また、小児の父母である隆貴夫婦へは御肴一折（鰑七把）、御樽代一〇〇疋が贈られた。逆に御結として、隆貴夫婦より御附頭をもって御肴一折（鰑七把）、御樽代一〇〇疋が進呈された。また、小児隆平の叔母（御文・御鈔・御竜）・叔父（外茂丸）よりは奥御用聞をもって隆貴夫婦及び小児隆平へ御肴一折（鰑七把）が進ぜられた。その御結として、御附頭をもって御肴一折（鰑七把）が贈られた。その他、夫婦と出生児間等の進物授受は隆貴出生時と変わりなく執り行われた。

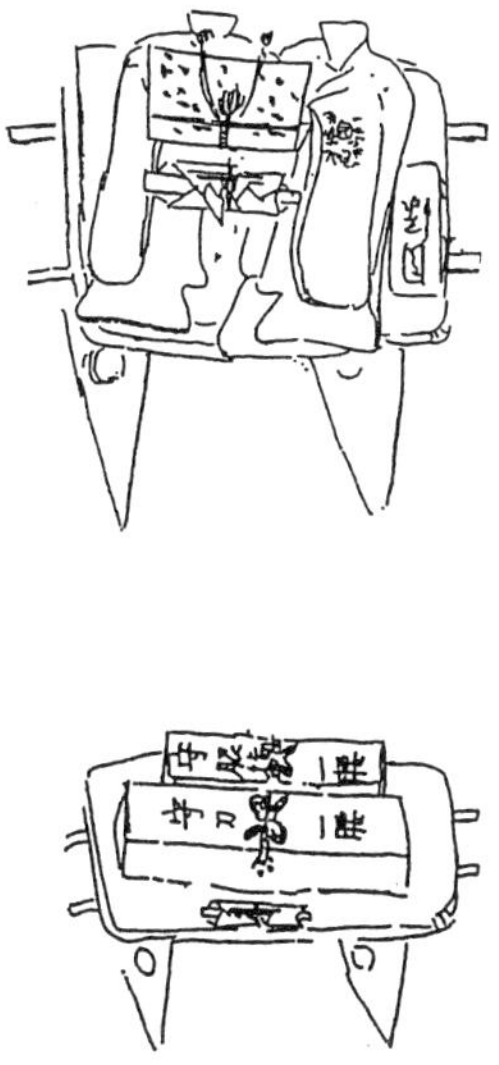

図２　出生児隆貴への進物

明治三年茂樹出生の御七夜祝は、十二代藩主前田斉広室真龍院の逝去により、先に内祝が行われ、表向の祝は後に「枕直」と兼ねて成された。この内祝の際も家族間で進物授受が行われたが、出生児からみた父母間の授受に限ってみると、先々代と先代では数量等殆ど変わらなかった。しかし、茂樹の御七夜は内祝という点を考慮したとしても、隆平出生時と比較すると、少し変化がみられる。つまり、父から母へ、母から父への御肴一折の鯣の束数がともに減少し、御結として母から父への御樽代が省略されているものの、父から母への上着（御産衣）料・樽代が増加している。鯣一把の値段が不明ではあるが、全体的には簡素化されている。維新期の急激な物価高騰、貨幣価値の下落が反映しているものとみられる。また、授受の儀式の使者についても、前年の明治二年まで存続していた家臣団は解体され、居残った家政・奥向担当の家臣が各々務めた点に相違がある。

（ロ）幼名選定と謹呈規式

近世後期の横山家の嫡男の幼名はすべて三郎を称する。隆貴出生時、当家家老の横山八兵衛（好察、五〇〇石）がその選定役を拝命した。御七夜当日、奥御用聞主附の長野信蔵が、御前隆章への謹呈の使者を務めた。すなわち、牡丹二ノ間で「今日吉辰ニ付御名被為撰被進候」と口上を述べ、目録等を渡し、御近習頭の徳田隼人をもって御聴に達した。

隆平出生時、家老は八兵衛の後嗣七郎兵衛（好之、八兵衛）が全体のまとめ役を務め、奥御用聞主附は高倉権太夫、近習頭は次右衛門であり、彼らは前代とほぼ同様各々の役目を担った。

茂樹の時は、御名は隆平の案に基づき奥様が決定した。その謹呈の儀式の使者は素入自ら御奥に罷出、口上を述べ、年寄女中を介し、披露と成った。

（ハ）御産髪垂規式

御産髪垂《おんうぶげたれ》とは、出生児の頭髪を初めて剃ることで、産剃《うぶそ》り髪垂《かみた》れ・御初髪垂れなどともいう。隆貴出生時の規式について、長野信蔵と宮崎吉平がその任に当たり、御剃刀二挺、御挟二挺、陰陽之刀（木刀）・御産髪包・御臍帯包・熨斗・南天之葉・根引松・ゆづり葉・昆布・紅唐紙が木具足折に二飾り徐々に準備された。なお、この長野信蔵は「奥御用聞主付」を命じられ、金二分及び「御初髪規式勤」として金一分、合計金三分を御七夜祝及び功労として下賜される。一方、宮崎吉平は、同様に「御初髪垂」の功労により、四匁三分の祝銀を拝領している。

つぎの隆平時の担当は、高倉権太夫及び御櫛役として、前代に引続き宮崎吉平が務め、規式の次第書は認方御用の中嶋左兵衛が調えている。また、規式には予め宝幢寺に都合を問合せ、同寺の僧も立会いで四つ時（午前十時）に行われたものとみられる。茂樹の時になると、御七夜当日、素入・宮崎吉平が中心となり、御奥の居間で「御都合能相済」ましている。

図３　隆貴出生時の御産髪垂規式御飾り

④枕直と胞衣納等

出産における「枕直《まくらなおし》」とは、産後二一日頃に産婦が床から起出し、ほぼ通常の生活に復すること、またはその祝をいう。茂樹の出生は七月七日で、同二七日が相当日であるが、前述のように藩主家の忌中のため、八月朔日御七夜の表向祝と兼ねて行われた。表向御七夜祝としては、御郷（卿か、隆貴か隆平の姉妹か）様や産婦恒の実家奥村家へ赤飯・鯣・生肴が贈られている。また、年寄女中の藤川は御七夜祝の献上物に対する

「御会釈」として、下賜金を拝領していることから、内容が単に返礼であっても、家族間や一門等武家同士の「御結」とは区別されていることがわかる。他に年寄女中の菊井や御郷様の袋持五人へ、さらに、平女中の三ツ嶋・松崎など九人のほか、小林儀左衛門（四〇歳、明治元年では鉄炮奉行下附并武器方磨物兼鉄砲台細工、一九俵）の母といった者たちは特に献上物を成した上、「御伽《おとぎ》」の骨折につき、御祝金を下賜されている。

つぎに、「枕直」の祝として、格別の骨折につき、年寄女中岩井、元中臈《もとちゅうろう》の瀬尾、近習二人、御次者《おつぎもの》、御指《おさし》乳母等二人、袋持八人、さらに穏婆や医者も下賜金を拝領したが、足軽へは差止となった。この祝には素入の差配により岩井らが使者となり、御前より奥様へ目録をもって、御肴一折（鯣三把）が、逆に奥様よりその御結として、同様の内容で、授受が行われた。さらに素入へは「御産御用相勤、御都合能肥立」「御喜悦に思食」され、奥様より内々に金一〇〇疋が下賜され、家政の表向一統へも赤飯が振舞われた。同日御産神の田井社の御守札等につき、相談の末、一五日の代参とし、最花金一〇〇疋及び御札箱が手配された。

また、胎盤などを埋め、出生児の健康を祈るという胞衣納《えなおさめ》の規式につき、当月二六日が庚申の吉日ゆえ、この日に戌亥（北西）の方角へ向け行うよう、奥様御居間の床下へ納めることになった。ただ、その方法は「前々御手重之御作法も今度相省」、素入までは上下着用、棟梁戸破に代わり、足軽小頭林一木（四一歳）と手伝の御小人一人に務めさせることとなった。さらに、胞衣桶御用として、五斗《ごど》土器《かわらけ》（三度入りという普通の杯より二回り大きい杯）・重石が御買手方へ相談の上、追って各々用立てられた。なお、胞衣納に関し、古くは胞衣そのものが胎児・出生児の分身とみなされたり、胞衣納の日を吉日に選び行うなど、中国や我国の古代以来の伝統が指摘されている。(9) なお、近世江戸を中心に武家地や町地で胞衣処理の遺構が確認されており、胞衣用の土器は直径一八～二〇センチ前後という。また、重石は納終えたのち、虫や犬等に荒らされないようにするため、用いたものとみられる。(10)

このほか、来るべき「御色直《おいろなおし》」につき、御召物の相談をしたり、御懸盤（祝膳足付台）につき、在合せの品に陽の縁起をかつぐため「御紋裏桜朱」色にするよう話合いが成されている。

⑤御色直

出産における「御色直」とは産後一〇一日目に母子ともに、それまで着ていた白小袖を脱ぎ、色物に替えること、またはその御祝をいう。茂樹の場合、閏一〇月八日がこれに相当するが、御日柄等により同一一日に御祝が成されることとなり、つぎのように決まった。まず、夫婦の祝膳も、奥女中への小豆飯も軽くする。乳付人へ前々は御肴を下賜したが、今回は「軽キ生肴」とする。御祝の言上は「当場等恐悦」を申上げず（表立って家臣は御祝を申さず、という意か）、素人までとする。穏婆や岩井・なみ（平女中）・瀬尾らは「格別之骨折」りにより、御指乳母・御次者両人へも合わせて祝金を下賜するというものであった。

おわりに

本章では、明治元年の横山家の家臣で、加賀藩の陪臣の分限帳を解析した。

藩士と同じように、陪臣にも家老から中小将・小将、歩、足軽、小者という格付が成されているが、横山家では、給人として、家老役組頭を筆頭に、小将頭、平士、医師がおり、奥小将組支配・御小将組は小将に、徒組・留守居組支配は歩に、鉄炮足軽以下は足軽にそれぞれ相当するものであった。また、平士、御徒・足軽の合計人数は、元禄期より多く、特に足軽の数は八〇人程多いことがわかった。さらに、与力や小者を除いた明治元年の家中の総人数は四七八人で、元禄期より一三〇人余多いことがわかった。因みに、小者も含めると、幕末維新期横山家の家中には総勢六〇〇人以上の者がいたものと推測される。

与力は分限帳の冒頭に記載されているものの、家老職より小禄で、純粋な横山家の家臣、すなわち陪臣とは異なり、別格の要素を有していた。この分限帳においても、いわば直臣と陪臣の中間的な独自の位置にあったことをうかがわせる。このほか、分限帳には、惣奥女中として、年寄女中・中臈・御筆・仕立・御櫛・御児小将・御次者・端者など、女性二九人の名前、及び扶持・役職・身分、年齢など、表向きの家臣と同じように記載されていることがわかった。さらに、馬八匹も分限帳の末尾に記載されており、特に武家にとって馬の存在が不可欠であったことがわかる。すなわち、馬についても、一匹ごとに名前、生産地、出仕の年月日、毛の色、年齢、長尺（たてがみの長さ）が記されている。このように、分限帳に奥向きに仕える女性や馬の名前などの記載があるものは珍しく、興味深い。

つぎに横山家の家中医について、明治元年の分限帳には七人の医者が記され、医者も軍事面において、騎馬人数の中に組み込まれていることは注目される。なお、文政六年の場合、家中の医者五人のうち、三人は戦時に出陣し、残る二人は留守居とされるなど、医者は戦時負傷兵の手当のため、重要な役目を担っていたことが推察される。

さらに、横山家文書のうち、出生関係史料を取り上げ、家族と家臣（陪臣）について考察した。すなわち、近世後期当家の子女の隆貴・隆平・茂樹（女児）の場合の着帯・御七夜・枕直・御色直といった各祝における家族の動向と家臣の役割、規式の具体的な内容について垣間見た。各祝の御用主附は、御小将頭で御用人クラスが務めたが、明治に入ると時代の変革や家中人数の激減などにより、出産関係の諸祝も簡略化の傾向にあった。しかし、同三年の茂樹出生前の着帯祝に医者・穏婆のほか、同下女・年寄女中・平女中、御次者、袋持・板前・御買手・小遣の各層に下賜金が給されていることから、懐妊を大いに祝うことに変わりはなかったものとみられる。

なお、近世武家の出生関係史料は、御七夜祝関連の留帳や文書類に集約されており、母子ともに健康で迎える御七夜の意義は大きかったことを物語っている。当時の武家社会において、出産が生命の危険を伴う大事業で、産後七日間は特に注意を要し、これを過ぎるとほぼ安定・安心できると理解されていたものと考える。幼名の選定は家老の役目であるが、こうした御七夜の御祝には、家族間の進物授受や御祝謹呈、御産髪垂の諸規式が執り行なわれる。これらには、当主や奥方、先代・先々代の奥方、産婦、叔父・叔母などの間で進物の授受が行われ、これらには近習頭や奥御用聞らが使者を務めた。

さらに、明治期の茂樹出生時の場合、産後二一日目の枕直や一〇一日目頃の御色直の祝における家族間の進物授受では年寄女中が使者を務めた。また、出産に関わり尽力した年寄女中や穏婆らにも御祝金品の下賜が行なわれた。

以上、横山家の分限帳及び出生関連規式にみる家臣と家族について考察したが、近年加賀藩藩主前田家や藩士、あるいは他の大名家の生活に関する史料や研究の報告も成されている[11]。今後新たな史料の発掘を含め、近世武家における出生・出産などの人生儀礼や生活史全般の解明・研究が期待される。

註

（1）加賀藩の陪臣の研究については、亀田康範「加賀藩の陪臣―人持組青山家臣団の構造―」（『北陸史学』一八号、昭和四五年）、同「加賀藩上層陪臣の存在形態―横山家中上田氏の性格―」（『石川県立郷土資料館紀要』一〇号、昭和五四年）、宮下和幸「幕末の加賀藩陪臣―前田直信の義父南保大六―」（加能地域史研究会編『地域社会の歴史と人物』北國新聞社、平成二〇年）などがある。

（2）池田仁子『金沢と加賀藩町場の生活文化』岩田書院、平成二四年、第一編第二章・第三章。

（3）金沢城研究調査室『金沢城代と横山家文書の研究』石川県教育委員会、平成一九年、四〇頁。

（4）石川県立歴史博物館『加賀藩士―百万石の侍たち―』平成一二年、一〇頁。
（5）木越隆三「横山家臣団の形成過程」〈前掲（3）〉。
（6）金沢市・前田土佐守家資料館『前田土佐守家資料館図録』平成一四年、八二頁。
（7）日置謙『加能郷土辞彙』改訂増補版、北國新聞社、昭和四八年、「与力」の項及び金沢市『金沢市史』通史編2、近世、平成一七年、二七九～二八〇頁。
（8）原本は金沢市立玉川図書館近世史料館加越能文庫所収。本章では刊本（同図書館『金沢町名帳』平成八年）を活用した。
（9）杉立義一『お産の歴史』集英社新書、平成一四年、一一九～一二一頁。
（10）江戸遺跡研究会『図説　江戸考古学研究事典』柏書房、平成一三年、二三六～二四〇頁。熊野正也ほか編『歴史考古学を知る事典』東京堂出版、平成一八年、三六二頁参照。なお、胞衣納の遺構等については、加藤克郎氏の御教示を賜った。
（11）金沢市『金沢市史』資料編3（近世一）平成一一年。磯田道史『武士の家計簿』新潮新書、平成一五年。江後廸子『大名の暮らしと食』同成社、平成一四年。彦根城資料調査研究委員会『武家の生活と教養』彦根城博物館叢書六、平成一七年など。

第六章　城下町の暮らしと医者

はじめに

近世の医者について、これまで医学史、科学史、蘭学・洋学史などの分野から研究がなされてきた[1]。加賀藩領内の蘭学史において、筆者は、蘭学者の来訪、出仕、蘭学入門者を検索することにより、化政期（一八〇四～一八三〇）頃までに領内へ蘭学が受容されたことを確認した[2]。また、暮らしの中における具体的な医者の活動・実務に関して、武家の出産における考察を試みた[3]。

本章では、城下町金沢・小松を中心に、加賀藩の人々の暮らしのなかの医療と医者について、蘭学学習者及びその周辺部分と町の暮らしの事例から諸相をうかがいたい。はじめに、医者と出産の関わりの事例を紹介する。つぎに寺家や金沢城造営における町方職人や作業員の治療・投薬について、また、町家の年中行事にみえる町人と医者との交流、町医者らの文人サロンなどにも触れ、諸相を垣間見る。最後に、「いろはガルタ」に見える医者に関連して、当時の医者の評価について考察する。全体を通して、各々の医方における和漢蘭折衷は否めない。蘭学周辺の個々の人物の掘り起こしといった基礎的作業が肝要と考え、これにも力点を置きながら、医者の実務・役割や意義を通して考察し、加賀藩領内の生活文化史解明の一助としたい。

なお、加賀藩領内の医者の種類について、基本的には藩医（藩主の治療中心の者、御匕）、藩の重臣などの家中医（手医者、抱医者）、町医、村医・藤内医などに分類される。[4] これらは例外を除き、一般的には、加賀藩から禄を給される藩医は寺社奉行に、上級武家などに召抱えられる家中医はその家の家老に、町医は町奉行に、村医・藤内医は郡奉行というように、それぞれの支配を受けた。ただし、近世後期、時代が下がるにつれ、家中医や町医・村医のうち、藩医となっていく場合も少なくない。多くの藩医は藩主の侍医としての務めを中心に、藩主一家の出産や病気の診療をも行ったことが、各家の「先祖由緒并一類附帳」[5]に散見されるが、本章ではこれに関連する記事の多くは割愛した。

藩医の禄高をみると、文化四・五年（一八〇七・〇八）頃では、横井元秀のように、高くとも四五〇石である。[6] また、例えば藩老の横山家の家中医であった森良斎（?〜一八四六、了斎・賢能。文化期金沢十間町に住む。文化二年相続、同年一二月五日和漢蘭折衷医の華岡青洲に入門、その塾春林軒の塾頭となる。藩校明倫堂「医学稽古指引」などに当たる。小松町医富沢敬斎の師）は、天保一三年（一八四二）一二月には外科兼帯の藩医となるが、給禄は一二〇石。藩医や家中医などは、他の藩士と比べ、一般に高禄ではない。おそらく一般的に医者は、診療・投薬を主要な任務とするため、藩主や主君の命に関わる政治的な問題を起こすとも限らず、御家騒動につながる可能性を孕んでいる面もあり、高禄を避ける配慮がなされているものとみられる。また、医学上における医者の分類では、藩医・家中医などについて、藩の規定や侍帳・分限帳などにより、格付の順に示すと、本道（内科）・針医・外科・眼科・口科などで、町奉行の支配を受ける町医はこの下に格付された。[7]

第一節　医者と出産

近世後期、武家の出産における家中医や藩医の活動の一例は、横山家の文書にうかがわれ、出生児一人に対し、同家の家中医が二～五人及び所縁のある藩医や妊産婦の実家の家中医ら一～三人が、医療スタッフとして、場合によっては胎児の時から診療に当たっている。[8]具体的には、天然痘の藩領内への伝苗に尽力した津田随分斎、華岡青洲の医塾の塾頭を務めた森良斎、川本幸民門下の津田淡々斎、小森桃塢門下の伏田元幹（三代続けて同名を名乗るが、ここでは博道・博昌の父子）、藩老奥村栄滋家の家中医で黒川良安門下として江戸で蘭学修業し、養生所御用を務めた石川玄隆などが横山家の子女の出産を担当した。

金沢の町家での出生について、亀田家（宮竹屋）の場合、町医や藩医等との関わりが見える（後述）。森下家では弘化二年（一八四五）女児が生まれ、医者や御伽を務めた者にぶり・鱠汁・酒等が振舞われた。また、石黒家では嘉永元年（一八四八）女児安産の前後に数名の医者が同家に御見舞物を贈呈する。このうち森良斎は「翁万十（饅頭）大袋一」、「おやき百十」、酒二升などを贈っている。[9]右の良斎（一八二七～一八七〇以降）は、藩老横山家の家中医から藩医になった森良斎の嫡子で、軍二・徳ともいう。二〇人扶持で、弘化三年相続、嘉永三年華岡鷺洲に入門し、同六年金沢城二ノ丸広式「御普請之節詰御用」、安政四年（一八五七）明倫堂医学講師、同五年金沢城「御本丸三拾間附壇御長屋御造営之節詰御用」、元治元年（一八六四）「敦賀表浪士数百人療養方御用」及び明治元年「越後路江出陣」治療方等を歴任する。

第二節　診療と投薬

1　藩医の金沢城造営医療の概要

多くの庶民や各種の職人がかり出された天下普請では、幕府の総奉行のもと、各藩から派遣された家老らが下奉行となり工事が行われた。明暦の江戸城天守台普請では加賀藩領内から一万人近くの者が動員され[10]、四〇〇～五〇〇人の怪我人が出たという[11]。城普請の際に、こうした怪我人や病人のために医者を配することは、熊本藩の文書にもみえ[12]、幕府をはじめとして、一般に行われていたようである。文化五年（一八〇八）金沢城の二ノ丸から出火し、城内は大火事となり、再建工事が行われる。この際、職人や作業員などの病気や怪我の診療に当たった蘭学関係の医者は、金子鶴村から「解体書」を借用し、京都に留学するなど蘭学を学んだ池田養中のほか、和漢蘭折衷の華岡医塾春林軒の門下に関わる、今井昌軒・南保玄隆などである。以下、この再建事業について、文化六年から翌年まで記載のある「御造営方日並記」[13]から紹介しよう。

池田養中（一七八〇～一八三五）は本道の藩医で、大工・木挽等の発病の手当に従事する。また、「御広式井戸方日用」の作業員（町人）が井戸掘削の際、上から鶴嘴が落ち、頭に怪我をしたため、外科の藩医黒川元恒とともに診療に当たっている。

外科の今井昌軒（?～一八三四。維政。一五人扶持の藩医）は材木コロガシの下に足が挟まって怪我をした者のほか、大工・木挽・屋根葺・町方日用（人夫）の診療を行っている。同人は、文化九年（一八一二）六月一五日華岡青洲に入門する。これに先立ち、同五年二ノ丸普請詰御用の任に当たり、天保三年までの間、本丸高石垣・学校・学校鎮守・金谷御殿といった金沢城の各所の造営普請御用を拝命し、作業中怪我をした職人などの診療に当たった。また、数回江戸詰となるが、文政三年（一八二〇）『今世医家人名録』には、「本（道）本郷五町目上邸　加州金沢　今井昌軒」とも見える。[14]

南保玄隆（?～一八三七、翼。一〇人扶持の藩医）も本道医師で、日用人足や大工の病気や歯痛の診療のほか、御二階より落下して怪我をした御対面所懸りの大工や疝積（胸腹が痛み痙攣を起こす）で難儀している木挽、穴より噴出する「気候」（毒ガス）に触れ、煩った町方丁場の作業員の手当てを行っている。また、玄隆は畳屋の小兵衛・七郎右衛門・平吉の三人の発病に対し診療する。さらに、外科の堀周庵とともに、拾間長屋下足代より落下した壁方請負人や楽屋多長屋代より転落した六人の怪我の診療を行った。なお、転落した六人の怪我人の内、三人へは治療代が藩から給付されている。さらに、玄隆が診療した町方大工や畳屋三人の病気に対し、診療の結果、作業を中止し、帰宅させる場合もあった。ところで、春林軒の入門帳中、安政二年四月二一日に入門する玄隆は、玄隆翼の曾孫玄隆定（?～一八五八）で、「先祖由緒幷一類附帳」に「同（安政二）年為勤学紀州江被遣、同四年五月紀州より罷帰」と見える。

このほか、元治元年（一八六四）金沢城造営に関わった御大工頭清水多四郎亮郷の嫡子で御大工御雇の新左衛門軌郷の怪我に対し、藩医森良斎（軍二）は、湯涌温泉への湯治を勧めている。[15]

2　金沢と小松における医療実務——瑞泉寺文書にみる医者と薬——

浄土真宗の触頭寺院である金沢瑞泉寺所蔵の文書の中には、明石柢（貞）卿、堀昌安、安藤鎌斎、小松の町医者富沢敬斎、同古曽部、同広田元順（須）など医者に関するもののほか、亀田伊右衛門・柄崎屋為三郎・小松屋古六・米屋与三次・坂屋和丞・白江屋与右衛門らによる薬種の通帳や服用覚、代銀請求書、同受取書、注文状など薬に関するものがある。[16] 右の明石柢卿（一八〇八～一八六二）は藩家老職今枝家の家中医で、初め古医方を学ぶ。誰に学んだのか詳細は不明だが、晩年に「紅毛医方」を講じている。なお、柢卿の養子明石元随は緒方洪庵の適塾の門下生である。柢卿による瑞泉寺の人々の診療に関しては、安政二年の「明石貞卿御見舞等日々覚帳」があり、これには煎薬や膏薬など日々の常備薬が記され、また、二月四日付「診察ニ付消虫湯ノ覚」なども見られる。

堀昌安は町医者で、嘉永五年（一八五二）には一〇人扶持の藩医となり、明治元年北越戦争に従軍する。弘化四年の亀田伊右衛門勝則より「堀様御調合所」宛ての「薬代銀請取覚」をみると、代銀が瑞泉寺→堀→亀田の順で渡され、請取書は逆に亀田から堀へ、堀から瑞泉寺に渡っている。瑞泉寺の家族が病気に罹り、堀昌安の診療を受け、堀が薬（種）を亀田から取り寄せ、堀の処で調合し、それが瑞泉寺へ渡ったものとも解釈できる。ここで医者と患者と薬屋との関係をみると、現代社会の処方箋のシステムの原形をみることができる。このほか、翌弘化五年堀昌安の「御薬通」などが見え、瑞泉寺のホームドクターの一人としての姿をうかがうことができる。また、堀の元に当時たまたま薬がなかったことも考えられ、単に堀を通して瑞泉寺が亀田から薬を購入したこともありえよう。同寺の大量の文書群の中には、現に亀田から直接紫雪などの薬を購入したものとみられる請取書が散見される。さらに、安藤鎌斎については不明だが、小松の京町に住む町医者の広田元順は、弘化二年一〇月一四日、華岡青洲弟鹿城による大坂の華岡塾分塾合水堂に学ぶ。[17] また、瑞泉寺文書中には辰九月一二日付の広田より到来した薬の袋が伝わっている。

ところで、同寺文書「道中小遣并ニ逗留中小遣等控」には、安政四年（一八五七）七月二九日金沢を出立し、小松に到着するが、その道中及び八月一日～九月二日までの逗留中、赤龍丹・紫雪（解熱剤）・竹茹（竹の青皮を取り去った肉で製した薬）・「せっこうとう」（石斛糖、強壮薬）・「ちんけいさん」（鎮痙剤）・「ばくもんとう」（麦門冬、咳止め・

痰切り・滋養強壮など）等の代金の支出などが記されている。すなわち、瑞泉寺六代達栄の婿養子となった小松本蓮寺教栄の息子大弐（瑞泉寺七代厳心）が、芳丸（同寺八代厳栄）や田賀という二人の子供と乳母らを伴い、小松の実家に帰る。御逮夜・御祭り・墓参りなどのため暫く逗留するが、彼らが病気になり、小松の町医者の診療を受けたことが記されている。その様子は「小松到着、芳丸病気ニ付、古曽部元仲江療養相頼、服薬致候ニ付」、「薬覚」として、右文書中に別記されており、具体的な内容について表1にまとめてみた。

表1　安政四年八月小松滞留中医者の来診と投薬

日付	患者			医者の来診		
	芳丸	田賀	ふさ（乳母）	古曽部元仲	富（留）沢敬斎	小林文叔
1	3貼			○	○	
2	3貼			○	○	
3	6貼	6貼 ほか粉薬1包（2日晩より発病）		○		
4	3貼	3貼 ほか粉薬1包	振出し3貼	○		
5	5貼 うち粉薬1包	5貼 うち粉薬1包	3貼	○（昼前1度 昼後2度）	○	
6	4貼	4貼	（4貼）	○	○	
7	4貼	4貼	4貼 ほか粉薬1包	○		○

8	4貼ほか練薬1具	4貼練薬1具	（3貼ほか粉薬1包）	○	○	
9	2貼練薬1具	3貼ほか練薬1具	（3貼ほか粉薬1包）	○		
10	2貼ほか練薬1具	3貼ほか練薬1具	（3貼ほか粉薬1包）	○		
11	2貼	3貼	（3貼ほか粉薬1包）	○		
12	2貼		（3貼）	○		
13	2貼	3貼	（3貼）	○		
14	（薬止め）			○		
15		3貼	（3貼）	○		
合計　煎薬116（原文は115）貼　粉薬9包　練薬6具				17度	5度	1度
				ほか小林笠之坊1度（日付不詳）		

瑞泉寺文書「道中小遣并ニ逗留中小遣等控」より。

表1では患者の「ふさ」は乳母とみられ、原文に「乳母」「うば」として記載されているものは「ふさ」の欄に（　）で示した。また、一五日は田賀のつぎに三貼に「同」とあり、人名は不記だが、乳母用とみられることから、同様に「ふさ」の欄に（　）で示した。ともあれ、八月一日から一五日の間、芳丸・田賀の二人の子供と乳母（ふさ）の計三人の来診に、古（小）曽部元仲・富（留）沢敬斎・小林文叔・同笠之坊といった四人の小松の町医者が関わったことが分かる。患者三人の一五日間に投薬された総数は、表中の合計欄に示した通り、煎薬は一一六貼、粉薬が九包、練薬

が六具であった。これらが前述の赤龍丹などの薬であろうか。

古曽部元仲は、和漢蘭折衷医の華岡青洲門下で多太神社宮司家出身の小松京町に住む古曽部庸蔵か、あるいはその養弟とみられ(18)、殆ど毎日、多い時は一日三回、合計一五日間、一七回、来診と投薬を中心的に行った。一五日間で治癒した子供二人と大人一人の病気であるゆえ、三人の病名は麻疹か、疱瘡であろうか。また、富沢敬斎(一八一五〜?)は、同町の医者富沢貞蔵の嫡子で、加賀藩家老職今枝家の儒者金子鶴村の孫でもある。江戸への遊学途上、越中高岡の高峰玄台(後述)方に止宿し、帰国後は森良斎(賢能、前述)に入門する。他の金沢瑞泉寺文書や小松町の「御用留」の中にもその名が見える。同寺の家人や小松泥町肝煎酒井六右衛門を「脾臓相塞之症」と診断し、近隣の能美郡梯出村組合頭長右衛門を診療したが、甲斐なく死亡した旨の診断を行っている(19)。小林文叔は小松の小林堅揚の三男で、緒方洪庵に嘉永五年(一八五二)初夏に入門していることが「適々斎塾姓名録」に記されている(20)。同人は小林笠之坊と所縁の医者とみられる。表中の小林笠之坊は、天明七年(一七八七)京、大坂へ遊学し、長崎のオランダ通詞吉雄耕牛の門人で大坂の児玉尚斎に「紅毛流」の西洋医学を学んだ。また、小松の郷校集義堂設立に尽力した笠之坊であろう(21)。

以上、瑞泉寺の三人が小松に旅行中発病し、当地の四人の町医者の来診・投薬による治療がなされた様子をうかがいみた。また、同じく瑞泉寺文書の同年暮一二月とみられる「瑞泉寺吉(芳)丸様・同乳母・御妹子様・同乳母之薬覚」にはつぎのように記されている。

瑞仙(泉)寺吉丸様

一、煎薬　　　　四十一服

一、粉薬　　五分ツ、

壱服

一、ねり薬　同

三欠（欠片）

同乳母

一、煎薬　廿九服

一、粉薬　五分ツ、

六服

御妹子様

一、煎薬　三十四服

一、粉薬　五分ツ、

四服

一、煉薬　同

三欠

同乳母

一、粉薬　五分

壱服

〆

小松（古）
小曽部

これは、瑞泉寺が常備する薬を婿養子の出身地小松の町医者古曽部に注文したものの書上とみられる。先の旅先での古曽部の診療からすれば四ヵ月後に当たる。ここでは、養子の出身地とはいえ、瑞泉寺においては金沢だけに止まらず、古曽部をはじめ、富沢なども含め小松の町医者との関わりも浅からず、ある一定の期間恒常的に多くの医者に罹った様子が推察される。

なお、石川郡粟崎村の木屋藤右衛門の診療について、先の富沢敬斎のほか、寛政九年（一七九七）の病死に際し、金沢の津田随分斎（一七四二〜一八一三。詳細は後述）ら五人の医者にも案内状が出されており、生前診療がなされたことが推測される。この津田随分斎の弟津田徳本〈雪庵〉は緒方洪庵の門下であることは『適々斎塾姓名録』で明らかである。さらに、金沢城造営の絵師梅田九栄の晩年の医療には、森良斎ら多数の医者が携わっている[22]。

第三節　町家の暮らしと医者 ——年中行事と履歴——

金沢の薬種商を営む有力町人亀田家（宮竹屋）の記録書「亀田家旧記」[23]（金沢市立玉川図書館近世史料館加越能文庫）には、医者に関する記事が随所に散見される。ここでは、蘭学周辺の医者（本人または、その後裔）を中心に、その様子は表2にうかがわれる。

表2 「亀田家旧記」に見える蘭学修学の医者

年月日	蘭学修学の主な医者	内容	巻数
宝暦9年4月10日（一七五九）	二木順伯	金沢大火事、城焼失、類焼者	一
明和5年正月17日（一七六八）	中野随庵（断）	正月家御祈祷の来客	二
同 5年12月7日	中野随庵	恵比寿講の客	同
同 7年8月14日	中野随庵	法事の菓子贈呈者	同
安永6年4月26日（一七七七）	久保貞能	藩主交代帰国祝儀贈呈者	同
同 8年正月17日	中野随庵	お茶贈呈される	三
天明4年6月17日（一七八六）	端丈庵、池田昌貞、中野随庵、小坂寿安	暑気見舞い口上書の写	同
同 6年8月29日	中野随庵	法事の菓子配り先	同
寛政2年12月3日（一七九〇）	中野随庵	江戸へ寒見舞に鱈雪漬遣わす	四
同 5年5月16日	中野随庵	法事の菓子遣わす	同
同 13年11月9日	池田養中	内輪恵比寿講、兼息子袴着祝客	同
文化6年11月5日（一八〇九）	池田養中	恵比寿講来客	同
享和3年5月20日（一八〇三）	池田養中、津田随分斎、中野又玄、井口了硯、三宅良雄、片山君平	宮竹屋伊右衛門、町年寄拝命普為聴先	五

文化6年7月12日	中野又玄、池田養中、三宅良雄、津田随分斎	純蔵御紋付上下拝領につき、普為聴紙面差出先	同
同12年11月16～20日	石川玄立、池田養中、中野随庵	純蔵母病気につき診療	同
同13年10月19・20日	石川玄立、三宅惟中、池田養中、津田随分斎	法事につき香典返し遣わす（五合取鏡餅）	同
文政2年正月2日（一八一九）	池田養中、石川玄立、中野随庵、三宅惟中	純蔵、定御目見拝命につき、普為聴紙面差出先	同
文化10年11月13日	石川玄立	恵比寿講客	六
同　12年11月5日	石川玄立	恵比寿講客	同
同　13年3月朔日	石川玄立	恵比寿講客	同
同　14年3月18日	石川玄立	伊右衛門妻、女子安産につき診療・投薬	同
同　同月同日	石川玄立、鶴見慶輔	右につき、夜食贈られ御礼先	同
同　同月24日	石川玄立	御七夜祝の謝礼	同
同　13年9月15日	石川玄立	男子出生診療・薬代・謝礼	同
（文化14年カ）	石川玄立	女子はつ出生薬代	同
文政4年12月5日	石川玄立	九十郎袴着、内輪恵比寿講兼、女子栄、髪置祝の客	同
同　同月同日	石川玄立	右につき音物の控	同
同　同月28日	中野通庵、三宅良雄	純蔵、五人扶持拝領につき普為聴紙面差出先	同
同　同月同日	池田養中、石川元立	右につき御祝来客	同
同　5年5月4日	石川元立	二男春之助、出生診療・薬代・謝礼金	同
同　7年5月14日	石川元立、鶴見慶輔	法事菓子配り先	同

文政7年8月14日	中野随庵、石川元立	藩主前田斉広御葬式拝見申遣方々	同
同　8年4月13日	鶴見慶輔	法事菓子配り先	同
同　11月3日	石川元立、鶴見慶輔	内輪恵比寿講祝客	同
同　10年9月2日	池田玄章	茶会参加	七
同　10月19日	石川元立、鶴見慶輔、片山君平	内輪恵比寿講祝客、ほか礼状	同
同　11年正月18日	鶴見慶輔	正月口祝客	同
同　5月21日	鶴見慶輔、石川元立、片山君平	婚儀御祝音物	同
同　11月9日	鶴見慶輔、石川元立	内輪恵比寿祝客	同
同　12月25日	池田玄章、石川玄立、片山君平、鶴見慶輔、津田随分斎、江間篁斎	純蔵、苗字許可につき、普為聴紙面差出先	同
同　13年3月12日	鶴見慶輔、石川玄立、池田玄章	里開き土産鏡餅配り先	同
天保2年正月17日	鶴見慶輔	家祈祷兼、昨年恵比寿講口祝客	八
同　10月9・10日	鶴見慶輔、石川元立	法事菓子配り先	同
同　11月4日	鶴見慶輔、石川元立、片山君平	内輪恵比寿講来客	同
同　4年2月29日	鶴見慶輔	九十郎元服兼、恵比寿講并為三郎・直七郎袴着祝客	同
同　3月5日	片山君平、中野通庵、石川元立、池田三同	同右	同
同　同月9日	池田玄章、江間三折	直七郎病死の報知先	同
同　12月5日	鶴見慶輔	内輪恵比寿講祝客	同
同　5年3月8日	石川元立	法事菓子配り先	同

同　4月6日	石川元立、江間篁斎、津田随分斎、池田三同、大場丹元、片山君平、鶴見慶輔、山本文玄斎、三宅当一、中野随庵、三宅良雄	純蔵倅伊右衛門、町年寄見習拝命につき、普為聴紙面差出先	同
同　10月27日	鶴見慶輔（断）	鶴山純円三十五日逮夜客	同
同　12月14日	片山君平、山本文玄斎、中野随庵、三宅良雄、石川元立、江間篁斎、津田随分斎、鶴見慶輔、池田玄章	純次郎町年寄拝命につき、普為聴紙面差出先	同
同　6年9月17日	鶴見慶輔、山本文玄斎、三宅良雄、片山君平、石川元立、池田三同	法事餅配り先	同

　表2では、享和三年の内容欄に見える伊右衛門は、宮竹屋の七代勝喜で、純蔵・鶴山ともいう。また、天保五年の純蔵倅伊右衛門は八代の晋で、純次郎とも称す。伊右衛門は、当家の当主（先代・次代含む）で、ほかの人名は当家の子女である。また、医者名は主に本人はさることながら、その後裔が蘭学学習を遂げる場合を含め抽出したが、このほか、つぎのような医者とみられる記載がある。森玄同・小宮山々次郎・下田玄寿・内田周白・山本玄硯・脇本寿（秀）閑・杉本玄節・松尾了意・山本真立・佐々正益・内藤舜・有沢了長・田中元哲・中西了貞・岩崎寿円・高沢仙立・内藤宗安・堀昌安・小川玄益・同玄沢・高尾意斎・同昌斎・畑柳泰・内山覚仲・久保三立・同高元・山本東興・堀部養叔・三宅正順・遠田元準・黒川覚針・同元良・大橋元庵・中西了貞・長田定伯・森快庵・魚住恭菴などである。

　なお、表2の久保貞能は、近世前期より続く藩医の久保江庵・寿斎の後裔で、定能成章（二〇人扶持）である。同人の後裔（あるいは三柳カ）か、ゆかりの人物が、小石元瑞に入門する久保文右衛門とみられる（「檉園門籍」）。また、同じく、端丈庵は、藩医の端玄徹の養子で、天明六年三〇〇石、その後裔が丈吉（丈夫、後述）である。

以下、これ以外の表中の医者について、各家の「先祖由緒并一類附帳」「諸士系譜」（加越能文庫）などより検索し、それぞれ初出順を基本とし、家ごとにその略歴を紹介したい。

【二木順伯】?～一七八二（天明二年）。信庸。篠原六郎左衛門家臣二木新助二男。初め藩老前田孝資の手医者、宝暦四年（一七五四）藩医となる。一五人扶持。

【中野随庵】?～一七九八（寛政一〇年）。資。実は割場附横目足軽石川和左衛門倅。実父方の祖父の苗字を継ぎ、初め町医者、宝暦一三年藩老横山家の家中医となるが、天明七年藩医となり、藩主前田一家の診療に当たる。一三〇石。度々江戸詰となり、同地で没。

【中野随庵】?～一八一八（文政元年）。敦。又玄。藩医、一八〇石。実は御歩小頭崎田九左衛門三男、中野随庵資の養子となり、寛政八年（一七九六）召出、同一〇年相続する。文化七年（一八一〇）七月二七日華岡青洲の門下生となる。

【中野随庵】?～一八六二（文久二年）。達・通庵・益庵。随庵敦の嫡子。安政五年（一八五八）一〇月一〇日華岡青洲に入門する。金沢竪町住む。この間、文化九年召出、文化一二年金沢城本丸高石垣御普請詰御用。文政四年相続、先代と同様藩主一家の診療に当たるが、特に天保一〇年金沢城「二御丸御産婦御産御用主附」を拝命、文久元年隠居。一八〇石から二三〇石となる。

【池田昌貞】?～一七八五（天明五年）。藩医、二〇〇石。宝暦四年当家二代目の父玄真の跡目を相続。

【池田玄章】一七七〇～一八三五（天保六年）養中、養仲。一五〇石。実は藩医内山養福二男。寛政四年池田家四代玄真の養子となり、相続。本道医師として金沢城二の丸造営作業に当たった大工・木挽等職人を診療する。金沢竪町に住み、金子鶴村と親交し、京都へ遊学し蘭学を学ぶ。

【池田三同】?～一八三八（天保九年）。藩医、一五〇石。玄章倅。天保二年医学講師、同三年召出、同五年郡方療治御用を勤める。

【小坂寿安】?～一七九八（寛政一〇年）。加賀藩家老職津田家の家中医。宝暦一一年相続。天明三年藩老横山隆盛出生時診療する。代々寿安と称するが、同人より二代後の寿安は津田政本（玄蕃・正身?～一八二九）の手医者で、文政八年から九年にかけ京都へ遊学し、小石元瑞の門下生となる。その養子寿安（秀美、五〇石、明治三年五四歳）は藩医森快安の弟子である。

【津田随分斎】一七四二～一八一三。養。豹阿弥。藩老横山家の家中医。文化八年の住まいは下堤町である。

【津田随分斎】生没年不詳。煥。津田養の嫡子。横山家の家中医。同家の隆貴・隆平の出生担当医の筆頭を務める。嘉永三年牛痘伝苗や安政二年金沢堤町種痘所設立に尽力する。妻は加賀藩石積み棟梁穴生又五郎恒茂（一八〇〇～?。四〇俵）の娘政（一八二六～?）である。

【井口了硯】生没年不詳。加賀藩家老職今枝家の家中医。同人の嫡子が井口洞玄（?～一八二二）で、「解体新書」等の書籍を貸与するなど、西洋の科学知識を中心に、金子鶴村の蘭学受容に大きな影響を与える。

【三宅良雄】?～一八一四（文化一一年）。壮。本多頼母の代に手医者となる。初め五人扶持、寛政四年五〇石、同一二年六〇石。

【三宅惟中】?～一八四四（天保一五年）。良雄・精。本多四代目勘解由及び五代大学（政守、藩家老）の家中医。文化元年召出、文化一一年相続。六〇石。小石元瑞の究理堂に入門した人物であることが確認できた（「檉園門籍」）。また、この良雄精の養子が三宅宅三（一八二二〈文政元年〉～?。禎）で、同人は本多五代目大学の家中医。天保一五年相続、六〇石。元治二年（一八六五）種痘所御用、明治元年（一八六八）養生所御雇御用、同三年医学館訓導訳書会読方を歴任する。

【三宅当一】一八二六（文政九年）～?。三宅良雄壮の孫。七〇石。本多播磨守の家中医。嘉永六年相続。慶応元年種痘所御用、明治元年養生所御用などを拝命する。

【片山君平】?～一八〇三（享和三年）。奥村河内守の家中医（寛政一一年召出）。一〇人扶持。実は金沢町人塩屋太右衛門二男。初め町医者。

【片山君平】?～一八六七（慶応三年）。奥村河内家の家中医、のち藩医。一七〇石。実は金沢四丁壱番町一向宗円長寺倅。君平の養子となり、享和三年（一八〇三）相続、文化一〇年四月二一日華岡青洲に入門（当時金沢小立野石引町に住）、天保一三年藩医。同人妻は藩医森良斎の娘。なお、倅君平（一八四二～?。透・遠平）は藩医、一七〇石。元治元年越前敦賀にて「浪士療養方御用」を拝命、慶応四年相続、同年越後へ出張、「病院主附」を務める。

【石川玄立】?～一八四四（弘化元年）。元立。藩老奥村栄実・栄親の家中医（文政八年より）。五人扶持。実は大聖寺大蔵少輔家臣御徒組杉本沖右衛門二男で、同町医石川春安娘へ婿養子となり、のち金沢へ移住。この玄立の孫玄隆（一八四四～?。元立・孝恭）は同様に藩老奥村栄滋家の家中医。安政六年相続。「蘭学執行」のため、黒川良安へ入塾後、さらに江戸へ勤学、明治元年養生所種痘方御用・同所治療方等を歴任。幕末維新期蘭方医として活動する。(24)

【鶴見慶輔】生没年不詳。文化一二年四月一〇日、華岡青洲に入門する。「金沢犀川」の町医者。

【江間篁斎】?～一八四二（天保一三年）。雀々翁。藩医、一〇人扶持から三〇〇石となる。藩医江間口庵（江庵）嫡子。天明六年相続、学校医指引、度々江戸詰。天保七年隠居。

【江間三折】?～一八五五（安政二年）。篁斎。雀々翁の嫡子。藩医、三〇〇石。天保二年召出。学校医学指引、同七年相続、度々江戸詰となる。

【大場（大庭）丹元】藩医大場卓元の子、探元・養元・敏徳。藩医。吉田長淑門下[25]。文化一四年相続。「いろは附金沢医家名寄」（後述）にも見える。天保一一年一七〇石。（「諸士系譜」等）。

【山本文玄斎】一七八三～一八五二。玄中・抱中・黄中・丹。寛政年中、上坂平次兵衛の手医者。のち町医者となり、さらに天保一三年前田美作守の手医者となる。町医のとき、文化八年一〇月朔日華岡青洲に入門。金沢小立野に住み、京・江戸・長崎へも遊学。金子鶴村らと「蘭学階梯」等書籍を貸借し合うなど親交する。「傷寒論要解」を著す。

以上のように、町医・藩医や藩の重臣の家中医である中野随庵以下の医者は、蘭学・洋学を学んだ人物と何らかの関わりがあった。また、表示したように、金沢の有力町人亀田家の生活において、出産・病気治療、投薬などの務めを中心として、当主の出世など各種のお祝や商売繁盛を願う恵比寿講には親戚・知人らとともに酒宴などに招かれた。さらに、里開き（里帰り）の祝や法事等の招待を受け、御祝品を贈呈されるなど当家と親交を深めた。その背景には、薬種商亀田家にとって、医者は絶好の得意先であったものとみられる。

こうした医者らは文人として、時には余暇に詩会などの文人サロンにも参加した。その一例として、嘉永六年（一八五三）絵師梅田九栄の北枝堂に医者連中が冬至祭に会集し詩作したことが見える[26]。天保期、越中高岡の医家長崎の神農講で詩作会が行われ、長崎玄庭、同浩斎・佐渡養順・高峰玄台・上子元城など同地の町医者が参集している。彼らは長崎浩斎以外、小石元瑞門下である。以下各々高岡の町医者について略述しよう[27]。

【長崎玄庭】一八二六～一八七四。玄定。浩斎の嫡子。

【長崎浩斎】一七九九～一八六四。愿禎。江戸の大槻玄沢・杉田立卿に学び、「蘭学解嘲」「浩斎医話」を著す。

【佐渡養順】一八一九～一八七八。三良。天保八年（一八三七）、一九歳の時上京するが、この時小石元瑞の究理堂に入塾したものとみられる。三年後に帰国。同一四年江戸へ遊学、七ヶ月間修学。帰国後家業を助ける。蘭学者坪井信道の養子坪井信良は実弟である。

【高峰玄台】生没年不詳。藤馬・玄対・清臣。実は高岡町奉行を務めた小堀八十大夫家臣松井理右衛門嫡子。文政八年高峰幸庵養女へ婿養子に入る。玄台の名は長崎浩斎宛の大槻玄沢書状中にも見え、また、金子鶴村や同章蔵・富沢敬斎とも親交がある。玄台嫡子は「壮猶館医学試業并蘭学書会読方御用」等を務めた玄稑（昇・精一）で、孫は世界的に著名な科学者譲吉である。

【上子元城】一八〇七～?。京の小石元瑞のほか、美濃大垣の江馬春齢にも蘭学を学ぶ。鶴村の日記に「神子元常」とも記され、鶴村とも親交する。

第四節　「いろはガルタ」と医者

金沢市立玉川図書館、村松文庫は「いろは附金沢医家名寄」切続紙一六×七二センチを蔵し、袖に旧蔵を示す「村松七九文庫」の朱印がある。これは、近世に江戸三度飛脚の棟取を勤めた金沢上堤町の村松屋（烟草屋）が近代に蒐集した文書の一つとみられる。内容については表3に示した。

表3　「いろはガルタ」と金沢医家名寄一欄

句	主な集録文学書	医者（召出・相続年→隠居・没年）
1　いつすん《一寸》先ハやミ	毛吹草（俳諧）	片山君平（2人）
2　ろんこ《論語》よみの論語よます	浮世床（滑稽本）	関玄迪

3	はり《針》の穴からてん《天》のぞく	傾城色三味線（浮世草子）	鈴木立斎
4	にかい《二階》からめくすり《目薬》	御前義経記（浮世草子）	佐々正益
5	ほとけのかほ《顔》も三度	傾城禁短気（浮世草子）	八十嶋祥菴
6	へたのながたんき《長談義》	呂連（虎寛本狂言）	江間元林
7	とふふ《豆腐》にかすかい《鎹》	仮名文章娘算用（人情本）	魚住道莽
8	ちごく《地獄》のさた《沙汰》もかね《金》しだい	根無草（談義本）	長谷川学方（文化四↓明治二）
9	（＊欠「綸言汗の如し」）		
10	ぬか《糠》にくき《釘》	軽口頓作（雑俳）	端丈吉（天保一二↓明治三以降）
11	るい《類》を以てあつまる	西鶴織留（浮世草子）	松田常安
12	をに《鬼》も十八	醒睡笑（咄本）	今井元真（天保五↓？）
13	わら《笑》ふかと《門》にハふくきたる	筑紫奥（虎寛本狂言）	高嶋正顕（２人）
14	かいる《蛙》のつら《面》に水	毛吹草（俳諧）	簗田方叔（天保一三↓安政二）
15	よめとふめ《夜目遠目》かさ《笠》のうち	毛吹草（俳諧）	賀来元貞
16	たていた《立板》に水	末広がり（狂言記）	二木順孝（文政一〇↓慶応二）
17	れん《連》木ではら《腹》をきる	俚言集覧	森良斎（２人）
18	そて《袖》のふり合セたしよふ《他生》のゑん《縁》	名歌徳三舛玉垣（歌舞伎）	黒川元良
19	つきよ《月夜》にかま《釜》をぬく	譬喩尽	徳田純作
20	ねこに小判	鶉衣（俳諧）	大庭探元（？・文化一四↓？）

21	なす《済》ときのゑんま《閻魔》顔	俳諧大句数	横井自伯（藤田道三郎実父、文政一〇↓明治三以降）
22	らい年の事をいへ《言》バおに《鬼》かわらふ《笑》	世話尽（俳諧）	桜井了元
23	むま《馬》のみゝ《耳》に風	陽台遺編（洒落本）	下田玄丹
24	うぢ《氏》よりそだち《育》	丹波与作待夜の小室節（浄瑠璃）	内藤宗春
25	ゐわし《鰯》のあたまもしんじん《信心》から	風流志道軒伝（談義本）	小瀬貞安
26	のみ《鑿》といへばつち《槌》	譬喩尽	石黒道以（天保八↓文久元）
27	おふ《負う》た子におしへ《教え》られて浅瀬を渡る	内沙汰（波形本狂言）	堀宗叔
28	くさい《臭》ものにはい《蝿》かたかる《集》	譬喩尽	有沢了貞
29	やみ《闇》にてつはふ《鉄炮》	傾城色三味線（浮世草子）	久保定三（天保九↓文久二）
30	まか《蒔》ぬ種はおへ《生》ぬ	世間胸算用（浮世草子）	池田玄昌（天保九↓明治三以降）
31	けた《下駄》にやきみそ《焼味噌》	好色由来揃（浮世草子）	小川玄沢
32	ふし《武士》ハくわね《食》とたかよふし《高楊枝》	樟紀流花見幕張（歌舞伎）	横井玄仲
33	これにこり《懲》よどうさへはう《道才棒》	五十年忌歌念仏（浄瑠璃）	藤田玄碩（弘化三↓嘉永二）
34	ゑん《縁》のした《下》のまい《舞》	犬子集（俳諧）	河合円斎
35	てら《寺》からさと《里》へ	毛吹草（俳諧）	高尾佺安
36	あしもと《足元》から鳥が立	素襖落（森藤左衛門本狂言）	丸山了悦（天保一〇↓安政二）
37	さほ《竿》の先に《の》すゝ《鈴》	鷹筑波三（俳諧）	久保三柳（2人）

38　きしん（鬼神）におふとふ（横道）なし	義経千本桜三（浄瑠璃）	白崎玄正（文化一三→安政三）
（＊一説に「義理と犢褌かかねばならぬ」［『日本遊技史』七一七頁］）		
39　ゆふれい（幽霊）にはま（浜）風	娼妓絹篭（洒落本）	不破文中（文化五→嘉永三）
40　めくらのかきのそき（垣覗）	毛吹草（俳諧）	津田淳三
41　みハみ（身）てとふる（通）	一谷嫩軍記（浄瑠璃）	黒川良安（弘化三→）
42　しわんほう（吝坊）の柿の種	世間長者容気（浮世草子）	中野随菴（3人）
43　えん（縁）と月日	俚言集覧	高木学純
44　ひやうたん（瓢箪）からこま（駒）	毛吹草（俳諧）	南保玄隆（2人）
45　もち（餅）ハもちや	当世辻談義（談義本）	江間篁斎（2人）
46　せい（性）は道によつてかしこし（賢）	風流茶人気質（浮世草子）	加藤邦安
47　すゝめ百までおとり（踊）わすれぬ	毛吹草（俳諧）	森快安
48　京にいなか（田舎）あり	毛吹草（俳諧）	吉益北洲（弘化四→安政四）

金沢市立玉川図書館村松文庫「いろは附金沢医家名寄」より作成。

内容は「いつすん先ハやミ　片山君平」などと、いろは順に記されているが、「り」の部分のみが欠け、「京」を末尾に付け、合計四七句に各々の医者名が付されている。また、句の部分と医師名の部分はすべて異筆である。

人名以外は京都周辺のいろはガルタの内容である。参考として、かなや漢字・助詞などに多少の異同があるものの、ほぼ同種・類似の句が含まれている近世の文学書を示す。ほとんどの場合、多数の文学書に取り上げられているが、

『日本国語大辞典』（小学館、昭和五一年、全二〇巻）などより、主なもののみ挙げた。句の多くは俳諧の「毛吹草」や滑稽本の「浮世床」あるいは「譬喩尽」「俚言集覧」など近世の文学書や辞書に収録されている、いろは付の諺とも見られる。これらの句について、同辞典では「上方いろはガルタ」とする。[28]

さて、「いろはガルタ」の成立は、嘉永年間で、「上方」式・江戸式・尾張式（近現代を含むか）があるとする説がある。[29] また、酒井欣『日本遊戯史』[30]では、「いろはガルタ」について、京から江戸に波及する間に幾多の変遷があり、（A）「京及び京附近に行はれたるもの」四八句、（B）「阪地に行はれていく分変改されていくもの」四七句、（C）「江戸独特の諺風に改竄」されたもの四八句を掲げる。この内、（A）の句をみると、「綸言汗の如し」を含み、ほかは漢字・かなの表記に異同はあるものの、右史料とほぼ同じ句である。なお、（A）と（B）を比較すると、「袖すりあふも」が「袖の振り合せも」、「闇夜鉄砲」が「闇に鉄砲」、「義理と犢褌かかねばならぬ」が「義理とふんどし」というように違いがある。（B）の四七句中、八句が（A）とほぼ同句か、もしくは類似の句で、残り三九句は全くの異句である。また、（A）と（C）を比べると、「月夜にかまをぬく」という一句が同じで、四八句目も含め、残る句すべて異句である。

以上のことから整理すると、「いろはガルタ」は世俗的な諺によってつくれたもので、京から大坂・江戸へと改変され、幕末に全国に普及する。[31] 先の上方式にも、京と大坂では、多くの句が異なり、右史料の句は京の「いろはガルタ」の句とほぼ同句であることに間違いないことを指摘しておく。また、内容はすべて生活の中に生きた句で、おそらく身分の上下を問わず、生活上の教訓的要素が強いものであるといえよう。

つぎに、右史料中の医者について、「いろはガルタ」の成立・普及期が幕末であることを考え合わせ、この「いろは付金沢医家名寄」の史料成立がいつか考えてみたい。そこで、試みに人名の下の（　）内に、寛政期から明治三年頃まで、その家の同名の人数を示してみた。片山君平のように、同家に同名の人物が複数いる場合、史料の成立推定時期が広範囲にわたる。このため、これらの人物を除き、召出・相続年から隠居・没年が判明するものを表3に示したが、これがその医者の活動時期と見做せる。その結果活動期がわかる者は一二人いることがわかる。このうち、活動期が合致し、かつ時期を絞り込めるのは、長方形で囲った48番目の吉益北洲の弘化四年（一八四七）から三三番目の藤田玄碩の嘉永二年（一八四九）ということになるであろう。これが「いろは附金沢医家名寄」の中味の描写時期とみられる。換言すれば、史料の中味は少なくとも弘化四年から嘉永二年の間に限定され、作成時期はこれ以降といえる。

ところで、今回史料に記された四七人の医者は、すべて藩医であることが新たにわかった。このうち、21の横井自伯は御針立として、文政一〇年藩医となる（加越能文庫、藤田道三郎「先祖由緒并一類附帳」）。13の高嶋正顕は親子で二人いることがわかった（加越能文庫、明治三年、高嶋正平「先祖由緒并一類附帳」）。子の正顕は、漢蘭折衷医の荻野元凱の門下である。32の横井玄仲及び43の高木学純は弘化元年「士帳」に記され、また、嘉永四年華岡医塾（鷺洲の代）に入門している。さらに、48の吉益北洲の出仕は弘化四年で、没年は安政四年であることなども確認できた(32)。

このほか、蘭学を学んだことが確認できる医者のみ、「先祖由緒并一類附帳」などより検索し、それぞれの略歴を整理するとつぎの通りである。

【高尾佺安】生没年不詳。藩医、究理堂門下。

【津田淳三】一八二四〜一八七九。藩医。二〇人扶持。実は藩老横山家の家臣長屋権作の子。作次郎。天保一〇年津田氏の嗣子となり、同年京へ遊学、二五歳の時（入門帳によれば嘉永二年一一月六日）大坂の緒方洪庵に入門、三年後中国・西国に遊ぶ。再び大坂に帰り、適塾の塾頭に進む。帰国後、侍医となり、慶応三年卯辰山養生所にて尽力する（『郷土辞彙』）。

【黒川良安】一八一七～一八九〇。弼・静淵・自然。藩医。富山藩御目見医師黒川玄龍嫡子、文政一一年父玄龍の長崎への医学修行に同道、「阿蘭陀通詞吉雄権之助等江入門」し和蘭語を、後に医術を学ぶ。天保一一年まで長崎にて「蘭学修行」、同年帰国し青山将監（友次）の手医者となる。天保一二年大坂の緒方洪庵の勧誘で江戸の坪井信道の門に入る。信州松代の佐久間象山に蘭書を授け(33)、弘化三年藩医となり、八〇石拝領。安政元年「壮猶館翻訳方御用」、しばしば江戸詰や京詰となる。同四年江戸詰中「蕃書調所教授手伝」を務め、幕府より二〇人扶持并一ヶ年金一五両を給され、同五年帰国。同六年一三〇石。万延元年「蕃書調所教授方御用ニ付」再び江戸へ出府すべきところ、病気のため免除。文久三年御軍艦方御用兼帯、元治二年種痘所棟取、慶応三年養生所主附、同年一八〇石。明治元年養生所詰、同年「製造人体」伝習のため長崎へ遣わされ、翌二年帰国、侍医。同三年「医学館御取建方主附并同館教師」などを歴任する。

【加藤邦安】生没年不詳。藩医。方定。享和三年一〇人扶持、天保期一五人扶持（「諸士系譜」）。新宮凉庭の門下。

【長谷川学方】生没年不詳。藩医。其翁。実は金沢町医長谷川学仲倅。外科の藩医の先代長谷川学方の養子、文化四年相続。同一二～一四年まで金沢城高石垣御普請詰御用を拝命。文政三～七年まで五年間、「紀州華岡随賢（青洲）方江罷越候処、年分銀拾枚宛」拝領する。安政三年「本道専門外科兼帯」となり、明治二年隠居する。

【端丈吉】一八二七～一八七〇年以降。藩医。丈夫・晴貫。実は祖父端玄川（藩医）倅。先代端丈仲貫（実は絵師村東旭二男）の養子となる。天保一二年相続。安政四年明倫堂医学講師、慶応元年黒川良安と交代にて同医学指引となる。この間、嘉永四年一〇月一四日華岡鷺洲に入門する。

【松田常安】生没年不詳。藩医。永敬。文化九年五人扶持（「諸士系譜」）。

【今井元真】一八二〇～一八七〇年以降。兼知・泉。藩医。今井昌軒倅。天保五年相続、一五人扶持。嘉永五年二ノ丸広式御次病用の任にあたる。以後同六年四月二ノ丸広式部屋方「御普請之節詰御用」。文久三年四月「巽御殿御造営之節御普請所詰御用」。慶応四年「越後路江戦争」の砌、柏崎本営へ御用、「出雲崎病院」等「出陣治療方」御用を拝命する。なお、元真父の昌軒は、金沢城の造営普請作業の怪我人などの診療に当たった。

【簗田方叔】?～一八五五。藩医。一五〇石。簗田耕雲（養元）倅。文政八年前田家一家の診療を拝命、数度江戸詰となるが、天保一三年相続。同一四年医学指引となる。究理堂の小石元瑞の門下。妻は藩老横山家の家中医津田随分斎の娘である。

【二木順孝】?～一八六六。実は順伯信定（順伯信庸嫡子）倅。順丈の養子。藩医。一五〇石。文政一〇年相続。医学指引役、江戸詰・大聖寺詰などを拝命。順孝の嫡子並栄信順（雙二）は安永二年医業勤学のため「京都等江罷越」、同五年六月帰国したことが「先祖由緒一類附帳」に見える。因みに華岡医塾春林軒の入門帳に安政二年四月一三日、「二木東庵」の華岡鷺洲へ入門が記されており、東庵は並江と同一であろうか。なお、並江の妻は「元御医者山本文玄斎」の娘であり、文玄斎（玄中）も春林軒の入門者（文化八年一〇月朔日）である。

【森良斎】一八二七～一八七〇以降。軍二・徳。良斎賢能の嫡子。藩医。弘化三年相続。嘉永六年「二　御丸御広式御普請之節詰御用」。安政四年明倫堂医学講師、安政五年「御本丸三拾間附壇御長屋御造営之節詰御用」。元治元年「敦賀表浪士数百人療養方御用」など歴任する。

【石黒道以】?～一八六二。直之。藩医。一七人扶持。道一の嫡子。天保八年召出・相続。明倫堂医学講師、数度江戸詰、大聖寺詰。安政二年四月二一日春林軒華岡鷺洲へ入門。道以の養子石黒一郎雋（実は江間三吉弟）は文久元年相続。翌年京へ遊学、のち明倫堂医学講師。慶応四年閏四月卯辰山医学館へ入塾、同年九月同所「病院頭取助合」を拝命、明治二年退塾する。

【池田玄昌】一八二六〜一八七〇以降。藩医。一五人扶持。池田三同嫡子。天保九年相続、慶応四年医学講師などを務める。

ところで、医者に関して「藪医者」という言葉や新米の医者という意味の「伊呂波医者」（雑俳）という言葉がある。これらの背景には、病気治癒への大きな期待に反する結果になった場合の、患者及びその家族らの苛立ちが考えられる。また、江戸の町医者が副業として仲人を引き受ける場合が少なくなかったことから、川柳に「仲人にかけては至極名医なり」とも評される。(34)さらに、「亀田氏旧記」などにみたように、町人の恵比寿講や様々な御祝事に招かれ、「〇〇老」「〇〇さ」などと称され、ここには尊敬の念と親しみが混在しているように思われる。因みに「いろは附金沢医家名寄」中の医者は、四七人すべて藩医であることを確認した。仮に史料内容が医者に向けられた評価とみるなら、それは個々の医者にではなく、むしろ若干の戯言として藩医総体に向けられたものと捉えることも可能ではなかろうか。すなわち、公権力へのささやかな批判や抵抗、また、それほど本人が努力しなくとも定額の給与が受けられるといったことに対する若干の皮肉が込められているものとも解せる。換言すれば、各句に付された人物の評価とは考えにくく、また、語呂合わせのような何らかの法則性も見出し得ない。したがって、「いろはガルタ」の各々の句に、適宜医者名を並べたとみる方が妥当とみられ、戯言、遊びとして医者総体が人々の暮らしの中に溶込んでいたことの証左の一つではなかろうか。

なお、町医者らの玄関には、患者と弟子の詰所があり、隣には床の間に神農氏の画像を掛けた診察兼調剤室があった。往診は駕籠に乗って出かけた場合もあろう。(35)藩医や家中医も主家の診療が中心だが、町人と接することも多く、彼らのなかには市井に暮らし、庶民の診療をも行ったものも少なくない。

右史料は、医者がこうした人々の暮らしの中で親しまれたことの一面とみるべきであろう。また、右史料の作者は不明だが、仮に武士層としても、中味は庶民側からの視点で作成したのではなかろうか。

おわりに

以上金沢・小松といった城下町の暮らしと医者について述べてきた。すなわち、今井昌軒・池田養中・古曽部元仲・明石柢卿・富沢敬斎・森良斎・中野随庵・片山君平・鶴見慶輔など、蘭学を学んだ医者について、暮らしの中の実務の様相と彼らの履歴について考察した。近世後期、蘭方医術を中心に西洋の新しい手法を身につけた医者らが金沢・小松など町を中心に活動したことがわかった。特に藩医としての勤務上、金沢城造営医療は藩の福祉的政策の一つといえよう。さらに、武家における主家や町家など、私的な出産や治療・投薬に際し、母子とも健康での出産、病気の治癒など、その効果による健康が得られると、尊敬され、感謝され、その家の諸祝の金品の下賜・贈呈が成された。しかし、不幸にも死没の場合、弔問の返礼を後日贈呈された。特に薬種商売の宮竹屋の場合、大事な御得意先ということもあり、親密度も加わって医者は各種の祝事や法事等の行事やイベントなどに招待された。また、医者の名前は、「いろはガルタ」にも使われるなど、各階層の人々の暮らしと深く関わっていたことが確認できた。一方、患者側からみると、藩の重臣横山家や触頭寺院瑞泉寺、町年寄の宮竹屋といった各階層の上部においては、病状のより正確な情報把握による早期回復を希求した。病気や出産など患者一人に対し、数人の医者にかかる場合も確認できた。しかし、それ以外の庶民はおそらく一、二人の医者に診てもらうか、あるいは民間療法に頼らざるを得なかったものと推測される。

医者は師家について医書を読み、診療方法を伝習するのが一般的であった。加賀藩では近世後期に町医者の新規の、開業の手続きについて、第四章でみたように、従来町共同体で委託されていた。天保一一年（一八四〇）以降は藩校明倫堂で試験を受けた合格者が、医者として新たに開業することができた。しかし、こうしたこと以外、一般的に世襲制が強く、個人への医学的な統一された審査に基づく免許制度がなかった。医者に対する人々の信頼は、こうした藩の許可も一つの条件になったのであろう。また、三都や長崎などへの遊学、あるいは当代一流の蘭学者などに入門し、修業を積んだ経歴も、当時の人々には大きな信用となったのではなかろうか。このことは、多くの医者が遊学・修学し帰国後に、禄高が上がったり、家中医や町医が藩医に登用されるといった事例が少なくないことにもうかがうことができる点指摘しておきたい。

今後は史料の発掘も含め、多くの事例から考察する必要があろう。また、文政期、在郷町の石川郡鶴来の守部方淑は、蘭方医雲台という人物より蘭方の医術を伝授されている。能登をも含めた、こうした町医や村医の動向、幕末期などの村方への藩医派遣や越中村方の医療、金沢での予防接種などの検証をはじめ、蘭学関係の医者を中心とした加賀藩全体の生活文化の解明が課題として残されている。

註

（1）医学史では小川鼎三『医学の歴史』中央公論社、昭和三九年、科学史では村上陽一郎『日本近代科学の歩み』三省堂、昭和五二年、蘭方関係の医者では、緒方富雄『緒方洪庵伝』岩波書店、昭和三八年、片桐一男『杉田玄白』人物叢書、吉川弘文館、昭和四六年、桑田忠親『或る蘭方医の生涯』中央公論社、昭和五七年など多数。また、加賀藩関係では、津田進三「日本最初の蘭方内科医吉田長淑」（『石川郷土史学会々誌』八号、昭和五〇年）、『金沢大学医学部百年史』昭和四七年、石川県立歴史博物館『科学技術の19世紀』平成五年など。なお、蘭学全体に関しては、沼田次郎『洋学』新装版、吉川弘文館、平成八年に依った。

（2）池田仁子（A）「金子鶴村の蘭学と海外・科学知識―化政期加賀藩蘭学受容の一側面―」（『日本歴史』六九八号、平成一八年七月）、同（B）「加賀藩の蘭学受容と医者の動向」（『北陸史学』五五号〈蘭学医塾の入門について多くはこれに依る〉）、同（C）「大高元哲の事績をめぐって―加賀藩蘭学の受容と展開―」（加能地域史研究会編『地域社会の歴史と人物』北國新聞社、平成二〇年）。

（3）池田仁子「金沢城代横山家出生にみる家臣と医者と女性」（石川県教育委員会金沢城調査研究所『金沢城研究』六号、平成二〇年）〈『金沢と加賀藩町場の生活文化』岩田書院、平成二四年〉。

（4）藤内医については池田仁子「『寛文七年図』等にみる医者の居住地と城内での医療」（『研究紀要　金沢城研究』八号、平成二二年、五一頁）〈『近世金沢の医療と医家』岩田書院、平成二七年〉でも少しく触れたが、これに関する文献（田中喜男編『加賀藩被差別部落史研究』明石書店、昭和六一年、八七・六四四頁など）は木越隆三氏に御教示いただいた。なお、これについては、史料・史実に即し取り上げたもので、差別を容認するものではない。

（5）本章では各人物の略歴について、前掲註（2）（3）で取上げた人物はこれを参照し、それ以外は、つぎに示した人物による「先祖由緒并一類附帳」（明治三年、金沢市立玉川図書館近世史料館加越能文庫蔵）に依った。久保三柳・同定円・池田秀実・今井兼知・南保三男・二木雙二・中野公吉・三宅惟中（元治二年）・同宅三・同当一（明治四年）・片山遠平・石川元立（慶応四年）・江間三吉・山本亮吉・黒川自然・長谷川六蔵・端丈夫・簗田巽・石黒雋。また、同史料が残存してないものについては、「諸士系譜」（加越能文庫蔵）及び日置謙『加能郷土辞彙』（北國新聞社、改訂増補版、昭和四八年、以下『郷土辞彙』と略称）を参照した。

（6）池田仁子「加賀藩の蘭学と洋学」石川県教育委員会文化財課金沢城研究調査室、『よみがえる金沢城―四五〇年の歴史を歩む―』平成一八年、三九頁。

（7）「国格類聚」巻之六、『金沢市史』資料編4（近世二）、平成一三年、九七頁。
（8）池田仁子、前掲（3）。
（9）『金沢市史』資料編7（近世五）、平成一四年、六一三及び六二四〜六二四頁。
（10）北野博司「近世城郭と石垣普請の実像—近年の研究動向と遺跡の保存—」（『日本歴史』六九六号、平成一八年五月、八九頁）。
（11）木越隆三「万治元年江戸城天守台普請に動員された百姓」（『北陸史学』四五号、平成八年）。
（12）永青文庫、明暦三年一一月〜万治元年一〇月「公儀御普請方覚帳」写真帳に依る。
（13）石川県教育委員会文化財課金沢城研究調査室『御造営方日並記』上・下巻、平成一六・一七年。原本は加越能文庫蔵。
（14）『医家伝記資料』上、青史社、昭和五五年。
（15）池田仁子、前掲（2）（A）四三頁。
（16）金沢市教育委員会文化財課『加賀藩寺社触頭文書調査報告書（その二）瑞泉寺文書目録（その二）』平成一二年。
（17）池田仁子、前掲（2）（B）八八・九一頁。
（18）池田仁子、前掲（2）（A）及び同、前掲（13）。
（19）池田仁子「近世寺院の女性生活史断章—加賀金沢瑞泉寺文書調査より—」（『加能史料研究』一四号、平成一四年）、同「近世加賀町人の暮らしと文化—小松・安宅を中心として—」（藤井一二編『近世の地域支配と文化』岩田書院、平成一七年）〈『金沢と加賀藩町場の生活文化』〉。
（20）本章では緒方洪庵への入門について、緒方富雄『緒方洪庵伝』岩波書店、昭和三八年に依る。
（21）池田仁子「近世加賀文人のサロン形成—金子鶴村の京都勤学をめぐって—」（『日本歴史』六四六号、平成一四年）〈『金沢と加賀藩町場の生活文化』〉。
（22）梅田和秀氏所蔵「三晴庵八代九栄死病之話等書留」。

(23)「亀田氏旧記」の刊本としては、巻数一～五巻は田中喜男校注『日本都市生活史料集成』五（城下町篇Ⅲ、学習研究社、昭和五一年）に、続いて六巻～八巻は同氏により『日本海地域史研究』四輯～六輯（日本海地域史研究会、文献出版、昭和五七年～五九年）に翻刻されている。

(24) 池田仁子、前掲（3）。

(25) 池田仁子、前掲（2）（B）で大庭探元（養元）について、前掲（5）『郷土辞彙』に依り小森桃塢門下としたが、これは間違いであるゆえ、訂正しておく。すなわち、「小森家入門帳」（京都府医師会編『京都の医学史』資料編、昭和五五年）に大庭探元の名はなく、吉田長淑の門人帳「門人籍」に「大庭養元（探元）」と記されている（吉川芳秋『蘭医学郷土文化史考』昭和三五年）。なお、金沢棟岳寺の吉田長淑の墓石に「大庭深（探）元」と刻されている。

(26) 梅田和秀家文書「北枝堂日記」（『金沢市史』資料編7〈近世五〉平成一四年、七四七頁）。

(27) 正橋剛二「『高岡詩話』にみる医師学的記述」（上）（『北陸医史』一六巻一号、平成七年）、石川県立歴史博物館『科学技術の19世紀』（平成五年）及び拙稿、前稿（2）（A）・（B）。

(28)『日本国語大辞典』二巻（小学館、昭和五四年）「えんと月日」の項。

(29) 工藤幸雄「いろはガルタ」（柳瀬尚紀編『日本の名随筆　別巻　七四　辞書』作品社、平成九年、二一七頁）。

(30) 第一書房、昭和五八年復刻、七一五～七二〇頁。

(31)『国史大辞典』三巻（吉川弘文館、昭和五八年）、「カルタ」の項。

(32) 高嶋正頴に関して荻野元凱の門下であることや、高木学純・横井玄仲（元仲）が弘化元年の「士帳」に藩医として記載されていること、また、吉益北洲の出仕が弘化四年であることについては、池田仁子『近世金沢の医療と医家』岩田書院、平成二七年、一二四・一七三・一三〇・一三一・一六八頁、及び同「元治元年前田慶寧の退京・謹慎と金谷御殿における治療」（『研究紀要　金沢城研究』一三号、平成二七年、四〇・四一頁）。また、吉益北洲の没年が安政四年であることについては、前掲（25）の本文篇ともいうべき『京都の医学史』四七四頁で確認した。

（33）呉秀三『シーボルト先生　その生涯及び功業』三（東洋文庫一一七、平凡社、昭和四三年、六五頁）、青木一郎編『坪井信道詩文及書翰集』（岐阜県医師会、昭和五〇年、三三一頁）。
（34）山澤英雄校訂『誹風柳多留拾遺』上、岩波文庫、平成七年、七一頁。
（35）前掲（5）『郷土辞彙』「医者」の項。

第七章　庭の利用と保養・領民

はじめに

著者はこれまで加賀藩の医療や医家などについて研究してきた。[1]その過程で心身を休ませ健康を保つといった保養・養生、あるいは健康の増進を図る、病後回復への訓練として庭・庭園が利用されているということに関心を抱いた。ところで、庭は従来①広い場所、邸内前の空き地、②作業や物事を行なう所、③草木を植え、築山・泉池を設け観賞・逍遥などの場であり、長い歴史のなかで、計画的に庭園が造られてきた。庭園には、自然の持つ成長力・治癒力・腐朽の過程などが組み入れられた。人々は何世代にもわたり庭を手入れし、移ろい行く自然の中に美や楽しみ、心の充実を見つけ出した。[2]古代以来、宮廷・寺社や大名ら権力者・富裕者は、居住内などに庭園をつくり、邸内で自然を愛でた。いわば、庭園はこれを造り利用できる有力者の特権で、彼らの心の癒しであるとともに、権威を示すものでもあった。

しかし、松平定信の白河南湖や徳川斉昭の水戸偕楽園は、民衆の保健を目的とした公園の濫觴と評価されている。[3]近代になり、金沢では明治四年に兼六園（元蓮池庭）は「四民偕楽」の趣旨により、与楽園と改称したが、まもなく兼六園と再び称される。同六年明治新政府により、永く「万人偕楽」のために、公園が誕生することとなる[4]（一月一五日太政官布達)。やがて、庭園内の水・空気・オゾン・緑樹・空間が医療と深く関わり、サナトリウム(療養所)が造られ、医療造園などという言葉も生まれた(5)。また、庭園の緑の機能は、精神的・心理的効果があると認められ、健康にとって重要との認識も生まれた(6)。

こうしたなか、従来の庭園史研究が造園の技術的な側面と庭園観賞の美的側面とが中心であったことに対し、神原邦男氏は大名庭園の利用という側面から、岡山後楽園を題材に研究された(7)。また、長山直治氏は金沢兼六園(蓮池庭・竹沢庭)の歴史と利用を詳細に史料から読み解いた(8)。さらに、木越隆三氏は金沢城玉泉院丸庭園の事例を紹介するなかで、座敷から庭を眺める室町期までとは異なり、近世の庭は、庭内をアクティブに移動、遊覧し、かつ多面的に変化したと指摘する(9)。

本章では、以上の点を踏まえ、試みとして保養、遊覧、領民との関わり等といった面より、加賀藩を事例として、近世初頭から幕末までの庭の利用と行歩について、いわば、保健医療・福祉的側面より考えてみたい。ここでは、藩主を中心に、武士・領民の間で庭がどのように広く利用されてきたのか、無作為的にみた史料の中から、概要をみていきたい。はじめに、前提として江戸や他藩の事例をみた上で、当藩における大坂屋敷、江戸藩邸や参勤道中の宿の庭、金沢城二ノ丸の御居間先御庭や玉泉院丸庭園・蓮池庭・竹沢御庭・金谷御庭等での利用、領民との関わりをみる。さらに金沢の町家の庭や背戸、村方の十村の庭園等についても若干触れ、領民の利用について考察する。また、行歩が健康にとって良いとされていた事例をも紹介していきたい。

第一節　江戸の行楽地と他藩の庭の利用

まず、江戸町人の行楽と他藩の藩邸などの事例をみていこう。

【江戸町人の行楽】江戸では将軍徳川吉宗が飛鳥山を花見の名所として武士のみでなく、庶民も楽しめる行楽の地として整備した。すなわち、吉宗は「衆と共に楽しむ」（寛政一一年「飛鳥山始末記」）という目的をもって、桜などの植栽を施した。さらに元文二年（一七三七）には、飛鳥山の土地を隣接する金輪寺に寄進している。[10]

【尾張藩江戸下屋敷など】後に戸山公園、国立医療センターなどが建てられる尾張藩の江戸下屋敷などについて、[11]「御日記頭書」によれば、寛文一一年「姫君様　霊仙院（千代姫）様御事　御病気御養生」のため、尾張藩は幕府から八万五〇〇〇余坪を拝領した。庭園内には町家も作られ、酒屋・菓子屋・本屋、和田戸庵（安）という医師の家もあった。

なお、化政期以後、大名庭園では一時的に庶民に開放し、庭内の社の開帳に伴い経済的メリットをあてこんだ。たとえば文化期、京極家の虎の門上屋敷では、毎月一〇日に門を開き、讃州から勧請した金毘羅社の参拝を許可する。特に一〇月一〇日の祭礼に、辻店が並び、賽銭を得た。また、同じ頃久留米藩有馬家の芝の上屋敷では、領国より水天宮を勧請し、毎月五日に開帳し、初穂料をとって守り札を売った。さらに、津和野藩の深川浜屋敷では、毎日一八日庭を開放、人丸社への参拝を許可し、呉服屋や役者などから手拭を奉納させるなど人々が群集した。浅草の立花家の下屋敷の鎮守太郎稲荷では、享和の頃盛んとなり、一時廃れるが、幕末に再び繁盛、茶店が並び、桜が植えられた。同じ頃、麻布広尾の木下家の上屋敷の庭では、毎年三月一日〜一〇日諸人に開放、桜見物を許可している。

一方、旗本の庭園のほか、商家、名主や植木屋の庭では、当時園芸の隆盛を背景に、奇花珍種を作り出し、人々に見せている。

【岡山後楽園の場合】『岡山後楽園史　通史編』及び前出の神原氏の研究書より[12]、近世を通して、園内に様々な施設を建立し、能を行ない、家臣の妻女や領民にも拝見させた。庭園は藩主池田家の私的な生活を楽しみ、生活形態を維持するための場、家族や家臣を支える私的な安らぎの場であった。また、領民との交流により、文化的楽しみを分かち合う場でもあった。同時に、庭内の能舞台は養生の場、藩主としての職務をつとめる力を養う場、「心気を養う」場、学問修得・武芸の心身鍛錬の場、植栽の場、菜園（柿・蜜柑・煙草ほか）・稲田（土地利用）、茶事、蹴鞠、相撲の場、稲荷宮の勧請、祭礼、慰物、芝居、囃子狂言、浄瑠璃などの場、もてなし、花見の場、園内の座敷で町医による歯の治療の場、武芸稽古・家臣の武芸上覧の場となる。さらに、慈眼堂・弁財天を建立し（一般に大名庭園には神仏を祀った場合が多い）信仰の場、領民の御庭拝見の場、大名・公家の訪問、京・大坂医師の招請と御庭の拝見の場としても様々に利用された。

【水戸偕楽園と領民】嘉永四年「好文亭四季模様之図」（原本は幕末と明治の博物館蔵〈茨城県大洗町〉）（亘誊幽図）の左上に記された松梼清章による園の由来書には「水戸候（侯）黄門斉昭公天保之初、常盤郷神寄（奇）之地、為開於階（偕）楽園、…（中略）漸々園成、其内建設好冬中、翫文雅民共令楽之」などと記されている。すなわち、偕楽園の由来は、文雅を翫び、民とともに楽しむこととされた。また、この図のもととなったとみられる亘誊幽図には、斉昭の旧蔵を示す「潜龍閣蔵書印」の押印のある図も同館に所蔵されている。[13]

【白河南湖と士民の遊娯】岡本茲奘（奥州白河藩士）筆「感徳録」四巻に、「士民と共に楽しミ給ふ御盛慮もて御亭樹（榭）を経営せられ、諸士始め遊娯をゆるされけり」「四時に渡り士民つとゐ来り遊娯せり」と記されている。藩主松平定信は、士民共楽の趣旨をもって、南湖とその周辺を整備し、園地は士民に開放されていたという。[14]

加賀藩における庭の利用と行歩について、支藩の富山・大聖寺両藩の藩主前田家を含み、表1・表2にまとめた。両表ともに分類欄では、複数の側面を有している場合もあるが、主に次のような分類を試みた。保養・養生・リハビリをa、行歩をb、心の癒し、慰安、疲れや暑さなどの解消をc、観賞、遊覧、散策、見物、これらを伴う人々の交流をd、薬草・果樹などの植栽、魚等仕掛けの恵みをe、乗馬・弓術・鳥銃など武術や蹴鞠の稽古など、身体の鍛錬のための広い空間利用をf、庭内の鎮守の参詣、見学をg、藩校建設と利用、臨時的な居住利用をh、花火・作り物・動物等見世物といった遊興、娯楽をi、地震の避難場をj、協議の場をkなどとした。

1　大坂・江戸等における庭の利用

まず、大坂・江戸・参勤途上の庭の利用と行歩の事例を表1からみていこう。

表1　大坂・江戸・参勤途上の庭の利用と行歩の事例

年・月・日（西暦）	主な内容	典拠史料	分類
天正18・3・9（一五九〇）	前田利家（加賀藩藩祖）・徳川家康ら五人の宿老・奉行らは豊臣秀吉に召され、大坂城山里丸の茶室にて御茶を賜い、朝鮮征討につき議す	「太閤記」巻一三	d・i・k
慶長4・2（一五九九）	利家は、養生のため、大坂の御屋敷に作らせた御庭内を乗物にて廻る	「利家記」五巻	a
同4・閏3・2	利家は、養生のため、大坂城内山里丸に乗物にて出る	同、「三壺聞書」巻六上	a

安永2・4・2（一七七三）	前田治脩（一一代藩主）は、会津藩主松平容頌方へ参り、饗応を受け、庭を散策、御亭にて品川海を眺望、御船芸稽古を見物する	「太梁公日記」一六冊	d
同2・4・14	将軍御成にて、紅葉山へ予参に付、治脩や諸大名らは参詣、庭等散策、親交する（参詣・慰安・娯楽の場）	同 一六冊	d
同2・4・21	治脩は初めて中屋敷に参り、庭を巡見、椿・つつじ・糸杉を観賞	同 一六冊	d
同2・5・10	富山藩主前田利與は、保養として歩行したき旨、幕府への願出の事を治脩に申越す	同 一七冊	a
同2・5・18	老中松平康福等が藩邸の庭を見学、甚だ賞美する。また、池田重寛・松平信明が庭見物を所望する（以後も大名らは庭見物を願来る）	同 一七冊	d
同2・5・29	治脩は、藩邸の御居間先御庭で鳥銃の稽古をする（庭は心身鍛錬の場）	同 一七冊	f
同2・5・30	治脩は先代重教（治脩兄）に招かれ、藩邸にて蹴鞠を行なう（以降もしばしば）	同 一七冊	f
同2・6・28	治脩は、外庭へ重教の御供で庭内を散策、各所に角置き鉄炮を打つ	同 一八冊	d・f
同2・7・8	治脩は、居間先御庭で弓を射る	同 一九冊	f
同2・7・16	治脩は、夜暑いため、庭に出、行歩し、涼をとる	同 一九冊	b・c
同2・8・7	信州野尻の宿で、治脩は小休、前年より申し付け置いた塀・泉水など宜しく出来たと述べ、旅の疲れを癒す	同 二〇冊	c
弘化2・5・18（一八四五）	斉泰（一三代藩主）は、世子慶寧は丈夫に見えるが、とかく気鬱になるゆえ、保養として懇ろに行歩させたく、国許にて御行歩緩々させるなら、全く保養になるゆえ国許へ御暇を願いたいと、幕府に願出る	「成瀬正敦日記」一五巻	a・b
嘉永3・4・3（一八五〇）	上屋敷の御庭にて、東居宅御膳所の方へ草花が長く伸び、色々青花を籠入れにし、馬見所の向側に国産の九谷焼等長き棚に種々飾り、梅林の中に小さき水茶屋、蕎麦屋躰のものや傘御亭下御堀縁に二畳程の腰掛が出来、是迄の御亭の御手入れを仰付られ、見事な出来栄となる	「公私心覚」四巻（慶寧御附小将頭加藤三郎左衛門自筆）	i

安政2・10・3（一八五五）	昨日夜江戸大地震が起こり、斉泰は藩邸の御庭に出て、のち外御庭の高見所に避難する。松現院（斉泰娘、前田利義〈大聖寺藩主〉正室）は本宅に入り、直に御庭に出、長門守（富山藩主前田利保）らも御住居の地震の間へ入る	「公私心覚」一二巻	j
安政3・10・18	近年御守殿に建立の御鎮守にて御庭に作物有り、御対面所御縁側に生花を飾る。御居間辺の縁側に小間物店・青草店・茶店・一銭飯店・揚弓場あり、上使の御間縁側に小人形の花車引きの作物を飾り、すべて見事な陶器で、家臣らも拝見する	「大野木日記抜粋」一巻	i
安政4・3・6	藩邸の御守殿の鎮守祭礼が行なわれ、家臣らも罷出、拝礼する。のち、お庭にある地震の御間に生花や浦島の御能の作り物が例の如く飾られ、小間物店・酒屋・陶器店等も設けられる。	同　二巻	g・i・j
文久3・2・24（一八六三）	上屋敷にて御庭の花が見ごろとなり、22日及びこの日藩士らも拝見が許可される	「諸士留帳」一〇巻（横山政和自筆）	d

「太閤記」は、檜谷昭彦・江本裕校注『太閤記』岩波書店、平成八年を活用、「太梁公日記」の原本は、前田育徳会尊経閣文庫所蔵、本章では刊本（長山直治校訂『太梁公日記』八木書店、第三～第五、平成二一～二六年）を活用。ほかは金沢市立玉川図書館近世史料館加越能文庫蔵である。なお、表1・表2ともに各事項は前田育徳会『加賀藩史料』清文堂出版、昭和五六年復刻に、一部収録されているものもある。

表1の分類をみると、a・f・iが四例、b・c・jが二例、g・kが一例、dが七例、e・hが〇例である。すなわち、dの鑑賞・遊覧・交流などがもっとも多く、aの保養等と、fの身体の鍛錬、さらにiの遊興・娯楽などがこれに次いでいる。また、b・cにみられるように、保養・養生・行歩や心の癒しなどに、庭が利用されていることが、重要であり、見逃せない。

これらについて、主なものをみていこう。天正一八年前田利家・徳川家康ら五人の宿老・奉行らは豊臣秀吉に召され、大坂城山里丸の茶室にて御茶を賜い、朝鮮征討につき協議している。また、慶長四年二月利家は、養生のため、大坂の御屋敷に作らせた御庭内を乗物にて廻る。庭園は一般に御殿に併設されるものである。慶長期利家の屋敷は玉造町にあったという。(15) また、同四年閏三月二日、加越能文庫一七巻本の「三壺聞書」巻六上によれば、「利家公者御養性（生）として御乗物に召され、御露地へ出御成て御慰被成けり」と見える。また、「利家記」五巻及び金沢市立玉川図書館近世史料館郷土資料「三壺聞書」（〇九〇―四一一ア、刊本『三壺聞書』（石川県図書館協会、昭和六年の底本とみられる）巻九にも同様に記され、逝去の前日利家は、養生のため大坂城山里丸に御乗物にて出掛ていることがわかる。当時利家は秀頼の守役で、この頃重篤であったことから、大坂城内にも屋敷があった。恐らく、そこから山里丸へ乗物で保養に出たことも考えられる。なお、この大坂城の山里丸（本丸の北側）は豊臣時代、桜・藤・松などが豊かで、秀吉が家族や家臣と茶会や花見を楽しんだという。(16)

つぎに江戸藩邸についてみよう。寛永八年（一六三一）徳川より前田家が不穏な動きとして嫌疑をかけられた際、藩主利常及び嫡子光高はともに出府した。この時の様子につき、加越能文庫「三壺聞書」（一七巻本、巻九）及び石川県立図書館森田文庫同史料では、「役人、足軽に被仰付、江戸中の植木共被召上、或は石などを車にて御取寄せ、御露地御普請夥敷、きやりの声本郷・湯嶋の町をひゞかす」「日用人足・大工・木挽共数多屋敷の内へ出入させ、露地普請等をいとなむ事、諸人のさばくりをやめんためなり」と記されている。このうち、「諸人のさばくりをやめんためなり」について、先の近世史料館郷土資料「三壺聞書」一五巻では、「諸人の心を安んせんかため也」とある。前者の「さばくり」とは、取り扱う、取り計らうの意である。加賀藩に対してあれこれ取り沙汰するなど、諸人からの疑いの眼をはらすため、疑いなきことを表わす為、かえって庭の普請による物音を響かせたと解釈される。また、後者の「諸人の心を安せんかため」とは、諸人が前田家のことを彼是取り沙汰することをやめ、安心させるため、と解釈されよう。ともあれ、この寛永の危機の時に江戸藩邸（辰口邸ヵ）の庭が大々的に造られたと理解されよう。このような江戸藩邸の庭の造りや利用のあり方などが、国許金沢の庭にも反映されているものと想定される。

２　金沢における庭の利用と行歩

つぎに金沢での庭の利用と行歩について、表2に示した。

表2　金沢での庭の利用と行歩の事例

年・月・日（西暦）	主な内容	典拠史料	分類
延宝6・12・2（一六七八）	前田綱紀（五代藩主）は、蓮池庭の御館で藩老らを饗応、料理出し、御数寄屋で茶を点ずる	「葛巻昌興日記」二〇巻	d
貞享3・8・27（一六八六）	綱紀は京都紫野（大徳寺）芳春院の住持を蓮池御亭で饗応、御露地を拝見させ、馬場御亭で菓子を下賜する	「松雲院様御近習向留帳抜萃」	d
元禄元・10・4（一六八八）	綱紀の養女恭姫（実は七日市藩主前田利意娘、藩老長尚連室）は、蓮池の御庭へ出、堂形を歩行、玉泉丸の御亭を見物する（6日も御慰に玉泉院丸の御亭に、7日蓮池の上御亭へ、28日玉泉院丸御亭へ、29日蓮池の上御亭へ出かける）	「葛巻昌興日記」二一巻	c
元禄9・8・11	綱紀は、二ノ丸が造営中のため、帰国後は、蓮池庭の上屋敷に入る（臨時的居住利用）	「前田貞親手記」三三巻	h
寛延4・3・16（一七五一）	前田重熙（八代藩主）は、病気が段々快然しつつあり、病後の回復訓練に蓮池御庭へ馬で出る（22・26・27日も同様）	「政隣記」九巻、「大野木克寛日記」二七巻	a
宝暦4・閏2・7（一七五四）	前田重教（一〇代藩主）は麻疹が癒え、出府に備え、心身の回復を目指し、蓮池御庭へ御出になる	「泰雲公御年譜」	a

安永2・8・20（一七七三）	前田治脩は、御居間先御庭で弓を射る（21日、9月朔日、14日も同所で鳥銃を討つ）	「太梁公日記」二〇冊	f
同2・8・22	治脩は、馬見所で見物、弓を射る（23日表小将らへ的を申付る）	同　二〇冊	f
同2・8・26	治脩は、名馬玉馬に乗り、心身の鍛錬を図る	同　二〇冊	f
同2・9・2	治脩は、蓮池御庭へ初て出、同馬場にて近習の者に騎射を命ずる	同　二一冊	f
同2・9・16	治脩は、蓮池御庭へ出、御庭内の馬場にて射手共の射的を見分する（翌日も一覧する）	同　二一冊	f
同2・9・20	治脩は、御居間先御庭にて表小将や奥小将らに乗馬を申付る（26日も同様）	同　二一冊	f
同2・9・26	治脩は、御用の間横の庭籠・泉水作事に取懸らせ、鞠場も寝御間の方に出来る（11月朔日鞠場は昨日迄に土台石出来、柱等建ち屋根なども出来予定、同9日廻りの土廊下出来、翌3年正月29日、治脩は鞠場の方の土縁の竹縁・水門を取払せる→鞠場は庭の中に設けられた）	同　二一冊	d・f
同3・2・7	治脩は、鞠場に砂を敷かせ、試みに蹴ったところ沓の具合悪かったが、千六百回蹴る、落・不落有り（翌8日は三千回蹴る）	同　二六冊	f
寛政4・閏2・6（一七九二）	治脩は、前年9月千歳台（兼六園の東南部）の西南部（蓮池庭・竹沢庭）の地に藩校建設を極め、この日藩士・町在の者の就学を達する	「金沢古蹟志」七巻	h
同4・3・2	藩校の開校式が開催、前田治脩臨席にて、藩老らも出座する	「御年譜」	h
同4・6・14	7月2日より藩校にて稽古の開始を達する	「政隣記」一六巻	h
同11・10・24	前田直養等重臣らは、蓮池御庭の紅葉・泉水・瀧の鑑賞を許される	「前田直養覚書」	d
文政2・正・28（一八一九）	前田斉広（一二代藩主）は、竹沢御庭近辺を保養の場、隠居所と定る（竹沢御殿建て、同5年12月引き移る）	「御内御用留」九里覚右衛門著	a

同5・9・20	斉広より松平定信は、兼六園の額字を請われる。名付は摂家の者か、六つの景勝を兼備しているとの事、唐裴晋公園の記中に有るとの事記す	「花月日記」松平定信著	d
天保8・6・14（一八三七）	前田斉泰は、竹沢御屋敷書斎先よりの水源の水道付替え等のため、蓮池御門より入り、内外の御庭を見分する	「成瀬正敦日記」二巻	d
同8・8・2	斉泰は竹沢御泉水へいつも通り、鮎簗を懸け、獲物を広式へ差上るよう仰出す	同　二巻	e
同8・9・14	金谷等御庭に円座柿八〇、大和柿四九〇程出来、翌日太梁院（治脩）・金龍院（斉広）の牌前へ供える	同　二巻	e
同8・9・26	竹沢兼六御門辺の栗が出来、翌日金龍院（斉広）へ供える、この日栄操院（斉泰生母）は、蓮池御庭へ出懸ける（以降も前田家の人々は同様に所々の御庭を遊覧）	同　二巻	e・d
同9・5・4	遠藤七郎右衛門は竹沢御庭に桑畑を作るよう仰付られる	同　三巻	e
同9・5・21	金谷御庭に枇杷が熟し、例の通り太梁院・金龍院の牌前へ御供えすることとなる（以降もしばしば行なわれる）	同　三巻	e
同9・7・4	斉泰は蓮池御庭へ御出になる。また、竹沢御庭の栄螺山を御好みに築き足し、御堀の頂に三重の塔を仰付られる。先日より取掛っており、この日第一番の笠石を据る	同　三巻	d
同9・8・20	竹沢御庭の簗に懸った鮎一一を家臣らに下賜する	同　四巻	e
同12・3・26	栄操院の治療のため、金沢に下向していた禁裏医師山本安房介は、帰京に際し、願出により竹沢御庭を拝見する	同　九巻、「御城方日記」（村井鞁負自筆）	d
同13・8・22	斉泰の治療のため、金沢に下向していた禁裏医師小林豊後守は、帰京に際し、願出により竹沢御庭を拝見する	「成瀬正敦日記」一一巻	d
同14・3・11	斉泰は脚気回復のため、玉泉院丸（段差有り）御庭で行歩を試す（リハビリ）	同　一二巻	a・b

天保14・3・26	斉泰は松坂御庭を行歩する	同　一二巻	a・b
同14・4・4	斉泰は御居間先御庭に出、二度歩行し、蓮池御庭へ乗り物にて入る	同　一二巻	a・b
同14・8・26	斉泰は数日前より足の「御栂」（親指）が膿み痛めていたが、ほぼ快復し、金谷御庭内も御駕籠にて廻る	同　一二巻	a
同15・9・15	真龍院（斉広正室）は、蓮池御庭及び藩老本多邸御庭で后月見をする	同　一三巻	i
嘉永元・7・17（一八四八）	斉泰・真龍院、家臣らは、蓮池御庭にて在府の慶寧（次期一四代藩主）より進ぜられた花火を見物する	同　二三巻	i
同5・4・24	竹沢鎮守にて、当14日より28日迄（実際は5月2日迄日延）天満宮九五〇年神忌が執行され、家中の者や町方男女（男子は一五歳以下）の参詣が許可される	同　二七巻	g
同7・10・12	斉泰は蓮池御庭調練場にて、御先手物頭中組足軽の足並稽古を聞届る	「公私心覚」一〇巻	f
安政2・2・朔（一八五五）	余程強き地震にて、真龍院は御居間先御庭へ出る	「諸事要用日記」六巻	j
同3・8・8	竹沢御庭に植付の人参の手入御用を、藩医長谷川学方へ仰付け、横井元仲も拝命、（26日元仲へは学方より演述、申談ずる）	同　七巻	e
同4・7・16	金谷御庭にて家臣らは、姫君拝領の北野天満宮の桜木を拝見、鎮守祭礼につき御側廻りも拝礼、庭内に生花等有り、小間物店等多く有り、御茶・御菓子など頂戴する	「大野木日記抜萃」二巻	g・i
元治元・4・5（一八六四）	前田慶寧は、保養として、久々にて御行歩し、安江村・近岡村・直江村・大河端・粟ヶ崎・七ツ屋口に出かける	「筑前守様御用留写」五巻	a・b
慶応2・8・25（一八六六）	竹沢庭の巽御殿にて、大坂から運ばれた見世物の象・虎・駱駝・鵞馬が、真龍院らの上覧に供される	『梅田日記』	i
同2・9・22	藩老らは、竹沢庭に牽き出された象などを拝見する	「毎日帳書抜」三巻	i

同4・7・23	藩老奥村栄通は、前田弾蕃に宛て、体調不良のため藩医山本文玄斎に診療してもらったところ、折々行歩すれば、気血も順還（環）する故、行歩し、保養するよう、進言された事書送る	「御用方手留」三三巻	b
明治6・冬（一八七三）	新御社造り、名木・名石並べ、千紅万紫の花を咲せ、所々に茶店の莚を開き、美酒・嘉肴にて月雪花の佳恵を愛でる事等記す	「尾山の栄」	i

「花月日記」は東京大学史料編纂所蔵の写本（インターネットより石野友康氏提供）、「御年譜」の原本は前田育徳会尊経閣文庫蔵、金沢市立玉川図書館近世史料館への寄託資料、ファイル番号54による。「前田直養覚書」は前田土佐守家資料館蔵、「尾山の栄」は［木版］尾山神社蔵（『重要文化財尾山神社神門保存修理工事報告書』尾山神社、平成一五年）、ほかは加越能文庫蔵。また、「御内御用留」は写本、『金沢市史』資料編3、金沢市、平成一一年、にも収録。「大野木克寛日記」は、長山直治監修、高木喜美子校訂にて『大野木克寛日記』（桂書房、平成二三年）が出された。『梅田日記』は若林喜三郎編『梅田日記―幕末金沢町民生活風物誌―』、北国出版社、昭和四五年（長山直治・中野節子監修、遍プロジェクト編『梅田日記　ある庶民がみた幕末金沢』能登印刷出版部、平成二一年）、兼六園については、長山直治『兼六園を読み解く―その歴史と利用―』桂書房、平成一八年、を参照。

表2では、a（保養・養生・リハビリ）が八例、b（行歩）が五例、c（心の癒し、慰安など）が一例、d（鑑賞・遊覧・交流）が一〇例、e（植栽・魚の仕掛けの恵み）が七例、f（身体の鍛錬）が九例、g（庭内の鎮守の参詣、見学）が二例、h（藩校、居住利用）が四例、i（遊興、娯楽）が六例、j（地震の避難場）が一例、k（協議の場）が〇例である。すなわち、鑑賞・遊覧などのdがもっとも多く、つぎに身体の鍛錬のfが多い。ここで、aの保養・養生・リハビリ、及びeの植栽・魚の仕掛けの恵み、bの行歩などが重要である。また、gの庭内の鎮守の参詣、見学、及びhの藩校の利用については、許可があれば、領民も参加できるという点では、看過できないことがらである。

以下、主な具体例をみて行こう。元禄元年藩主綱紀は玉泉院丸の馬廻組番所を撤去、千宗室に指示し、厩を取り壊して、御亭や「花塢」（カオ、花畑）を整備する。また、安永年間治脩は、江戸藩邸で蹴鞠を行なっていたが、同様に鞠場を金沢城二ノ丸の御寝間の方の庭にも新たに設け、足の鍛錬と娯楽を兼ね楽しんでいる。

また、斉泰は天保期に脚気の病に悩まされているが、アップダウンのある玉泉院丸の庭で歩行訓練、リハビリをしていることは注目される(17)。

表2では、すべて表示してないが、「成瀬正敦日記」で天保から嘉永期の庭の植栽などをみると、金谷御庭では、円座柿、大和柿、枇杷、西瓜、柚子が、一方、竹沢御庭では鮎取りのほか、栗、西瓜、枇杷、白瓜（なるこ瓜）、長命寺柿が収穫され、治脩や斉広の御牌前に供えられている。

また、江戸藩邸には地震の避難場所である「地震の間《ま》」が庭の中にあったことがわかる。安政二年二月、金沢にて強震が起こり、真龍院は御居間先御庭へ避難する（「諸事要用日記」六巻、一六、四二一－三二一）。また、表1でも示したように、同年一〇月江戸でも大地震が起こり、斉泰は藩邸の庭に出て、のち外御庭の高見所に避難する。松現院（前田利義〈大聖寺藩主〉正室）は本宅に入り、直に御庭に出、長門守（富山藩主前田利保）らも御住居の「地震の間」へ入る。このように庭が地震の避難場所になった一例で、庭に「地震の間」が建てられていたことがわかる（「公私心覚」一二巻）。

つぎに、慶応二年竹沢庭の巽御殿にて、象などが真龍院らに上覧され、「各望次第竹沢御庭拝見被　仰付、右ハ象等為御牽ニ付而被　仰出候よし也」（「毎日帳書抜」三巻、一六、四〇－七四）と記され、重臣らも拝見する事例をうかがいみた。庭は広い場所、スペースがあったゆえ、多様に使用された。

3　領民の庭

最後に領民と庭について触れておこう。領民は藩主、藩老など上級武士の庭の拝見を許されることもあり、次第に模倣して、武士や領内の有力町人や有力農民も近世中期以降より、露地には様々に作庭していたものとみられる[18]。これは、文化の庶民への降下ともいえよう。庭造りには花や果樹を植え、庭石・石燈籠を据え、あるいは泉水・築山を設けた庭園や茶室などを造った[19]。そこには、加賀藩における茶道・華道の隆盛が背景にあったと想定される。例えば、御用絵師九代目梅田九栄の日記「北枝堂日記」（梅田和秀家文書）によれば、嘉永六年八月二日、九栄は金沢の観音下町に北枝堂という持ち家（別宅）を有し、「庭廻り普請」を始め、四日には「庭作り日雇二人来ル」と見える[20]。また、草花が領民の生活の中に浸透してきた一つの現れとして、文化八年（一八一一）城下の泉町に植木商売として松任屋清兵衛が住していた。また、竪町には草花商売として、清水屋甚右衛門がいたことが注目される（原本は金沢市立玉川図書館近世史料館蔵「金沢町名帳」[21]）。さらに、一般の町人も家の後方の裏口周辺部に草花などを植え楽しんだのではなかろうか。

おわりに

以上のように、加賀藩の庭においては、保養やリハビリ、行歩、心の癒し、観賞・遊覧、人々の交流、植栽、乗馬・鳥銃・蹴鞠等身体の鍛錬、鎮守の参詣、藩校での修学、花火・作り物や動物の見物・娯楽、地震の避難場所など、多様に利用されていたことがわかった。また、保養・養生の面では、断片的ではあるが、大坂屋敷にて養生として、庭内を乗物にて廻った藩祖前田利家の事例（慶長四年）、病後鍛錬のため金沢の蓮池庭へ出て心身の回復を図った重熙（寛延四年）・重教（宝暦四年）、江戸より帰国の途次信州の本陣宿にて、庭の泉水などで旅の疲れを癒した治脩（安永二年）、保養の地として竹沢庭を選び隠居の御殿を建て住んだ斉広（文政二・五年）、脚気のリハビリとして玉泉院丸の庭で歩行訓練を行なった斉泰（天保一四年）らの事例を確認した。また、行歩が保養の面、気分転換にも良いとされていた慶寧の事例（弘化二年など）や、藩老奥村氏の事例（慶応四年）などをみることができた。なお、庭の観賞・遊覧はほぼ全時期にわたって確認できた。

さらに、今回庭が地震の避難場所に利用されていることも確認した。すなわち、「地震の間」は庭の中にあった。このことは、前田家における象などの上覧や藩士の拝見なども加えて、庭には広い場所、スペースがあったから、多目的に使われることの一面とみてよかろう。

つぎに、領民が藩主の庭にどうかかわったかについては、許可を得ての藩校への入学、竹沢庭の鎮守の祭礼に参詣、藩邸での江戸町人の作り物拝見、祭礼の出店の利用など、制限があるものの、いわば庭の利用における領民の福祉的側面を垣間みた。これらは明治初年の尾山神社境内での出店等の利用の源流ともいえよう(22)。

一方、近世後半頃より有力な領民らは様々に作庭するなど、日々の暮らしのなかで、草花や果樹・泉水などを楽しんだものとみられる。

以上、古来より宮廷や寺社・貴族・武家のほか、近世には領民らも加え、それぞれの有力者は、築山・泉水・植栽など自然界の様相を取り込み、生活の場の身近に庭園を造った。大名庭園においても、制限付きで一般の領民にも拝見が許可された。すなわち、庭の利用のあり方には、一人の保養・養生や心身の鍛錬から、次第に多数での心身の鍛錬・遊覧・娯楽というように多様に利用され、やがて近代の軍事訓練、娯楽・催事、多種の祭礼へ、というように展開していくのではなかろうか。

本章では、加賀藩の庭の利用と行歩についての概要をみてきたが、庭内の諸施設の目的など、一項目ごとの検証には至らなかった。また、本章での加賀藩における庭の利用については、他藩と比べ大同小異とみられるが、詳細な点での比較検討も今後の課題となった。

註

（1）池田仁子（ア）『金沢と加賀藩町場の生活文化』岩田書院、平成二四年、第一編第一章、（イ）『近世金沢の医療と医家』岩田書院、平成二七年（『研究紀要　金沢城研究』八～一二号、平成二二年～二六年ほか）、（ウ）「加賀藩蘭学の受容と医者の動向」（『北陸史学』五五、平成一八年）、（エ）「大高元哲の事績をめぐって」（加能地域史研究会『地域社会の歴史と人物』北國新聞社、平成二〇年）、（オ）「医者と暮らしの諸相」（一九世紀加賀藩「技術文化」研究会『時代に挑んだ科学者たち』北國新聞社、平成二一年）、（カ）「近世金沢の医療―〝伝統〟の礎と社会史的意義を探る―」（地方史研究協議会編『〝伝統〟の礎―加賀・能登・金沢の地域史―』雄山閣、平成二六年）、（キ）「元治元年前田慶寧の退京・謹慎と金谷御殿における治療」（『研究紀要　金沢城研究』一三、石川県金沢城調査研究所、平成二七年）、（ク）「近世初期加賀藩藩主前田家の病と治療・医家」（『同』一四、平成二八年）、（ケ）「金沢城主前田家の医療と医家」（『同』一五、平成二九年）、（コ）「金沢城下の医者と医療」（『同』一六、平成三〇年）。

（2）白幡洋三郎『江戸の大名庭園』ＩＮＡＸ出版、平成六年、四四・四五頁。

（3）龍居松之助『近世の庭園』三笠書房、昭和一七年。

（4）白幡洋三郎「物見遊山から公園へ」同・尼崎博正共編『造園史論集』養賢堂、平成一八年。

（5）上原敬二編『造園辞典』加島書店、昭和四八年、一八頁。

（6）田畑貞寿・樋渡達也編『造園の事典』朝倉書店、平成九年、六一・六二・九八・九九頁。

（7）神原邦男『大名庭園の利用の研究―岡山後楽園と藩主の利用―』吉備人出版、平成一五年、小野健吉『岩波　日本庭園辞典』岩波書店、平成一六年、一八七頁。

（8）長山直治『兼六園を読み解く―その歴史と利用―』桂書房、平成一八年。なお、蓮池庭・竹沢庭（兼六園）に関しては同書、及び兼六園全史編纂委員会・石川県公園事務所『兼六園全史』（兼六園観光協会、昭和五一年）、本康宏史「理想の名園、兼六園」（黒川威人編著『環境デザインという文明』前田印刷出版部、平成一八年）、池田仁子「兼六園と成巽閣はどんなとこ?」（池田公一編著『石川県謎解き散歩』新人物文庫、平成二四年）など参照。

(9) 木越隆三「玉泉院丸庭園の魅力と楽しみ方」（『文教いしかわ』七二号、石川県文教会館、平成二七年）。

(10) 白河市歴史民俗資料館『図録　定信と庭園―南湖と大名庭園―』平成一三年、九四頁。

(11) 小寺武久『尾張藩江戸下屋敷の謎―虚構の町をもつ大名庭園―』中央公論社、中公新書、平成元年、八・九・一五・一六・七一・一二九・一三〇・一五八頁など。この中では、海野弘『遊園都市』冬樹社、昭和六三年を紹介し、庭園内の田園は耕作の遊戯化であり、薬草・薬園は実利的で遊戯的であることを紹介する。

(12) 後楽園史編纂委員会『岡山後楽園史　通史編』岡山県、平成一三年。神原、前掲（7）。

(13) 「好文亭四季模様之図」については、複製パネルの写真にて、木越隆三氏より御教示いただいた。また、偕楽園については、水戸市史編纂委員会『水戸市史』中巻（三）、水戸市役所、昭和五一年参照。

(14) 白河市歴史民俗資料館前掲（10）、九二・九三頁。

(15) 大阪市『大阪市史』第一、清文堂出版、昭和四〇年復刻、一七三頁。

(16) 大坂城山里丸などに関しては『週刊　名城をゆく　3　大坂城』小学館、平成一六年、『歴史群像シリーズ　城と城下町　2　大坂　大阪』学習研究社、平成二〇年などを参照。

(17) 脚気と治療については、池田前掲（1）（イ）『近世金沢の医療と医家』第一編第四章〈『研究紀要　金沢城研究』一二号、平成二六年〉、また、歩行訓練については、石野友康「玉泉丸の来歴」（『金沢城跡―玉泉丸庭園Ⅰ―』金沢城史料叢書二四、石川県金沢城調査研究所、平成二七年）。

(18) 歴史書刊行会『加賀・能登の庭園』石川県、北國新聞社、平成四年。

(19) 金沢市役所『稿本　金沢市史　風俗編第二』名著出版、昭和四八年。

(20) 金沢市史編さん委員会『金沢市史』資料編7、金沢市、平成一四年、七三四～七三五頁。
(21)『金沢町名帳』金沢市立玉川図書館、平成八年。
(22) 表2における明治六年「尾山の栄」については、滝川重徳氏に御教示いただいた。

第八章　能美郡安宅船の朝鮮漂流と暮らし

はじめに

梯川河口に位置する能美郡安宅は、南加賀地方の商工業の中心地小松の外港として、特に近世・近代には海運業が盛んであった。同地の茶村家文書の中に、明治三〇年代に朝鮮の釜山までの距離を記した一紙がある(1)。ここには、安宅の海運業者が朝鮮の沿岸をも射程に入れ、航行の参考にしていたことがうかがわれる。が、それより遡ること六〇年程前、同地の船が朝鮮半島に漂着したことを知ってのことであろうか。著者はこれまで、安宅の難船事故について少々紹介したが、詳細について触れ得なかった(2)。

近世の他国への漂流・漂着について、北前船や海運・水上交通史、外交史、史料論などの立場から各研究が成されている(3)。例えば外交史の分野では、環日本海諸国が人道的な漂流民送還体制の中、通商を求めていたこと、殊に朝鮮の場合、交隣政策にあり、徳川政権も基本的に朝鮮との友好関係を前提に、東アジア外交を構築したことが指摘され、事例研究や個別研究の上に立った、総合的な研究の必要性が指摘されている。こうした中で、朝鮮の場合、交隣政策下の漂流一件をどう位置付けるかという問題をはらんでいるようにも思える。

本章では、安宅町人の海運業と環日本海の海難事故の一例として、当地の与三次屋平兵衛の持船神徳丸の朝鮮漂流を取上げる。はじめに漂流一件の取調べや帰還手続き等の経緯について、加賀藩領内の事例と比較し、相違点を把握しながら、帰還までの所要期間と事由などを整理する。つぎに、漂流から帰還まで、それぞれの生活の諸相を垣間みる。最後に事故後、海運業として、経営が成立ったかという問題を見据え、船主与三次屋の生業と暮らし向きの動向について、日本海や瀬戸内海の各湊に残る客船帳や安宅の文書等から周辺部分を探る。これらを通して、近世に朝鮮へ漂流した日本人送還の意味や海運から海難事故の影響、暮らしについて考察したい。

第一節　漂流・漂着一件の取調べと経緯

1　帰還までの所要期間と事由

漂流一件は幕府による異国船打払令後、天保の薪水給与令発布の前年、天保一二年（一八四一）に起こる。これについて、A「小松旧記」第四六冊（小松市立図書館蔵）（一部『新修小松市史』資料編2所収）、B宗家文庫史料（『新修小松市史』資料編6所収）、C長山直治氏の論文「宗家文庫史料にみる加賀・能登船の朝鮮漂着について」より見ていく[4]。

まず、同年正月一一日付の船切手写に「加州能美郡安宅浦与三治（次）屋平兵衛船、船頭、水主七人乗、於浦々有異儀間敷候、此外人数可被相改者也」と記され、加賀藩小松町奉行長屋七郎右衛門より津々浦々の役人中宛に航行許可書が発行された［上記Bの史料、以下A～Cの典拠を記］。この船は神徳丸一九反船で、乗組員は船頭の仁三郎（三一歳）及び水主の与三次（四）郎（四六歳）・長助（三三歳）・要助（二七歳）・儀三郎（三一歳）・卯（宇）右衛門（二八歳）・

文三郎（二一歳）・徳松（一六歳）、いずれも宗旨は真宗、生国は加賀である。

以下、彼らの足跡を整理すると、正月一四日冬囲いしてある大坂へ安宅浦より陸路で出発。同二〇日大坂到着、黒砂糖一〇挺積入れ、同閏正月三日大坂出航、伊予上嶋（宇和島）で薩摩芋六〇〇俵積入れ、二月朔日同地出帆。三月三日松前へ着船、積荷の砂糖・薩摩芋を売払い、同所の鰊九〇〇〇束積入れ、四月一九日松前出帆後、暴風雨、高波により漂流する［A］。その後の経過などを整理し、さらに、他の藩領内の船における朝鮮漂流から帰還までの所要期間を検索し、これらとの比較を試みた（表1）。

表1では、輪島と鵜浦は能登で、他は加賀の船である。安宅の神徳丸は、元文元年（一七三六）の山形屋船の場合より一〇〇年ほど後であり、時期的には最も遅い。問題は帰還までの所要期間である。他の五例と比較すると、朝鮮国内の漂着地から牛岩浦を経て対馬の府中まで五例が三～四ヶ月であるのに対し、神徳丸は九ヶ月余も要した。大坂での加賀藩への引渡しまでは、五例が四ヶ月～一一ヶ月であるのに比し、神徳丸は二〇ヶ月程で、さらに国元もしくは金沢の加賀藩庁算用場まで鵜浦漁船の場合を除いて、四例が四ヶ月余～一二ヶ月であるところ、神徳丸は二一ケ月もかかった。つまり、同地を出立した時より数えると神徳丸は帰還まで実に丸二年の月日が経っている。四例の総計を平均すると、八ヶ月余となる。この内、能登輪島の山形屋の場合は極端に短期間であるが、神徳丸一行の場合、他の三例のほぼ二～三倍前後の月日を要している。

これらの背景には、異国船到来に対する幕府対策の影響による各所での厳重な事情聴取があったものとみられる。すなわち、対馬府中での事情聴取に際し、円滑に事が運ばなかった理由には、次の四点が考えられる。
①実際の乗組人数が八人のところ、安宅出立の際の船切手が「船頭　水主　七人乗り」と記されていた問題である。船頭仁三郎は口上書で、その理由につき、国元を出立する際「仕廻等ニ取紛」れてしまったと答えている［A］。船

表1 神徳丸と加賀藩領内船の朝鮮漂流から帰還までの所要期間比較表

漂着船船主／発生年／到着・滞在地	安宅与三次屋 天保12年 (1841) (1/14)	輪島山形屋 元文元年 (1736) (?)	粟崎木屋 安永3年 (1774) (3/15)	鵜浦漁船 天明6年 (1786) (5/5)	本吉明翫屋 寛政3年 (1791) (5/10)	本吉紺屋 享和4年 (1804) (前年8月下旬)
出航→漂流	4/19→	7/18→	3/15→19	6/4→5	5/20→6/3	4年2/9
朝鮮の漂着地	4/25〔江原道平海郡揮罹津〕～6/5	〔慶尚道長鬐烏巌外津〕	3/26〔慶尚道慶州甘浦〕～	6/6〔全羅道順天栗浦〕～	〔慶尚道慶州甘浦〕	2/25〔慶尚道蔚山魴魚津〕～
牛岩浦（朝鮮）	6/23～13年1/24	8/2～9/26	4/6～7/25	7/22～10/25	6/18～10/13	3/2～5/8
対馬 佐須奈（素）	1/24～	9/26～	7/25～28	10/25～	10/13～15	5/8～
〈小計〉	9ヶ月余	3ヶ月程	4ヶ月余	4ヶ月余	4ヶ月	3ヶ月余
対馬 府中	2/3～6/12	10/9～18	8/9～9/8	閏10/1～	10/19～11/10	5/16～7/7
大坂〔加賀藩引渡〕	7月～〔? 12月〕	11/15～〔11/16〕	10/2～〔2/28〕	（以下不明）	12/2～? 4年閏2月上旬	8/10～〔8/17〕
〈累計〉	20ヶ月程	4ヶ月	11ヶ月		9ヶ月余	6ヶ月余
国元〔金沢・算用場〕	?天保14年1月上旬～中旬〔1/22〕	? 11月下旬	3/10〔3/13〕		?閏2月中旬〔閏2/18〕	? 8月下旬
〈総計〉	21ケ月余	? 4ヶ月余	12ヶ月程		10ヶ月程	6ヶ月程

「小松旧記」第46冊（小松市立図書館蔵）、宗家文庫「加賀州安宅浦之船八人乗壱艘朝鮮国江原道平海郡揮罹津江漂着破船記録」（『新修小松市史 資料編6』石川県小松市、平成16年）、長山直治「宗家文庫史料にみる加賀・能登船の朝鮮漂着について」（『石川郷土史学会々誌』32号、平成11年）より作成。漂着船船主欄において、西暦の次の（ ）内は郷里出立の日付を示し、牛岩浦・対馬佐須奈（素）・同府中・大坂の各間の渡海期間の日付は割愛した。

切手中の記載の仕方が、船頭及び水主合わせて七人なのか、船頭及び水主が七人の計八人なのか、その両方に受取れる曖昧な表現に加え、出立時の多忙さで、船主側も役人側も合計人数の充分な確認を怠ったとも解せる。また、船切手の再申請をしないまま、乗組人の一六歳の炊（見習い）と見られる徳松が急遽乗船することになったことも想定できる［B］。

②漂流の末、漂着地揮罹津で停泊中破船し、修理できないほど破船の状態が顕著で、朝鮮側に願上げ、船滓を悉く朝鮮で焼捨てたことである。

③積入荷の残品の有無につき、松前で積入れた鰊九〇〇〇束は破船の際に流失したが、二〇〇〇束は取揚げたものの、悉く腐ってしまい、打捨ててしまった点である。一般的には、朝鮮での密貿易を防ぐため、原則的には船滓・積荷、持物は漂流民とともに日本に持帰ることになっていた。積荷については、腐り具合の如何により異なるのであろうか。山形屋船の場合も破船し、牛岩浦まで少なくとも船滓、伝馬船滓のほか、積荷のうち、一部濡米は運ばれたが、対馬藩の許可を得、船滓の一部は府中で売却、残りは大坂まで運搬され、加賀藩御用聞の大坂商人に渡されている。ただ濡米に関しては不明である。

④朝鮮側に牛岩浦での事情聴取と記録の仕方に問題があった点で、九月に提出された漂流民に添付される朝鮮側の書契の写中、漂着日の間違いや漂流までの行程記述の不備、用字の字画に問題の箇所があるなど、対馬藩はその書直しを求めたため、両者間の交渉に時間を要した。

結局、漂着日の訂正に応じ、人道上その他は、漂流民を対馬に連帰り、交渉を続けることになり、一二月一〇日倭館の館守が漂流民から漂流の次第を確認し、二九日朝鮮から日付訂正の書契が届いた。

なお、府中では漂流の次第・名前・年齢・積荷などについて尋問されたが、すでに、揮罹津に漂着した後、牛岩浦へ回漕された。同地では航行の目的、所持品、積荷、漂流までの経緯、救助の様子、破船の様子と経緯について事情聴取され、東莱府使（倭館を統轄する朝鮮側の責任者）より対馬藩に伝達されている［A・B・C］。

2　対馬での取調べと手続き

一般に朝鮮に日本人が漂着した場合、和漂民と呼ばれ、まず漂着地へ日本語を学んだ役人が派遣された。対馬藩以外の出身の場合、倭館ではなく近くの牛岩浦に回漕繋留、事情聴取された。その後、前述のような内容のほか「便乞」人や届出以外の乗組人の有無、類船の有無、金銀銭・武器類の積入れ状態、朝鮮人との真文や物の取遣わしの有無、取揚げ荷物や往来切手所持のこと、手札所持の有無、乗組人の宗旨・出身地・年齢・名前につき尋問されている。

この時の取揚げ荷物・船具は、帆・弥帆・か、お綱（加賀苧綱。加賀産出の麻で作った綱。和船の碇綱として最高品）・一歩綱・檜綱・実綱・細綱・棕櫚綱・同くり返し綱・小綱・破船の釘・同飾道具・銅鉄錠・鍋・料米・真針であった。手持の荷物は、船頭仁三郎は神徳丸の代表責任者として、他の水主より持物が多く、脇差・差小刀・夜具包・柳籠・掛硯・箪笥・帳面箱・銭箱・鬢籠・熊胆（四枚）・多葉粉箱で、水主の七人は柳箱、・夜具包・硯箱・衣類入・銀箪笥・竹籠であった［A］。

対馬では、このほか、幕府より交代で以酊庵に派遣された京都五山の禅僧による勘検の後、船改めが行われるが、さらに大坂、金沢とそれぞれ上記と同様の取調べがなされたものとみられる。よって、諸記録が「小松旧記」に残された。なお、幕府への報告は、牛岩浦到着の対馬藩による確認後、藩主名の届が、七月二五日付で九月一八日に出され、合わせて加賀藩へは対馬藩江戸留守居から加賀藩留守居宛で老中へ届けたとの案内が成された。続く対馬から大坂への連行についての書状は、七月二一日老中水野忠邦に提出されている［C］。

3　大坂からの帰還

この間六月三日、対馬藩の役人大浦寛作ら四人より加賀藩役人衆中宛に、元神徳丸乗組員一行が朝鮮と対馬藩でそれぞれ穿鑿を遂げたゆえ、このたび使者を相添え、大坂町奉行所へ指送るという内容の書状が認められる。これを請けた加賀藩の役人、安宅浦支配の小松町奉行中村助大夫（千里）及び岡田勝左衛門（政之）は、対馬藩の役人に宛て、委曲承知した旨返書を出している。この中で中村らは船頭等より指出した口上書などを受取り、それぞれ関連機関に達した。追って加賀藩主（前田斉泰）より挨拶のあろうことを記している［A］。

元神徳丸一行の大坂への到着日付は不明であるが、前例に従い、大坂到着後は同町奉行の尋問を受け、加賀藩蔵屋敷の名代の大坂町人に引渡されたものと推測される。その時期や加賀安宅への帰還の日にちも不明である。おそらく、天保一三年一二月から翌年の正月の間とみられる。かくして、天保一四年（一八四三）正月二四日、加賀藩算用場より小松町奉行中村助大夫に宛てた達状によれば「乗組七（八）人之内三人」は指図により一昨日の二二日、金沢に到着した。ここで、藩の中枢部は、あくまでも彼らの人数を七人と見做していたことがわかる。が、彼らの糺方の義は、年寄（藩老）に達したところ、先例の通り、取計らうよう命ぜられ、中村本人も金沢へ出府するよう、また、残る四人（ママ）の者も早速指出すよう命じている。この達状について「瀬川殿江御紙面被遣略」と見え、町奉行補佐役の町下代瀬川宇左衛門へも通知されたことがわかる。ともあれ、右算用場の達に対し、翌正月二五日、中村は承知した旨の請書を指出している。因みにこれら神徳丸一件に関し、役所からの達書の留書や落着についての書類などが安宅にある由、かつ船頭仁三郎は病死した旨、安宅町下代の瀬川より小松町奉行へ達があったことが「小松旧記」の末尾に記録されている［A］。

表２　元神徳丸乗組員へ朝鮮側から支給の食料につき能登山形屋船との比較

品目　　数量	１人当たり１日分	山形屋船１人１日分
料米（飯米）　91斗２升	７合	５合８勺３才
大口角（鱈）　45尾６分	0.1尾	0.08尾
明太魚（明太）　273尾６分	0.6尾	
真油（胡麻油）　９升１合２勺	７才	７才２弗
甘藿（干和布）　15斤３両４分８厘	１分６厘	（和布４匁３分２厘）
白蛤醢（塩蛤）　３斗５合５勺２才	２勺３才４弗	２勺４弗
塩　３斗５合５勺２才	２勺３才４弗	２勺４弗
甘醤（醤油）　２斗２升８合	１勺７才５弗	２勺９才２弗

「漂着先キより牛岩浦迄之五日次目録」（『新修小松市史』資料編６）、長山直治「宗家文庫史料にみる加賀・能登船の朝鮮漂着について」（『石川郷土史学会々誌』32号、131頁）を参考に、朝鮮枡１斗＝日本枡３升５合に換算し直し、干和布はそのまま１斤＝16両＝160匁、１両＝４分、１分＝10厘として計算した。

なお、他の水主の動向は不明だが、嘉永期長州の船に雇われ、香港へ漂着し、帰還後船稼ぎや他国稼ぎを停止された事例も確認できる。(5)ともあれ、天保一五年四月二日加賀藩から対馬関係者に御礼品が渡されており［C］、ここに、ようやく一件が落着したものとみられる。

第二節　漂着から帰還までの給与品と生活

1　朝鮮国江原道平海郡揮罹津での朝鮮側からの給与品

漂着から帰還までの生活が如何なるものであったか、これについて、朝鮮において給与された品々からみていこう。

天保一二年四月二五日漂着先の揮罹津より六月二三日牛岩浦到着まで五七日間、五日ごと支給された公式の食料について、一人当たり一日分を前述の元文元年能登輪島の山形屋船（一二人、六日分）の場合と比較すると表2のようになる。

この表より五七日間に朝鮮側から支給されたものは、飯米・鱈・明太・胡麻油・干和布・塩蛤・塩・醤油である［B］。

この内、主食は飯米九一斗二升で、日本枡での一人当たり一日分に換算すると七合となり、男子が一日に食する米の分量としては、少々多いように思われ、副菜の分も含んで支給されたとみるべきであろうか。また、山形屋と比較すると［C］、船中生活に不足しがちな野菜の代用とみられる干和布と山形屋船の和布とは、比較が困難だが、一人一日当たりの分量は、胡麻油と醤油の調味料は若干少ない。このほか、飯米等五品目において、元神徳丸の乗組員に支給された分量の方がより多く、少々待遇が良いといえよう。

2　牛岩浦での倭館からの給与品

つぎに、朝鮮の牛岩浦における給与品についてみて行こう。元神徳丸の乗組員一行は六月五日揮罹津を出航、二三日牛岩浦へ回漕された。この牛岩浦で前述のように取り調べが行われ、朝鮮側から日本側の倭館の対馬藩に引渡される。翌一三年正月まで同地での七ヶ月間に倭館より支給された逗留中の品々は、衣食住全般に亘るものであった。

まず、衣に関するものは、綿入れと蒲団は八つで一人一つずつの割当て、藁草履は五六足、一人七足ずつで、一ヶ月一人一足消費すると見做されたものと解せる。但し、足袋は八足で一人一足ずつ、手拭は六箱で、様々に使用されたものとみられる。ほか身嗜みとしての元結七〇把、鬢付五斤半、三つ櫛一通、麻糸一〇〇箱（多用）である。

食については、新俵の中味は主食となる米とみられ、八俵で一人当たり七ヶ月間一俵である。朝鮮俵一俵は日本枡で五斗三升入りとして、(6)七ヶ月間は三〇日×七ヶ月間で二一〇日となり、五斗三升は五三升＝五三〇合、二一〇日で五三〇合となり、一日当たり一人二・五合、一食〇・八四合の計算となり、一食一合の考えからすれば、男性一人分としては、おおよそ順当な量といえよう。ほかに穀物類では糠・大豆・白餅・年々餅が支給されている。

魚菜類は、鰹節・棗生姜・干鱈・鯣・甘海苔・丸鱈・坊爪・牛蒡・青魚・久年母で、海産物が多い。調味料は酢・

醬油・味噌・塩で、砂糖に相当するものがないほかは、揃っている。嗜好品は上酒・多葉粉・生酒・茶が支給された。

生活用具に関しては、炊事用として貝杓二本、杓子四本、並茶碗一二、栗絵茶碗一二、中皿八、箸一袋、摺鉢、「宝六」（焙烙）、出羽包丁、中そうけ、味噌越二、土瓶四、打敷八枚、白手鉢、炊桶二、天草研。光熱用として附木灯心、火箸一膳、七りん二、火鉢、炭一三俵、種油、保口二袋、蠟燭五〇挺、薪五貫など。ほかに、手洗二つ、茅箒二本、薄刃一挺、薄縁八枚、剃刀、同研石、蚊帳、縄五束、多葉粉包丁、莚二二枚、黒半紙六束、白半紙一束が給付された。

さらに、薬類として人参（朝鮮人参）、人参膏（人参香、朝鮮人参をすりおろした膏薬）、艾（お灸用）六箱、振出栄、錦袋子（万病に効くという中国の秘薬）一三丸が給付された。

以上、衣食住の品々は、同じく破船した山形屋の漂着の際もほぼ同様のものが給付されているが、逗留時期が秋だったこともあり、神徳丸にあった綿入や足袋の支給はみられず、倭館では季節に応じた配慮がなされていたことがわかる。

また、元神徳丸乗組員一行には、他に牛岩浦逗留中に釜山倭館の館守（倭館の責任者）及び裁判（対馬藩の外交交渉の担当者）より次のものが特別に支給されている。館守よりは見舞いとして、酒一樽、干鱈七枚、盂蘭盆につき酒一樽、干鱈五枚、重陽につき酒一樽、素麺一品、寒気につき水引粉一器、干鱈五枚、事情聴取に際し、広間重一組、赤飯一器、酒一樽、歳暮につき酒一樽、鰑二連、一行の乗船につき酒一樽、干鱈五枚である。また、裁判よりは乗船につき酒一樽、広間重一組、赤飯一器、干鱈五枚が支給された［B］。

このように、漂流・漂着から繋留・取調べといった異国の地での辛苦な生活を強いられた中にあって、支給された食料・生活用品はそれほど大きな困難をきたすものではなく、朝鮮側及び倭館の対馬藩から比較的優遇されたのではないかとみられる。

こうして、天保一三年（一八四二）正月七日対馬へ向けての乗船の際、朝鮮人方からも「膳部之馳走」を給され、倭館の対馬藩からは、銘々へ木綿一疋ずつと飯米用の白米を給付され、対馬の佐須奈（素）を経、二月三日対馬府中に着船する［A］。

3　船中生活と病気

元神徳丸乗組員一行は、破船直後、揮罹津の陸に上がり、朝鮮人に小屋掛してもらい、また朝鮮の家へ上がったと船頭は述べているが、このほかは帰還まで、朝鮮や対馬では原則的には上陸できず、番船がつけられ、その監視下のもと、船中での生活が主であった。すなわち、上陸した揮罹津から牛岩浦までは朝鮮の船で移動し、同地では対馬藩の「御手船」内で過ごした。対馬への渡海の際は、同藩の金比羅丸に対馬の役人とともに乗船したが、人質として水夫与三次郎一人は対馬の先導船に乗せられた。対馬では少々小振りの船に乗り換えさせられた。各所での取調場所については不明だが、例えば対馬における以酊庵での勘検では、本吉紺屋船の漂流民は庭に薄縁を敷いて座らされたという前例があり、元神徳丸一行も同様に、この時は陸に上ったものとみられる。

また、前述のように、倭館から薬の給与もあったが、長期逗留のためか、牛岩浦では七月から八月に徳松と卯右衛門が、また、一一月から一二月に長助・与三次郎・文三郎・要助・仁三郎が投薬を受けていることが倭館の医師の記録に見えるという。また、対馬逗留中においても病人が出て、陸の問屋方で保養したき願が提出された。

朝鮮や対馬藩よりの生活物資供給が全員の生還をもたらしたといえよう。因みに、藩領内の六例のうち、能登山形屋船・加賀木屋船の二例が帰還するまでの間に死亡者を出している［C］。

因みに、日本の沿岸地域に漂流した朝鮮の船に対しても、物資を給与した事例が報告されている(7)。以上みてきたように、日朝両国間においては生活できる範囲での物資を供給し帰還させるといった人道的な面と、外交面では密貿易などを防ぐため、各所において厳しい取調べと度重なる手続きを要するなど、両面において、漂流民を送還する体制が整えられていたことがわかる。日本海をはさんで日本と朝鮮の間には正月行事に限って見ただけでも類似点が少なくないという(8)。古代以来、関係が深かったことをうかがわせる。また、漂着民には、他国の漂着地の人の詭計に陥り、惨殺された事例のほか、韃靼《だったん》国へ漂着した日本人のように著しく厚遇されたものの、日本へ帰還したき旨、中国側に嘆願した場合もあった(9)。

第三節　与三次屋の生業と暮らし向き

1　与三次屋と海運業

朝鮮漂着船の船主である与三次屋平兵衛の家譜などは知られず、詳細は不明だが、屋号冠称について、本家からの分家や暖簾分けなど、何らか与三次屋に所縁のある者が屋号を名乗ったものとみられる。因みに、安宅町文書(10)（小松市立図書館蔵）や『新修小松市史資料編6』収録の各湊の客船帳・入船帳によれば、近世中期頃より明治初年の間に与三次屋（四十治屋・与惣津屋）の名が数多く見える。例えば、与四郎（寛保三年）・次良三郎（慶応二年）・次郎七・与三・七右衛門・次兵衛・与三兵衛・市郎兵衛等である。この中には船主か船頭か曖昧なものも少なくないが、試みに与三次屋総体の動向について三期に分類してみた。

まず、第一期は近世中期から享和期頃まで。この期に与三次屋を称して海運業を営んでいたのは、延享三年（一七四六）頃能登輪島へ寄港した市郎兵衛や次郎兵衛、加賀能美郡湊の小川屋への吉兵衛、明和四年（一七六七）以降の但馬沖浦への平兵衛や吉兵衛、寛延三年（一七五〇）や宝暦一二年（一七六二）の石見温泉津への平兵衛等である。また、この頃の船頭には長兵衛の名も見える。

つぎは文化・文政期（一八〇四～三〇）から天保期を経て平兵衛の没する嘉永四年（一八五一）までを第二期とした。この時期は平兵衛・吉兵衛（平兵衛弟。のちの平兵衛倅とは別人）・吉蔵の名が頻出し、当家が海運業などで、もっとも繁栄した時期とみられる。すなわち、陸奥青森、羽前加茂、佐渡、越後出雲崎、石見温泉津、同長浜、同外浦、安芸忠海など、多くの湊の客船帳等に頻出する。例えば佐渡の安宅屋文書には詳しい記載があり、天保一一年から平兵衛没年の前年嘉永三年までの一〇年間のうち両人の何れかが、多い時は天保一五年の場合、二月から七月にかけての五回を最高に、年に最低一回は佐渡に寄港している。因みに、天保一五年は朝鮮漂流一件が落着した翌年である。

また、温泉津木津屋の客船帳の記載も比較的詳細であり、先の安宅屋の客船帳をも合わせて船主・船名・乗組み人数をみると平兵衛の船は神勢丸・神力丸・神通丸・住吉丸等八人～五人の乗組船が多い。これに対し、吉兵衛は千代丸・千歳丸・馳徳丸等五～三人乗り。また、吉蔵は地（馳）徳丸・千代丸・一誉丸・馳誉丸・栄勢丸・栄徳丸など、四人～二人が乗組むというように、平兵衛の船の方が、他の二人の船より規模が大きいことが分かる。

因みに、吉兵衛は文化四年（一八〇七）・七年・八年・一二年の記に見られ、先の出雲崎熊木屋の着船帳中、文化七年入船し「あたか屋与三次屋吉矢（兵）衛様兄平兵衛様」とあることから、この期の平兵衛の弟に間違いなかろう。しかし、文化一二年の同人の記以降、その記載は見られず、つぎに客船帳・入船帳の記載があるのは、天保一四年出雲崎熊木屋「永代御客帳」中平兵衛の倅としての吉兵衛の名である。また、吉蔵は平兵衛よりやや遅い時期に客船帳に登場するものの、ほぼ同時期に活動し、平兵衛亡き後「一類」として相続問題を取扱っていることから、平兵衛にごく近い存在の弟か、従兄弟とみるのが妥当であろう。ただ、天保一一年以降の客船帳の記事には、船主として記載されていることから、この時期、平兵衛家とは別家となることがわかる。

なお、朝鮮漂流の平兵衛船も「神」の付く神徳丸であったが、現時点では客船帳などで同名船の動向は確認できない。因みに、この期の船主・船頭には彦助、治（次）助・六左衛門・五兵衛・平助・吉郎兵衛・利助・藤蔵などが見える。

ところで、安宅町人の氏神信仰を見る上で貴重な安宅住吉神社文書のうち、文政四年（一八二一）一一月「二堂獅子奉加帳」[11]には、町下代の瀬川宇左衛門の二〇〇文を筆頭に、あミや（網屋）七左衛門の金一両のつぎに、与三次屋平兵衛が同じく金一両を納めており、この両人は町人奉納者五七名のうち別格で、町の代表者的様相を呈している。しかし、安宅町文書を概観すると、町年寄の人名に関して、安政期（一八五四～一八六〇）以降は比較的明らかだが、化政・天保期は現時点では不詳である。なお、史料の後半部に平兵衛船頭の与三次屋利助及び与三次屋次六が各一〇〇文、さらに与三次屋吉蔵が二〇〇文を奉納している。

この後、朝鮮漂着が起こるが、日朝間では文書記載のトラブルという外交上の体裁より漂流民の送還を優先させたとはいえ［C］、神徳丸及び積荷などを大破したという損失は大きな痛手になったものと推測される。その経済的補塡に関しては定かでなく、海上保険の類は史料上不明である。一般には、日和を判断し、出帆を決行する立場の船頭は海難が不可抗力であった証明がない場合、民事・刑事上の責任を負わされたが[12]、難船の末、他国への漂着は異なるのであろうか。神徳丸の場合、船主と船頭の関係において、漂流・漂着・破船は仮に不可抗力として、また、腐敗した積荷は止む無きこととして、船滓の焼捨は問題化しなかったのか。あるいは本人は帰還後間もなく死去するが、船頭側が損失分の一部、もしくは全額負担したのか明らかでない。また、例えば、船稼の難渋者への貸付金の利用（安宅町文書一四四‐四三六）などもあるが、与三次屋の場合、少なくとも漂着・帰還直後には、生活困窮者には至らなかったものと見られる。福井家文書にみられるような頼母子講などによるもの[13]、また、安宅町文書に見える三十人講（一四四‐四〇八、一四四‐三七七、一四四‐四四二）など相互扶助的な講、あるいは親戚一類の援助、あるいは、少し経営規模を縮小するなどといったことで解決策を見出したことも考えられる。

こうした中で、少なくとも、前述の客船帳等に表れるように衰退することなく、依然として海運業を続けたものとみられる。これに関しては、与三次屋平兵衛家が安宅町内にて依然として有力者としての一面を表す史料がある。それは弘化五年（一八四八）正月与三次屋平兵衛がこの一件後、町年寄として金津屋長兵衛・網屋七左衛門並びに町肝煎二名とともに名を連ねるもので、小松町任田屋孫助と安宅町根上屋六兵衛が右面々へ宛てた絹方手形引替儀定書である（安宅町文書一四四‐一五八）。こうして、三年後の嘉永四年（一八五一）六月平兵衛は、上方より安宅へ帆を寄せ、羽州酒田へ下った。同地では米価が高値で、買い入れても上方へ引合できないため、酒田で滞船中発病し、療養して冬になり、重症の末、ついに絶命した（「与三次屋平兵衛跡相続方願書」安宅町文書一四四‐一三五）。

2　暮らし向きと別家の繁栄

与三次屋における第三期は、嘉永四年一一月平兵衛没後から明治維新期を想定した。上記の史料は、文字通り平兵衛没後の跡継ぎ問題を示す亥年（嘉永四年）一二月付、与三次屋平兵衛一類与三治屋吉蔵・和気屋九郎兵衛など五人より町年寄中宛の願書である。これによれば、平兵衛が酒田で病死、近年商売方が手薄になり、能美郡寺井村清七方へ船商売の差引間違により、過分の金を渡してしまったが、大坂・酒田で中荷金の調達をもって、商売や暮らし向きも「漸々取続」いていた。倅吉兵衛と二男安二（次）郎がこの窮状を知りながら「過分之金子使捨」て、段々「莫太之借財高」になり、もはや船商売も出来ない惨状の中、吉兵衛は当春商売用の準備金を持逃げし、当一〇月下旬帰郷、「宅入」を望み、私どもに詫びた。平兵衛は生前中、度々折檻し、教導してきたが、効き目がなかった。安二郎に対し、酒田で、平兵衛は勘当したが、元来吉兵衛・安二郎の両人は「心得方不宜者」に付、跡目相続は無理である。三男も幼少ゆえ、一五歳になる同人の姉に婿養子を取り、家名を相続させたいという内容である。これに対する小松町奉行からの申渡は、養子を取るなら①両人を呼寄せ、誰を養子に入れるか。以後、毛頭申分等なき旨一札書かせるか、②納得しない時は家財等の半分か、三分の一を両人に渡すか、この場合も一札書かせる。③幼少の亀太郎を代継ぎとし、一類の者を後見とするか、何れかの方法を選択せよというものであった（安宅町文書一四四－一二三四）。実際どの方法を選んだか、不明であるが、その後の客船帳には与三次屋吉兵衛の記載は認められず、平兵衛家自体の動静を捉えることは困難である。なお、一類の吉蔵はこの年一二月一七日、平兵衛の病死に関連してか、下人を酒田に派遣するため、過書願を小松町会所に差出している（安宅文書一四四－一三三九）。

与三次屋の一類で、別家の吉蔵は、前述のように文政四年には、その名で氏神に二〇〇文の奉納をしているゆえ、この頃にはすでに自身の家の当主として海運業を営んでいた。しかし、吉蔵も世代交代の時期であったか、嘉永四年以降の客船帳等の記事には、その名は見当たらず、代わって吉太郎が跡を継いだようである。というのは、出雲崎熊木屋の享保二年～嘉永四年「永代御客帳」中に「与三次屋吉蔵　半兵衛分家　倅吉太郎・弟吉五郎」と見え、半兵衛は明らかでないが、倅吉太郎は吉蔵の倅と解せる。すなわち、吉太郎は、例えば安政三年～慶応三年（一八六七）の間、永勢丸・栄徳丸・馳徳丸で佐渡の安宅屋に停泊したことが客船帳に見え、吉蔵の船名と同名か類似の名である。

また、牧野家文書「安宅町船問屋等書上」（小松市立図書館蔵）には吉蔵は「レッ組合頭」として「商売往来船二艘」

を所有していたとも見える。(14) 因みに、吉太郎の代には安宅町で五〇〇石〜八〇石積の廻船所持者二九軒の内の一軒として、一九〇石積船を所有していた（慶応三年「加賀国湊々高数等取調理書」(15)）。この間、吉太郎は安政二年「身元相応之者」として、安宅町への出役人の御用宿二〇軒のうちに差加られ、翌三年には融通方御用聞役に任ぜられた。一方、同年吉蔵は存命中で、算用場仕法講での掛銀の差引書では銀七貫目が同人への貸付高として書上げられている（安宅町文書一四四―三六六、一四四―二四四）。また、安政五年、窮乏人に対する飯米売りを成した者へ償銀が返上されるが、一一人のうちの一人に吉太郎の名があり（安宅町文書一四四―四三五）、同人が町役人として、財力的にも有力者として活動した一面がうかがわれる。

おわりに

安宅の神徳丸は朝鮮に漂着・大破し、乗組員一行は帰還まで二一ヶ月かかった。また、海運業として安宅を出航してから、実に丸二年の年月を要した。これは、近世後期の藩領内での朝鮮漂流の中では、もっとも長期に及ぶものであった。その背景には異国船到来に対する幕府対策の影響を受け、各所での厳重な事情聴取に手間取ったことが一因となっていたものとみられる。

また、釜山の倭館を通して、朝鮮及び対馬藩より最低限の生活できる分の衣食住の必需品を給与され、朝鮮揮罹津・同牛岩浦・対馬・大坂・加賀安宅と公式の送還ルートで生還した。朝鮮側からすれば、時には人道面を優先し送還させることもあり、こういったことが、朝鮮の近隣外交政策の一つであったといえよう。

つぎに、少なくとも安宅町の有力者で、財力も上位の船主与三次屋平兵衛家においては、朝鮮漂流一件は直接的に大きな影響は見られず、衰亡には至らなかった。すなわち、船一艘及び積荷などを損失したが、その対策として船頭の責任負担や相互扶助的講、一類の援助、経営規模の縮小等が想定され、少なくとも以後一〇年間は海運業を継続させ、町政方の有力者の位置をも保つことができた。しかし、事故のおよそ二〇年後、当主平兵衛が死没し、強力な後継者に恵まれず、当家の海運業は廃れ、町の有力者としての地位も失われていったものと解せる。代わって、財力を背景に発言権の増大などにより、一類の与三次屋吉蔵家の繁栄をもたらしたといえよう。

今後、他国への漂流を含めた海損救済や海難のための相互扶助的講、制度に関する史料の発掘が期待される。また、近世の朝鮮漂流は九〇件程確認される。このうち、北陸地方では他に越前に三件あるといい[16]、東アジアの漂流に関する諸相をめぐり、漂流から帰還の手続きや漂流中の生活、帰還後の動向を通した環日本海海運の解明、事例研究からの総合的研究が必要であろう。

註

（1）『新修小松市史　資料編6　水運』、石川県小松市、平成一六年、二六三〜二六五頁。

（2）池田仁子「町のくらしとできごと」（『新修小松市史　資料編2　小松町と安宅町』石川県小松市、平成一二年、概説、三二四頁）、同「近世加賀町人の暮らしと文化―小松・安宅を中心として―」（藤井一二編『近世の地域支配と文化』岩田書院、平成一七年〈池田仁子『金沢と加賀藩町場の生活文化』岩田書院、平成二四年〉）、同「近世・近代通信文にみる海運の諸相―加賀安宅・小松の事例―」『加能地域史』四三号、平成一八年、七頁〈池田仁子『同』〉。

（3）海運・交通史では金指正三『日本海事慣習史』吉川弘文館、昭和四二年、丸山雍成編『日本の近世』6、情報と交通、中央公論社、平成四年、牧野隆信「北前船研究の歩みと課題」（柚木学編『総論水上交通史』文献出版、平成八年、七四頁）など。外交史では鶴園裕「江戸時代における日朝漂流民送還をめぐって―『漂民対話』を中心に―」（『青丘学術論集』一一号、一三五頁など、平成九年）、池内敏『近世日本と朝鮮漂流民』臨川書店、平成一〇年、田代和生『倭館―鎖国時代の日本人町―』文芸春秋、平成一四年。史料論では倉地克直「二つの朝鮮漂流史料について」（『岡山大学文学部紀要』二五号、平成八年）、佃和雄『新能登・加賀漂流物語』北國新聞社、平成一八年など。

（4）本文中のAは一部前掲（1）『新修小松市史　資料編2　小松町と安宅町』に収録。また、刊本では『小松史史料篇』第一部、文献出版、昭和五四年（復刻）がある。Bは前掲註（1）『新修小松市史』所収、Cは『石川郷土史学会々誌』三二号、平成一一年。なお、Bの宗家文庫に関して、Cの長山論文によるところ大である。特に典拠順に記すと、一四八・一四九・一三〇～一三三、一四五・一四七・一四九頁など。

（5）石川県羽咋郡富来町『富来町史』通史編、昭和五二年、二五〇頁。

（6）田代著、前掲註（3）一四二頁。

（7）金指正三『近世海難救助制度の研究』吉川弘文館、昭和四三年、二四七～三二四頁。池内、前掲註（3）一四四～一四七頁など。

（8）内藤正中・今村実・齊木恭子『韓国江原道と鳥取県』富士書店、平成一一年、八六頁など。

（9）丸山編、前掲註（3）六五～六九頁。

（10）多くは『安宅町文書』改訂版、小松市立図書館、平成八年にも収録。

（11）前掲註（2）『新修小松市史資料編2』にも収録。

（12）『国史大辞典』三巻、吉川弘文館、昭和五八年、「海運」の項。

（13）前掲註（1）『新修小松市史』資料編6、八五～八六頁。

（14）前掲（1）八一～八三頁。

（15）金沢市立玉川図書館近世史料館加越能文庫「外国奉行一巻」四、前掲（1）八二頁にも収録。

（16）前掲（3）池内著、一四三～一五二頁。

第九章　村々の生活文化と医療
――能美郡等諸史料の紹介と問題点――

はじめに

筆者は近世生活文化と医療について、これまで加賀藩、あるいは金沢をはじめとする町場の事例を題材に取り組んできた。[1]生活文化については、実生活に則したもの、特に生活そのものを含む文化として、具体的に子育てをはじめ、御抱守制度、年中行事、冠婚葬祭、人生儀礼、教育・学問など、生活の中にみる文化的要素を含む暮らし全体を指して、生活文化ととらえた。因みに、村の生活文化史の研究には、他地域では、上野国（群馬県）原之郷村の事例や三河国（愛知県）古橋懐古館所蔵資料から山村の生活史と民具について論じたものなどがある。[2]

ところで、一般に人が自然に手を加え形作ってきた物心両面の成果である文化の概念は、膨大な内容を含む。海原亮氏は医療＝文化ととらえ、一次史料に基づいた実証分析の手法を重視し、その成果を総合することが、歴史の解明にとって有効であると説く。[3]このことは、深谷克己氏の説く政治文化に相通じるものがある。なぜなら、人や土地を治める仕方である政治も、人の病を治す方法である医療も、何れも人が長い歴史のなかで、形作ってきた成果であるから。なお、深谷氏は領主と百姓がせめぎ合っているのが、近世の政治文化であると述べる。[4]こうした近世社会において、政治文化や生活文化、医療＝文化といった研究では、上からの支配の視点と下からの被支配の視点といった、両面からの総合的な視点・分析が求められるのであろう。すなわち、領民が迷惑を被った時、疫病などで難儀の時、飢饉困窮の時など、支配者である領主・藩主、藩の対応はどうであったか、具体例を上げて行く基礎的積み重ねが肝要と考える。

ところで、医療を専門として担う医者・医家に関して、近世社会における存在形態に関する研究は、近年在村の状況を中心に分析が進みつつある。(5)このような点からも村方の医療を見ていくことは重要と考える。また、一七世紀末から一八世紀初、固定化する社会のなかで、村の平和が保たれ、先例と旧慣に依存する生き方が成され、これに依拠する体制をささえるには、寺院の果たした役割も少なくなかったとの指摘もある。(6)

こうしたなか、加賀藩の場合、著者はこれまで藩主の医療を中心にみてきたが、(7)史料的制約等もあり、一部村方や藩老の医療の研究が若干あるものの、この辺での研究があまり進んでいないように思われる。(8)すなわち、医療の問題を含め、近世の農民生活はいかなるものであったか、その生活から生み出された文化、生活様式、伝承、寺社や信仰、学問などについて解明することが必要であろう。(9)

とはいえ、史料の残存状況などから、一村内や一農民に限って、経営・生活文化・医療など総合的にみることは難しい場合が少なくない。しかし、断片的な部分も否めないにしても、複数村の一次史料を主体的にとらえ、そうした地域の様相をうかがうことにより、村々の生活文化の一側面を素描することは可能とみられる。

本章においては、上記の点を踏まえ、『新修　小松市史』(10)で著者が担当した一次史料を中心に、現在の小松市域における能美郡及び一部江沼郡の村々を対象に、生活文化と医療について考察する。はじめに、小松周辺の村々の出来事や藩の役人である御餌指をめぐる一件について。また、小松町の打ちこわしと近隣の村人の連座。農業に支障の出来事。借銀の問題、病死人の問題などを中心に見ていく。つぎに、人生儀礼の模様として、養子縁組と家の相続、結婚、元服祝、引越し、親孝行と褒美、刑罰赦免と奉公、病死と葬送といった側面についても、史料紹介を通して、暮らしに関する諸問題を垣間みる。さらに、十村という上層農民のヨコのつながりを縁組の事例などから把握する。

また、医療と文化について、十村の顕彰と儒者金子鶴村、疫病と藩の救米、さらに、残存する古書籍のうち医学書や医薬の処方といった点から、今江村の医家岡山家と医業、医学塾への遊学について考察する。最後に、村人の信仰について、「農民鑑」と任誓、浄土真宗における上人の御真影と講、宗門人別、志納金と離檀、神社信仰と俳額といった側面より、近世村方の生活文化と医療などの諸史料を紹介し、藩社会に生きる農民層の主体的な生き方を垣間みながら問題点を整理したい。

因みに、十村は他藩の大庄屋に当るもので、近世初期には十村肝煎とも称する加賀藩の郷村支配機構における農民層の最高職である。一〇か村から六〇か村を才許した。こうした十村が才許する村を十村組というが、十村役は農民生活のあらゆる面で権限を持ち、村内の治安維持に責任を負わされた(11)。こうしたことから、十村は藩の能吏との見方も一面では可能であるが、本章では十村も広く農民層の一つとして、様相をうかがうこととする。

第一節　暮らしの諸相と出来事

1　出来事と御餌指一件

村の出来事について、概観すると、寛永一八年（一六四一）七月、「小松旧記」七巻（小松市立図書館蔵）によれば、中村荒木田堀川へ小松の鵜遣い共が侵入し、作物の植え込みを踏み荒らし、魚を釣るなど、村方が迷惑する事件が起こる。この時期、小松の鵜遣いの実態が如何なるものであったか問題である。また、天和二年（一六八二）五月「小松旧記」一四巻では、安宅新村において、小松の東町に借家している魚屋九右衛門と小松八日市町の「さゝき屋」五兵衛が喧嘩し、棒で打たれた五兵衛が怪我を負い、九右衛門は籠舎となった。のち、五兵衛は平癒、九右衛門は親・兄弟らの出願により赦免となる。この場合、五兵衛の薬代と賄いは、九右衛門の負担はいうまでもなく、不足の場合は請け人や大家より合力させるよう申渡している点は注目される。

また、「寝覚の蛍」（文化一四年、小松の二口某〈夏炉庵耒首〉著、翌年成立）の類本には「蛍の光」（小松市多太神社蔵）がある。この史料は小松町や村々の様子についての見聞記である。このうち、宝暦一三年（一七六三）九月の島田村・松梨村の「はさ」縄張騒動や、明和二、三年（一七六五・六六）頃の千木野村の寡婦の狸の咄など、真偽に検討を要するが、当時の見聞記、伝承として興味深いものがある。

つぎに御餌指一件についてみて行こう。(12)前田育徳会尊経閣文庫蔵「御餌指共近年能美郡今江村等江大勢罷越村方及難渋候旨等ニ付御餌指并御郡方江前々之振を以夫々申渡候一巻留」を紹介する。この文書はタテ一二・二×ヨコ一八・二センチの横帳で、安永九年（一七八〇）五月、藩の役人である御餌指らの能美郡今江村等への到来による村方の難渋について、対応した藩の書留である。前年の安永八年から須天村・今江村・一針村・向本折村などに御餌指が到来し、家の軒下を棒で突くなど乱暴な言動などもあり、村々の困惑した様子などがうかがわれる。御餌指は藩主飼育の鷹の餌となる小鳥を捕える職の者で、鷹匠の下部に属した。安永八年六月二四日、今江村十村庄蔵は、加州郡奉行柴山織人（広厚）に宛て、次のような断書を出している。須天村へ参っている藩の御餌指田中四郎左衛門・岸八左衛門の両人は、今江村に逗留している御餌指と同様であるゆえ、一昨二二日御断し、昨二三日金沢へ帰った。逗留中の人足賃金を受取る旨、須天村の肝煎より申し入れたところ、御上より受け取っていないため、渡し難いとのことであり、支払いはしていない。かつ宿賃・飯代は両人で三一泊分、銭五〇〇文で渡した旨、報告があったというものである。ここにみえる御餌指の宿賃・飯代などはどのようになっていたのか。

翌安永九年五月当時、御餌指の宿賃は藩より支給されたが、塩・味噌・ぬか（糠）味噌のほか、一日一合以内の飯米は、農民らの負担としてよいなどと定められた（金沢市立玉川図書館近世史料館加越能文庫蔵「郡方御触留帳」一巻）[13]。御餌指らの言動は、史料にもあるように、時には雀を棒に刺し、村々の軒下を打付けるなど、不法に徘徊するといった治安上の問題のほか、時期的な相違の可能性もあるが、こうした調味料や、時として米代の負担も余儀なくされるなど、村方では様々に迷惑を被ったことがうかがわれる。

また、文書に見える人足賃の渡し方などについて、実状は今後の課題となるが、安永八年現在の小松市域の村方への御餌指の宿泊や期間などについて表1に示した。

表1より安永八年四月七日～六月二二日までの期間でみると、今江・一針・向本折・須天の四か村のうち、泊の御餌指人数がもっとも多いのは、今江村の延べ（以下同）九二泊の一一人で、つぎに須天村の三一泊、二人、続いて向本折村の一四泊、六人、一針村の一〇泊、二人と続く。また、人足数は今江村では延べ一一七人（実は九七人ヵ）、須天村は不明、向本折村は三九人、一針村は二〇人である。出動した舟数は今江村が三〇艘、向本折村が一二艘であった。このように、四か村のうちへ罷り越した御餌指は今江村へのものが顕著で、四月七日から六月二二日までの二か月半にわたるものである。その分、今江村では何かと騒がしくなり、狼藉する者もあり、農民も難渋していたものとみられる。

表１　安永八年村方へ御餌指宿泊の事例

村名	月日	泊数	泊　人	人足数	備考
今江村	４月７日～５月３日	16泊 （２人分）	山村平左衛門 山村平九郎	21人	
	５月10日～６月３日	23泊	寺沢武平次	23人	
	５月24日～６月９日	15泊 （２人分）	山下又八 山下勘助	15人	
	５月晦日～６月８日	９泊	寺沢金左衛門	９人	
	５月25日～６月９日	10泊 （２人分）	山口五左衛門 山村三郎大夫	10人	
	６月４日～９日	５泊 （２人分）	川越清左衛門 川越勘十郎	５人	
	６月９日～22日	13泊 （４人分）	川越清左衛門 川越勘十郎 寺沢金左衛門 山下勘助	13人	
	６月８日	１泊	山村平左衛門 寺沢武兵衛 山村平九郎	１人	
	合計	延べ92泊	御餌指「数十人」	延べ117人 （計算上は97人）	舟数 30艘
一針村	４月21日～５月２日	10泊 （２人分）	田中四郎左衛門 岸　八左衛門	20人	舟　無
向本折村	６月９日～22日	14泊 （６人分）	山村平左衛門 寺沢武平次 山下又八 山口五左衛門 山村三郎大夫 山村平九郎	39人	「船」 12艘
須天村	（５月23日ヵ） ～６月23日	31泊 （２人分）	田中四郎左衛門 岸　八左衛門	（無記）	（無記）

尊経閣文庫「御餌指共近年能美郡今江村等江大勢罷越村方及難渋候旨等ニ付御餌指并御郡方江前々之振を以夫々申渡候一巻留」より現小松市域の村につき作成。

2　小松町の打ちこわしと近隣村民の連座

小松町の打ちこわしについては、天保七年（一八三六）八月朔日、近年の米価高値と同年の凶作を背景に、八日市町の泉屋市兵衛、同町の山上屋喜兵衛、材木町の山上屋弥兵衛、西町の山上屋源右衛門、泥町の北市屋永助が襲撃された事件である。[14] 近隣の村人がどのように関わったかについて、「本吉小松町々家打壊候ニ付出役一件仮留」（金沢市立玉川図書館近世史料館郷土資料〇九〇－三五三）より、現在の小松市域に限り、掲載順に表2に示した。

表2　天保七年八月小松町の打ちこわしにつき近隣村民の動向

番号	日	概　要
1	朔日	杖村などの者が大勢、尾小屋村・岩上村などにて食物を要求する
2	3日	小寺村の頭振三郎右衛門が「乱坊」の容疑ありとされるが、引き上げる
3	2日	天領の者四人が小松への道中、南浅井村・蓮代寺村へ入り込み、食べ物を要求する
4	3～5日	小寺村三郎右衛門、同妻及び同村の頭振十右衛門、同妻は、ともに御糺のため、3日夜引き揚げ、翌4日小松会所の牢屋へ縮牢、5日役所へ送り出す
5	4日	今江村長吉は、打ちこわしの吟味のため引き揚げのところ、構い無しとして、釈放される
6	（朔日～）	須天村の百姓喜兵衛倅孫四郎妻、及び同村頭振理兵衛妻は、小松八日市町の山上屋喜助（喜兵衛ヵ）等方へ大勢集まり、家等打ちこわし乱暴に及んだとして御糺しとなる
7	（朔日～）	須天村の御座屋善兵衛下人佐兵衛、及び同村孫四郎を召し捕えたところ、主の用にて小松へ罷越し、八日市町の泉屋喜助（市兵衛ヵ）方前にて騒動を見物したが、孫四郎を見外れ、帰ったと言い、他に疑わしきことが無いため、御構い無しとして返される

8	（朔日～）	須天村百姓亀次郎倅清兵衛、同村頭振宇左衛門、小寺村頭振長左衛門、同人倅与四松、同二男仁については、詮議のため引き渡されたが、取り調べの結果、他所へ商売に出かけ、打ちこわしの現場に在り合せず、御構い無しとなる

表2などから明らかなことは、天保七年八月朔日、幕府領の杖村などの者が大勢、尾小屋村及び岩上村などに押しかけ、食料を要求する。小松への道中、彼らは二日には、南浅井村・蓮代寺村へ入り込み、食料を要求、三日には小寺村の頭振（無高の農民。諸稼ぎで生計を立てた）の三郎右衛門が「乱坊」の容疑をかけられたが、返される。しかし、同人と同妻及び同村頭振十右衛門と同妻は、翌日より縮牢となり、五日役所に送り出される。このほか、今江村長吉、須天村の百姓亀次郎倅清兵衛、同村頭振宇左衛門、小寺村の頭振長左衛門、同人倅与四松、同二男仁については詮議の結果、お構い無しとして釈放される。しかし、須天村の百姓喜兵衛の倅孫四郎妻及び同村頭振理兵衛の妻は、八日市町の山上屋「喜助」（喜兵衛ヵ）等方へ参集し、「乱坊」に及んだ一味として御紀しとなるが、その後の成り行きは不明である。また、須天村の御座屋善兵衛の下人佐兵衛及び同村孫四郎については、主人の用にて小松へ罷越し、八日市町の泉屋「喜助」（市兵衛ヵ）方前にて騒動を見物したが、孫四郎を見失い、帰ったと言い、他に疑わしきことが無いため、御構い無しとして返される。

ともあれ、表2にみるように、小松町の打ちこわしに、近隣の村人が連動したり、騒動に巻き込まれたなどということがあった。町の打ちこわしの規模が近隣に及ぼすほど大きい事件であったといえよう。今後は、この史料に記載された本吉町の打ちこわしについても、近隣との関わりを含め、みていかなければならないであろう。ひいては、近世全般の打ちこわしの研究のなかで、小松町の打ちこわしとその周辺部の動向について、特徴点なども検討することが重要である[15]。

3　猪・猿の徘徊と農民の難儀

能美郡の十村役石黒家文書[16]の安政七年「公用留」によれば、万延元年（一八六〇）七月、打木村・赤瀬村・大杉村・西俣村・尾小屋村・岩上村・観音下村・波佐羅村・松岡村・池城村の総じて一〇か村が、「猪・猿徘徊いたし、田畑作物踏荒申ニ付」鉄炮による威し打ち願を、十村の石黒源三郎から藩の改作奉行に出している。すなわち、猪・猿を「追払」ったが、効果なく、「百姓中難義」しているという。こうして、鉄炮の筒薬の件は、打木村・観音下村・波佐羅村・松岡村・池城村は一〇〇目、赤瀬村・岩上村は一五〇目、西俣村・尾小屋村は二〇〇目、大杉村は四〇〇目、合計一貫六〇〇目の御渡を願出た。しかし、八月六日の時点では、右願高のうち、四〇〇目だけの配給の許可が出る。その後のことは不明である。因みに、鉄炮にての威し打ち願いとして、藩領内には、つぎのような事例がある。

安永五年（一七七六）一〇月二曲村与右衛門、沢村源次、今江村庄蔵、釜清水村小四郎、埴田村三郎右衛門、若杉村兵助より加州郡奉行木梨助三郎・同奥村左太夫に宛て、猪・猿徘徊につき鉄炮所持願書が出されている（加越能文庫蔵「御高御仕法記」）。また、嘉永二年（一八四九）正月、金平村の肝煎半右衛門、組合頭嘉兵衛、同次郎兵衛、江指村の肝煎四郎右衛門、沢村肝煎善吉、池城村肝煎八蔵、松岡村肝煎弥兵衛、大野村の組合頭与三兵衛より、十村の石黒源三郎へ、さらに、御郡所へ鉄炮の威し打ち願が出されている。つまり、猪・鹿ならびに大犬等が畑物を荒らし「難儀」しているゆえ、「おとしのため」金平村久助に狩人として仰付られるよう出願している（石黒家文書「公用留」[17]）。

さらに、慶応三年四月「小松城」の近村七五か村に威し打ち願の達が出されている（加越能文庫蔵「小松御城近在七十五ケ村威打願御達村名帳」）。なお、ほかに、天保元年八月二三日、作物を食い荒らす猪・鹿・大犬の徘徊に対し、石川郡西市瀬村・河北郡朝ヶ屋村・同郡莇村等に鉄炮筒薬の支給を命じている（「諸事[18]」）。

このように、村民の「難儀」、苦悩の様子の一面をうかがうことができる。

４　借銀一件

村人らの借銀の事例を表３のようにまとめた。

表３の１について、千木野村太右衛門が借銀し、切高による元銀の返済をめぐり、十村の石黒源丞が申状を提出した。証拠がないため詮議しがたいと受け入れられず、改作奉行の申渡により手鎖となってしまう場合があった。なお、切高とは、自分の持高の一部を他人に売却することである。これについて、幕府では、寛永二〇年（一六四三）田畑永代売買禁止令を出していたが、加賀藩では元禄六年（一六九三）許可され、この場合、切高証文が作成された。また、２の大聖寺の三拾人講については、加賀藩の算用場も関わる場合があるなど、金沢宮腰の中山家文書にもみられ[19]、この実態がいかなるものか、今後の研究に期したい。なお、３・５・７の梯出村は、明治八年以降茶屋町となり、同一七年小松茶屋町となる。また、７について、梯出村における稼方仕方の実態がいかなるものであったのか課題である。

表３　村人の借銀関係史料の事例

番号	年・月・日（西暦）	表題（内容）	差出→宛所	備考	典拠史料
1	天保14・5・（一八四三）	千木野村太右衛門切高元銀返却一件申状	石黒源丞→改作御奉行所	〔附札〕証拠無く、詮議し難き旨申渡、〔石黒に依る覚書〕右申渡御請せず、手鎖申渡	石黒家文書、天保一四年「公用留」
2	嘉永元・9・	拝借銀覚（金平村又右衛門、大聖寺三拾人講御仕法銀拝借）			石黒家文書「大聖寺三拾人講拝借銀年

	（一八四八）				賦返上方根帳」
3	安政6・6・（一八五九）	借銀証文（11月中に元利返済予定）	梯出村又右衛門、三四郎、与四兵衛、善兵衛→北村与十郎（前十村）、同啓太郎		茶屋町文書
4	（万延元）申・閏3・20（一八六〇）	預り銀利足指引残金覚	与十郎→おくに		石黒家文書
5	万延元・6・	借銀証文（梯出村難渋者へ貸渡のため）	梯出村組合頭又右衛門、三四郎、善兵衛→犬丸啓太郎		茶屋町文書
6	同　・12・	借銀証文（無利足一〇ヶ年で借銀、元銀は日割で返済）	借主井戸屋五右衛門、井波屋要助、請人小新生屋助三郎、同村屋清八、同井戸屋五三郎→御村役人衆中		安藤家文書
7	文久3・11・（一八六三）	拝借銀借用証文（梯出村稼方仕方拝借銀）	梯出村組合頭又右衛門、同三四郎、同善兵衛→北村与右衛門	〔異筆〕子2月5日、御用所による元利請取書	茶屋町文書

5　病死人の処置

つぎに、病死人一件について紹介しよう。

【粟津村にて見知らぬ男性病死一件】石黒家文書

（A）（慶応三年）卯一〇月一五日

当一二日昼八ツ時頃、粟津村端にて、見知らぬ男三五歳ばかりの乞食体で病人体の者を、頭振清左衛門が見かけ、肝煎重兵衛方へ案内し、村方にて介抱したが、重病となり、ついに死亡する。これを届けたところ、真偽を確かめるよう申渡され、病死に間違いがなければ、「先規之通取捌」き、追って「見届書」を指し出すよう達している。これは加州郡奉行の瀬川久右衛門から「牧野孫七殿、今江村庄吉郎方」宛てに出されている。

（B）（慶応三年）一〇月一六日

牧野孫七から今江庄吉郎に宛て、粟津村にて見知らぬ乞食体の男の病死につき、貴所（今江庄吉郎）より私（牧野孫七）方へ見届けを仰せ渡された。在府していたところ、帰宅したため、粟津村へ出役する旨承知してほしいと報告している。この文書の包紙の表書きに「慶応三年十月　検使見届方御入御紙面写等入　金平村源右衛門」と見える。この源右衛門は、石黒家の一二代の人で、父で一一代の源三郎（御扶持人十村並、五〇石、苗代組の十村）の名代誓詞を文久元年（一八六一）拝命、慶応二年能美郡新田才許蔭聞役（十村の補佐）となり、正式に十村に任命されたのは明治三年に至ってからのようである。加賀藩全体の十村に関する確実で、かつ詳細な人名と在職期間について、把握することは容易なことではない。が、慶応三年段階の粟津組の十村は、牧野孫七で、今江村庄吉郎及び金平村源右衛門も取り扱っていた。因みに、慶応期の才許十村のうち、この金平村源三郎（源右衛門補佐）は苗代組（金平村等二九か村）の担当であり、牧野は粟津組（粟津村・今江村等三八か村）の担当である。すなわち石黒家に一件の文書が残ったことを考えると、少なくとも村民以外の者が死亡した場合、郡奉行の指示のもと、能美郡十村の重鎮石黒源三郎・源右衛門を中心に、他村の十村もこの件を取り扱ったものとみられる。なお、今江庄吉郎の家も十村級の家のようであるが、同人のこの時の正式な役職は不明である。

【長崎村（板津組）女性、畑側の水溜に落ち死亡一件】石黒家文書

（C）「出役日記」（慶応四年）辰二月一〇日

加藤右門（加州郡方御用）から釜清水村（石川郡、現白山市）次三郎（十村）・金平村源右衛門に出された書付で、長崎村の女性の水死につき見分するよう申付たもの。すなわち、同村「百姓八左衛門母しの」は、菜摘に出かけ「畑水溜」に落ちているのを八左衛門の下男の喜三右衛門が見付け、宅に連れ帰り介抱の甲斐なく、死亡した旨承知したという内容である。

（D）「出役日記」慶応四年二月一〇日・一一日条

　畑側にある水溜へ「落居候躰見受」け、「医者抔相招」いたが、すでに「相果」ていたゆえ、「灸鍼等相用ヒ不申」ことであったとする。「眩暈（めまい）之持病」があり、「今度之義も持病出、折悪敷、側之水溜へ落、相果」たのではないかとのことであったが、変死の詳細な原因は不明。ただし、「懐妊之躰ニ而乳首黒、腹張り居」り、ほかに異変なく、「後家之身」であったことなど御達申上げるため、源右衛門の手代次郎丸を金沢へ指し遣わしている。

　ところで、長崎村は板津組に属しており、慶応四年段階では板津組の十村は犬丸啓太郎である。つぎの（E）の史料により釜清水村十村の次三郎が「出府」するため、「代り犬丸村啓太郎出役」と記され、担当の組才許の十村が出府の場合は、近隣の十村が代りに才許していたことがわかる。

（E）金平村源右衛門による一件留、慶応四年戊辰二月一一日

　「能美郡長崎村百姓八左衛門母しの溺死いたし候ニ付見届方御入御紙面等一件留」では、「しの」は「歳四拾」で、「安宅平井玄随与申医者罷越、為致診察候処、最早相果候旨、肝煎清左（右）衛門方へ及案内」、同村肝煎清右衛門、組合頭次右衛門、及び同太郎右衛門が二月九日付で郡役所に報告している。さらに、二月一〇日付、加藤右門より釜清水村次三郎及び「金平村源右衛門方」へ前記（D）の書付の内容を「承知」したことから、見届を申渡すゆえ、よく調べ、間違いなければ「先規之通取捌、追而見届書」を指出すよう再び申渡している。

【行路人病死一件】年未詳、牧野家文書「今江村にて豊前よりの行路人病死案内状扣」

この文書の端裏書に「此分大坂ニ而豊前国飛脚問屋へ相届、先方へ相届候様金沢三度へ小松宿屋ゟ相送り届候様申送候事」と記されている。つまり、大坂にて豊前へ届くよう、金沢の三度飛脚（月三日出る飛脚）へ小松の宿屋より送り届くよう申し送ったとする。こうして、今江村の肝煎四右衛門、組合頭源右衛門、同丹右衛門より豊前国の半兵衛の生まれ故郷の伊良原村役人衆中へ宛てた案内状の扣は、次の通りである。

当四日隣村須天村より鴨居に乗せられた病人半兵衛について、送り状及び寺往来状を披見したところ、豊前国中津郡伊良原村（福岡県）出身の半兵衛という者で、当国石川郡村井村で発病、右村で療治したところ、快方したものの、歩行できず、宿送りにし送り届けてほしいと本人より願い、今江村まで送られてきた。それゆえ、「請取見請」たところ、応答があった。ところが、次の村への途中「頻ニうめき申」し介抱するうち、「病死」し、人足の者を引き戻した。「御国法通取捌相済」、死骸は村方で「三昧ニ致」し仮埋し、「着類所持品々仕抹」したゆえ、親類等が居るなら遺体を請取に来てほしいと豊前へ書き送っている。

以上のように、粟津村にて見知らぬ男性病死一件、行路人病死一件につき、当然のことながら、いずれも肝煎及び十村が陣頭に立って処理していることがわかる。

第二節　人生模様

村の暮らしにおける非日常の養子・婚姻縁組、元服、治療、紛失届、相続、転居、日雇通勤、褒美、刑罰赦免、奉公、葬送といった人生模様に関する史料を表4に示した。

表4　人生模様関係史料一覧

番号	年・月・日（西暦）	分類	内容（備考）	差出→宛所	典拠史料
1	元禄17・正・26（一七〇四）	養子願	十村沢村源右衛門倅西俣村百姓又八方へ養子願、（奥書）算用場による申付書	能美郡沢村源右衛門→長瀬湍兵衛・永原権丞	石黒家文書
2	宝永2・閏4・（一七〇五）①閏4・20 ②同・20	縁組願	沢村源右衛門娘、埴田村半兵衛倅と縁組願 ①（裏書、御算用場の聞届） ②（奥書、「御改作御奉行様へも壱通申候、然共御算用場へ之御窺ハ御郡様ゟ申候」）	①能美郡沢村源右衛門→長瀬湍兵衛・永原権丞、（奥書）長瀬湍兵衛・永原権丞 ②能美郡埴田村半兵衛→長瀬湍兵衛・永原権丞	同右
3	寛政7・9・29（一七九五）	元服祝	石黒家元服祝儀音物品覚		石黒家文書「元服祝儀音物帳」
4	文化13・8・（一八一六）	治療・紛失届	安宅新村の娘、大聖寺の医者へ赴き、南鐐紛失につき断書	能美郡安宅新村百姓六郎右衛門→犬丸村与右衛門	岡田家文書
5	同・10・4	相続	沢村源右衛門病死跡式相続につき要用状	北村与右衛門→蕪城十左衛門・林吉次・牧野宗右衛門・林八三郎	石黒家文書
6	同・11	縁組・相続	沢村源右衛門病死につき縁組跡式願扣	沢村源右衛門実母さた・同人後家ゆう・同人娘たか・同人伯父釜島新村八三郎・同人従弟三坂村吉次・同寺井村宗右衛門・同橋屋伊	同右

				兵衛・同荒木田屋七右衛門・ゆふ父下吉谷村七十左衛門→下吉谷村十左衛門	
7	同・11	養子縁組	埴田村清作倅三郎兵衛養子願一件（裏書、御算用場による承届書）	①埴田村清作→坂井庄太郎・永原進之丞、②沢村源右衛門元組才許下吉谷村十右衛門→坂井庄太郎・永原進之丞（①②とも奥継、坂井庄太郎・永原進之丞→御算用場）	同右
8	文化14・4・17（一八一七）	引移	石黒源丞引移につき祝儀帳		同右
9	文政12・11・（一八二九）	縁組	埴田村清作娘、鹿島郡惣年寄高橋由五郎倅権六に縁組願（裏書、御算用場による承届書）	埴田村清作→御郡御奉行所（奥書、内藤十兵衛・高木主税→御算用場）	田中家文書
10	天保8・9・25（一八三七）	褒美	安宅新村百姓助三郎、島田村頭振喜兵衛娘きぬ、犬丸村百姓与三右衛門弟四右衛門母らへ孝行により褒美につき覚		加越能文庫蔵「本多政和覚書」
11	同・11・	褒美	安宅新村百姓助三郎孝心により、褒美として鳥目下賜につき申渡		小松市立図書館蔵、岡田家文書
12	天保14・7・（一八四三）	養子につき人別送り状	大領村一三郎二男四郎三郎、小松町医徳田懶斎へ養子につき人別送り状	能美郡大領村肝煎喜兵衛→小松寺町組合頭五間堂屋源右衛門・黒梅屋宇兵衛	石黒家文書「公用留」
13	弘化4・12・朔（一八四七）	元服祝	石黒家雄三郎元服祝儀帳		石黒家文書

14	（嘉永6）丑・6・23（一八五三）	日雇通勤	串茶屋村へ小松中町地方より日雇通勤聞届書	小松町肝煎幸蔵→中町地方木場屋宗右衛門せかれ宗兵衛	大谷家文書「御用留」
15	（安政2）乙卯・7・（一八五五）	縁組	石黒源三郎妹さた、能美郡平十村寺井村孫七倅平吉妻に縁組願（裏書、内藤十兵衛〈与市郎ヵ、加州郡奉行〉→御算用場、同場の印〈聞届の印〉）	能美郡御扶持人十村並石黒源三郎	石黒家文書
16	（安政3）丙辰・8・（一八五六）	縁組	石黒源三郎妹とも、小松町若年寄茶屋九兵衛倅又三郎妻に縁組願（同右→同右〈同右〉）	同右	同右
17	（万延元）申・閏3・（一八六〇）	刑罰赦免	梯出村蛭川屋宗右衛門遠行停止指解請書写扣	能美郡梯出村蛭川屋宗右衛門→盗賊御改方御奉行所	茶屋町文書
18	文久2・6・（一八六二）	養子縁組	石黒源三郎弟雄三郎、能美郡御扶持人十村田中三郎右衛門方へ養子縁組願（裏書、津田太郎兵衛〈松太郎ヵ、加州郡奉行〉→御算用場、同場の印〈聞届の印〉）	能美郡御扶持人十村並石黒源三郎→御郡所	石黒家文書
19	慶応2・9・（一八六六）	奉公	梯出村四郎兵衛娘とく、武家奉公稼札（歳弐十七）	加州郡奉行→梯出村四郎兵衛娘とく	茶屋町文書
20	明治2・12・（一八六九）	転居	小松泥町下郷屋六左衛門二男常吉、小寺村に家買い転居につき送り状（奥書「裏ニ清水屋半助印」と記）	組合頭油屋久兵衛→能美郡小寺村肝煎長兵衛	小松市立図書館蔵、文久三年「御触物帳」
21	卯・2・17	病死	梯出村組合頭長右衛門癇中風の上、春寒に当り治療のところ、病死の診断書	小松町医者富沢敬斎	茶屋町文書

22	卯・3・27	葬送願	梯出村久次郎御咎中、病死のため、葬送取置願	能美郡梯出村組合頭又右衛門・源助・三四郎→金沢専光寺御役僧衆中	同右

表4の3は、石黒家文書、寛政七年九月「元服祝儀御音物帳」で、九月二〇日より一〇月二〇日まで、延べ二〇〇人ほどによる酒肴、扇子《せんす》などの書上である。中には若杉組・今江組・犬丸組等の惣代、本光寺などの寺院、「稼人拾四人」といった表記や小松の町人、金平・吉竹・西俣・牛嶋・波佐谷・尾小屋・犬丸・今江・三谷など諸村の個人名のほか、肝煎・組合頭なども含まれ、十村石黒家の交際の広さがうかがわれる。また、15は十村同士の縁組を示しているが、これに関連して、以下図1に略系図を示した。

図1は一部表4にも示したが、石黒家文書・田中家文書及び見瀬和雄「石黒家文書解題」[20]より作成した。‖は養子の関係、＝は婚姻関係を示す。また、図中の①～⑫までは石黒家の当主としての代数を示す。また、「清作（＊）」及び「雄三郎（☆）」が二か所ずつあるが、同一人物を示す。なお、⑩の源丞について、表4の7番の文書では埴田村清作の倅としているが、「石黒家文書解題」では埴田村半二の嫡男で、幼少であったため、能登鹿島郡御扶持人十村列高橋由五郎の弟清作が半二の入り婿となったとする。これらを考え合わせると、成長した源丞は清作の子という形をとって、石黒家に聟養子に入ったとも考えられる。よって、ここでは表4の7番の文書に依った。

西俣村出身の石黒家は、古くから十村役、あるいはこれに準ずる役職を拝命し、四代源右衛門の代の元禄九年（一六九六）沢村へ引越し、さらに享保九年（一七一六）金平村へ引き移る。また、五代目源丞の時、元文二年（一七三七）より朝鮮人参栽培御用をも拝命した。一一代目の石黒源三郎重長（助太郎）は明治三年まで能美郡十村の重鎮として

図1　石黒家縁組関係略図

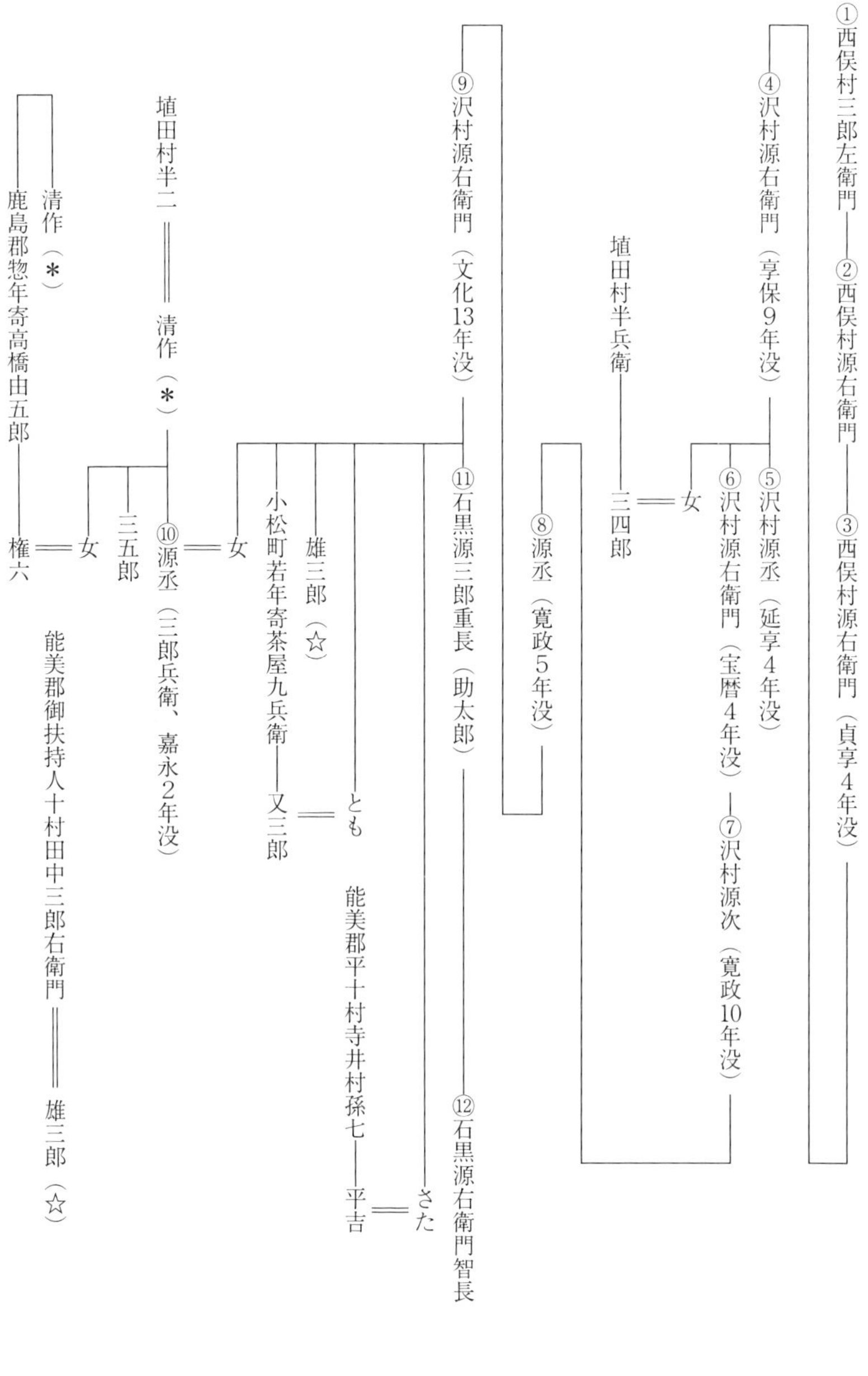

活動する。また、一二代目石黒源右衛門智長は明治三年九郎三郎と改名する。なお、石黒家縁組関係略図にも示した埴田村の三五郎と田中三郎右衛門は同一人物であろうか。ともあれ、埴田村の田中三郎右衛門は十村である。さらに、この略図及び表4の9番の文書にも見える惣年寄とは、文政四年十村制度が廃止されたことによる組持御扶持人十村のことであるが、天保一〇年の十村制復活により「惣年寄」の名は廃される。鹿島郡惣年寄高橋由五郎について、文政一二年埴田村清作の娘が高橋由五郎の倅権六に嫁いでいることが記されており、当時高橋由五郎は一青組の十村であった。

因みに、寛政九年一一月十村役には、一、無組御扶持人、二、無組御扶持人列、三、組持御扶持人、四、無組御扶持人並、五、組持御扶持人列、六、組持御扶持人並、七、平十村、八、平十村列、九、平十村並といった、九等の順位があった。ともあれ、石黒家縁組関係略図などでは、上層農民同士の縁組の様子が明らかである。石黒家は七代源次の時、安永三年（一七七四）無組御扶持人十村に任ぜられ、農民層の最高位となる。

つぎに、表4の21番の史料について、梯出村組合頭長右衛門は癇中風に加え、春寒に当り治療したが、病死したとの診断書を小松町の医者富沢敬斎が書記している点が注目される。富沢は儒者金子鶴村の孫に当る(21)。梯出村は小松町に隣接する村であり、小松の町医者が村方の診療をも行なっていたことがわかる。

このように、石黒家文書の例などから表4により元禄一七年以降、明治二年頃までの養子縁組・婚姻や元服、金銭紛失、相続、転居、褒美、日雇通勤、刑罰赦免、奉公、病死、葬送など、人生模様における文書の概要を知ることができる。

第三節　文化と医療

文化と医療について、十村の顕彰と儒者金子鶴村、疫病と救済、治療と医薬、医学塾への遊学といった面からみて行こう。

1　十村の顕彰と金子鶴村

石黒家文書のなかに、寛政八年（一七九六）若杉村の林李之の祠の肖像につき、儒者金子鶴村の撰文による題言が知られる。林李之は孫平・種益ともいう。若杉村の十村林八兵衛（正清）の二男である。宝暦一三年（一七六三）能美郡新田才許となり、明和二年（一七六五）二曲村与右衛門先組引越十村、同七年組持御扶持人並となり、安永二年（一七七三）十村上島弥五郎の後任として、羽咋郡酒見村に赴任する。寛政四年（一七九二）辞職し、その功績により退任後も御扶持十村列をもって待遇された。そのあと、子の八三郎が継ぎ、寛政一二年河北へ転勤となる（石黒家文書）。

さて、金子鶴村の撰文によれば、李之は「夙夜勉励」し、志有り、十村などの役職を二〇年余（実は二九年間）務め、その間「租税之重キハ」請いて減税し、民を害するものは「尽ク」排除するなど村政に尽力した。李之が没した時、民は大変悲しみ、その徳を追慕し祠を建てようとし、「余（鶴村）カ友人林正直」の依頼に因り撰文したという。この正直は若杉村の十村林八兵衛の嫡男のことで、同様に寛政八年、父八兵衛の顕彰の碑文を鶴村に依頼している(22)。すなわち、正直と李之は兄弟とみられる。なお、孫平に関する史料として、「風戸村火災注進状」「同復興材木拝領願」

「巡礼親子病死一件」などが知られる(23)。

また、石黒家文書には慶応元年「乙丑詩暦」という七言絶句が残されている。この作者は石黒家の一一代源三郎か、一二代源右衛門智長のいずれかであろう。その内容は「二月三月花漸開」とし、五株・六株と美しく春色を呈し、流水の如く月日が流れ、日々平穏に暮らし、年間一二か月を無事にくり返せることが大切である、というような情景・心情を詩に込めている。ここには、上層農民の日々の生活における文化的素養の側面をうかがうことができる。

2　疫病と救済

近世においては、しばしば疫病が流行し、加賀藩は医者を領内に派遣して治療に当らせ、時には金沢より医薬品を配給、または医薬の製法を伝授するなどの策をとっている(24)。このほか、流行病に際し、難渋者救済として御貸米が行なわれた。以下、これについて、二点の史料を紹介しよう。

一点目は石黒源丞より御改作奉行に宛て出された天保一四年（一八四三）正月、三谷村の御救貸米願である（石黒家文書、天保一四年「公用留」）。これによれば、総家数七七軒のうち七〇軒が「疫病」を患い、「難渋」しているゆえ、二四石五斗の米を御貸願いたいとする。具体的には去る八月以来、次第に伝染病が拡大し、七〇軒にて二八〇人余が罹患し、「一類之介抱、或ハ雇人等以作物取入等仕申義ニ而難渋至極仕申候」状態であった。これに対し、「小松町医徳田懶斎」へ相談し服薬させているが、快気しつつある者も「一向肥立」せず、伝染の拡大も止まらず難渋しているというものである。

二点目は文久元年（一八六一）一一月尾小屋村にて疱瘡が流行、その御救の貸米一〇石五斗代金の返上願達の覚である（石黒家文書、文久元年「在藩日録」一一月二〇日条）。以上、二点とも、その後の成り行きは不明であるが、疫病

桂書房の本・ご注文承り書

3千円以上のご注文は送料サービス。
代金は郵便振替用紙にて後払いです。

書名	本体価格	注文○
ある近代産婆の物語	二、八〇〇円	
戦国越中外史	二、〇〇〇円	
越嵐 戦国北陸三国志	二、八〇〇円	
越中富山 山野川湊の中世史	五、六〇〇円	
富山城の縄張と城下町の構造	五、〇〇〇円	
石垣から読み解く富山城	一、三〇〇円	
加賀藩を考える	二、〇〇〇円	
加賀の狂歌師 阿北斎	八〇〇円	
立山信仰史研究の諸論点	二、五〇〇円	
浄土と曇鸞	一、八〇〇円	
宗教・反宗教・脱宗教（岩倉政治論）	三、〇〇〇円	
堀田善衛の文学世界	二、〇〇〇円	
棟方志功・越中ものがたり	二、〇〇〇円	
越中萬葉と記紀の古伝承	五、五〇〇円	
富山の探鳥地	二、〇〇〇円	
水橋町（富山県）の米騒動	二、〇〇〇円	
女一揆の誕生	二、〇〇〇円	
北陸海に鯨が来た頃	二、〇〇〇円	
加賀藩前田家と八丈島宇喜多一類	二、〇〇〇円	
加賀藩社会の医療と暮らし	三、〇〇〇円	
加賀藩の十村と十村分役	一〇、〇〇〇円	
立山の賦―地球科学から	三、〇〇〇円	
越中史の探求	二、四〇〇円	

書名	本体価格	注文○
スペイン風邪の記憶	一、三〇〇円	
地図の記憶	二、〇〇〇円	
山姥の記憶	二、〇〇〇円	
鉄道の記憶	三、八〇〇円	
有峰の記憶	二、四〇〇円	
おわらの記憶	二、八〇〇円	
となみ野散居村の記憶	二、四〇〇円	
蟹工船の記憶	二、四〇〇円	
越中の古代勢力と北陸社会	二、五〇〇円	
ためされた地方自治	一、八〇〇円	
越前中世城郭図面集Ⅰ	二、五〇〇円	
越前中世城郭図面集Ⅱ	二、五〇〇円	
越前中世城郭図面集Ⅲ	三、〇〇〇円	
若狭中世城郭図面集Ⅰ	三、〇〇〇円	
棟方志功 装画本の世界	四、四〇〇円	
小矢部川上流域の人々と暮らし	三、八〇〇円	
黒三ダムと朝鮮人労働者	二、〇〇〇円	
悪の日影 翁久允叢書1	一、〇〇〇円	
中世「村」の登場	二、七〇〇円	
元禄の『グラミン銀行』	二、〇〇〇円	

ご注文者住所氏名

〒　　－

郵便はがき

930-0190

料金受取人払郵便

富山西局
承認

559

差出有効期間
2025年
9月30日まで

切手をはらずに
お出し下さい。

（受取人）

富山市北代三六八三－一一

桂書房

行

愛読者カード

このたびは当社の出版物をお買い上げくださいまして，ありがとうございます。お手数ですが本カードをご記入の上，ご投函ください。みなさまのご意見を今後の出版に反映させていきたいと存じます。また本カードは大切に保存して，みなさまへの刊行ご案内の資料と致します。

書　名		お買い上げの時期 年　月　日	
ふりがな		男 女	西暦 昭和　　年生　歳 平成
お名前			
ご住所	〒　　TEL.　（　）		
ご職業			

お買い上げの書店名　　書店　　都道府県　　市町

読後感をお聞かせください。

料金受取人払郵便

富山西局
承　認

310

差出有効期間
2024年
3月10日まで

切手をはらずに
お出し下さい。

郵便はがき

930-0190

（受取人）

富山市北代3683－11

桂　書　房　行

下記は小社出版物ですが，お持ちの本，ご注文する本に○印をつけて下さい。

書　名	本体価格	持っている	注文	書　名	本体価格	持っている	注文
定本 納棺夫日記	1,500円			スペイン風邪の記憶	1,300円		
童話 つららの坊や	1,000円			地図の記憶	2,000円		
越中五箇山 炉辺史話	800円			鉄道の記憶	3,800円		
黒部奥山史談	3,000円			有峰の記憶	2,400円		
孤村のともし火	1,200円			おわらの記憶	2,800円		
二人の炭焼、二人の紙漉	2,000円			散居村の記憶	2,400円		
とやま元祖しらべ	1,500円			となみ野探検ガイドマップ	1,300円		
百年前の越中方言	1,600円			立山の賦－地球科学から	3,000円		
富山県の基本図書	1,800円			富山地学紀行	2,200円		
古代越中の万葉料理	1,300円			とやま巨木探訪	3,200円		
勝興寺と越中一向一揆	800円			富山の探鳥地	2,000円		
明智光秀の近世	800円			富山の祭り	1,800円		
加賀藩の入会林野	800円			千代女の謎	800円		
越中怪談紀行	1,800円			生と死の現在（いま）	1,500円		
とやまの石仏たち	2,800円			ホイッスルブローアー＝内部告発者	1,200円		
石の説話	1,500円			富山なぞ食探検	1,600円		
油桐の歴史	800円			野菜の時代－富山の食と農	1,600円		
神通川むかし歩き	900円			立山縁起絵巻 有頼と十の物語	1,200円		
越中文学の情景	1,500円			長い道	1,900円		

流行と藩の救恤政策(25)との関わりについて、今後の史料調査によっては、詳細が判明する可能性も否定できない。

3　治療と医薬

わが国の医療は古代以来、宮廷や寺院など京都を中心に発展してきた。今江村の医家岡山家文書は医療関係の史料を多く含んでいる。その一つに元文三年正月「念仏丸」がある。作成者は長谷村伊右衛門であり、岡山家の患者とみられる。この史料は袋綴九丁で、口語体で記されている部分もあり、興味深い。序文に当る部分では「ある日らくやう《（洛陽）》大国山本願寺まうで《（詣）》のかへり《（帰）》に、門前のほとりに」「万病丸」の薬売りに出会い、買い求めた。薬売りに尋ねたところ、これは「万病六字念仏丸療治《れうじ》」の妙薬で、昔「宝蔵菩薩と申大医《たいゐ》西王《わう》、四十八味の薬種」の「制方《せいほう》」をもって「釈《しやく》如来」が「療治山《リヤウジセン》にて」「華厳演説《けごんゑんせつ》」をしたことに始まり、「御弘《ひろめ》なされ」たなどとする。つぎに効能については、「第一八苦《はつけ》じつふうの風《かさ》け」を散じ、「皃《かお》くせあしき腫物《しゆもつ》を療《いや》」し、「此六文字ヲ持薬《じやく》ニ」し、「念仏丸」を服用すれば、発病せず、「忽《たちまち》に達者《たつしや》になりまする」などとする。また、跋文に相当する箇所では、「汝《なんち》よく此薬たもて、此薬をたもてといふハ、則《すなハち》此六字念仏丸ヲたもてとなりと、金言なんそ、たがわんや、誠有て出息・入息またぬ、頓死・難病の世中て御座りますれば、早々此薬もとめなされませう、かくのことく証文たゝしきハ、うたかひなされまして御もとめなきかたハ御薬袋なしと申ませうそ、めして御座りませう、〱」と記されている。

以下、上記の「念仏丸」を含め、医薬・治療関係史料の事例を表5に示した。

表5　医薬・治療関係史料の事例

番号	年月日（西暦）	表題・内容	差出→宛所	典拠史料
1	元文3・正・（一七三八）	念仏丸	長谷村伊右衛門→	岡山家文書
2	安政2・正・（一八五五）	朱雀円の薬方効能養生書		石黒家文書「薬方功能養生書」
3	同3・9・晦（一八五六）	安宅より粟津村へ湯治願	甚座屋平兵衛→御奉行所	小松市立図書館蔵、安宅町文書
4	同4・9・4（一八五七）	同右	同右→同右	同右
5	文久元・5・（一八六一）	岡山家伝来薬「馬脾風丹」版木裏面墨書及び効能書	加州能美郡今江村岡山	岡山家文書
6	年月日未詳	岡山主馬「眼病」筆写本、宝円処方薬の記	今江村岡山主馬	同右
7	年月日未詳	向本折与三兵衛疾病につき岡山誠斎調剤方覚		同右

表5では、薬方効能養生書、粟津村への湯治願、効能書、眼病の筆写本、処方薬の記などの史料を示した。このうち、2について、版木の裏面に墨書で、「文久元年酉五月求之、金沢ニ而出来仕候、以上、加州能美郡今江村岡山製」と記され、今江村の岡山（誠斎）が求め金沢で出来たものという。この薬「馬脾風丹」の効能書によれば、痰切りの薬で、風邪、喉・咳に効く「大人・小児」とも服用すべき薬であるという。この薬の効能書の木版は、明治に入って「官許」として改版、印刷され、長く岡山家に伝来してきたものである。

つぎに、今江村岡山家には多くの医薬学の写本が蔵されている。これについて表6にまとめてみた。

表6　今江村岡山家蔵医薬学写本一覧

番号	年・月（西暦）	書籍名	表紙の記述	見返しの記	冒頭部	奥書
1	享和2・6・（一八〇二）	「和田先生口授」	「和田先生口授　享和二戊六月写之　俊卓（太冲ヵ）岡山」			「享和二歳戊六月下旬写之　和田先生口授」
2	文化8・（一八一一）	「集験良方考按」				「文化八年　岡山氏」
3	同10・正・（一八一三）	「東垣脾胃論」				「俟徳為賢而賢貧不可着意求　岡山太冲（花押）」
4	同12・4・（一八一五）	「腹証奇覧」	（無記）	（無記）	「執行事第一也、先可守聞事学（中略）岡山太次郎（太冲）」	「文化拾弐稔亥卯月吉日　腹証奇覧　岡山」
5	文政2・3・（一八一九）	「痘瘡記聞」				「于時文（政）三（二）歳卯三月於平安鶴橋塾　岡山太冲写之」
6	同10・閏6・（一八二七）	「痘瘡或問」	「文政拾年痘瘡或問　亥閏六月　岡山氏（太冲）」			「岡山氏　文政拾歳亥閏六月」
7	天保4・6・（一八三三）	「却病法」		「岡山氏　天保三（四）年巳六月」		
8	同7・12・（一八三六）	「黴瘡約言」	「天保七年申ノ十二月吉日　黴瘡約言上巻」			「黴瘡約言　岡山幸作氏（幸策、誠斎）」

9	同14・（一八四三）	「坦斎奥先生口授外術」	「加州今江　岡山秀利写之　坦斎奥先生外術」			「天保卯（一四）十月廿一日京都蛸薬師通東洞院東入堤借家ニ而夜四ツ半時分ニ写之　河州誉（茨）田郡久下石水（久箇荘）ヨリ求之、借写、可秘」
10	弘化2・3（一八四五）	「傷寒論義評」				「加州能美郡今江村岡山幸作弘化二年巳三月上旬写之」
11	嘉永5・7（一八五二）	「傷寒論」				「岡山　嘉永五歳子七月吉日岡山氏　文吉之書」
12	安政6・正（一八五九）	「瘍科鎖言」		「今江村　岡山氏」		「春林軒瘍科方　終　岡山写之、己未安政六歳未正月吉日」

冒頭部の欄については、表紙の記述または見返しの記述の無い場合のみ取り上げた。

表6では、享和二年から安政六年までの今江村岡山家蔵の医薬学写本では、内科・外科に関する書籍の写本が知られる。岡山家の人物としては「俊卓（太冲ヵ）」・「太冲」・「太次郎（太冲）」・「幸作」・「秀利」・「文吉」の記載がある。5番の「痘瘡記聞」に関しては「于時文（政）三（二）歳卯三月於平安鶴橋塾　岡山太冲写之」などと記され、詳細は不明であるが、岡山太冲が文政二歳三月「平安鶴橋塾」で学んでいたことがわかり、注目される。また、9番の「坦斎奥先生口授外術」の写本の奥書に「天保（一四年）卯十月廿一日京都蛸薬師通東洞院東入堤借家ニ而夜四ツ半時分ニ写之　河州誉（茨）田郡久下石水（久箇荘）ヨリ求之、借写、可秘」と見え、岡山秀利が京都に遊学中に河内より求め、借りて書き写したことが明らかである。この人は、天保一〇年再び上京・遊学した誠斎とみられる。さらに、12番の「瘍科鎖言」は奥書に「春林軒」の書籍の写であるという。この春林軒は和漢蘭折衷医の華岡青洲の医塾であ

るが、これもおそらく岡山誠斎が写したものであろう。

ところで、今江村の医家岡山家では、近世中期頃、久吉という人がおり、表6にもみるように、少なくとも享和二年（一八〇二）には、太沖（主馬、俊卓）がおり、さらにその嫡子幸作（一八一六〜一八七九、幸策・誠斎）へと続く。幸作は六歳（文政五年）頃小松の町医徳田元璞に漢学を学び、一二、三歳頃上京、村田誠斎（順道、越中井波出身）に漢方医学を、内山検校に鍼灸術を学び、天保五年（一八三四）父太沖の死により一時帰郷、今江村で医業を営む。同一〇年頃再上京、右村田の塾で塾頭を務める傍ら、新宮凉庭の順正書院で和蘭医学を、日野鼎哉から牛痘種痘術をそれぞれ学ぶ。のち、金沢の明倫堂・金沢医学館に務め、明治四年（一八七一）小松病院種痘掛りを拝命している（岡山家文書、「岡山誠斎辞令」）。こうして、岡山家は明治に入り、小松町本折に移住・開業したという。[26]

4　医学塾への遊学

医学塾への遊学については、金平村出身の大林脩斎と一針村山越兼良の事例がある。「天保医鑑」に「内科　今古衆説、善医術　大林脩斎（中略）加州濃（能）美郡金平村人〇出水通千本東」などと見える。[27]また、「檉園先生門籍」に「能美郡一針村　山越兼良」と記されている。[28]金平村出身の大林脩斎に関しては、遊学の年代及び京都の師匠については不明である。一方、一針村の山越兼良の入門年代は不明であるが、小石元瑞に入門したことがわかる。いずれにしても、両人の遊学は幕末期であるゆえ、その遊学許可の手続きは、各村の肝煎を通し、能美郡の御扶持人十村石黒家の一〇代源之丞か、一一代源三郎が関わったものとみられる。

第四節　農民思想と村の信仰

1　「農民鑑」と任誓一件

石黒家文書には元禄一〇年二月の「農民鑑」（袋綴一九丁）がある。作者は任誓という僧である。「夫《ソレ》土民《トミン》ノ家《イヱ》ニムマレ、田夫《テンフ》ノ身《ミ》ヲ受《ウケ》タラム者《モノ》ハ、先諸事《マッショシ》ヲ抛《ナケウチ》テ、農業《ノウケウ》ヲ専《モッハラ》スヘキモノナリ、」と冒頭に記す。この「農民鑑」は加賀・能登の十村などを中心に広く活用されたもので、現在白山市・小松市などを中心に県内各地に写本が伝来している。内容は、近世封建社会において、浄土真宗と儒教の教理の融和を通して、本来あるべき農民の姿を説き明かしたものである。

作者の任誓は能美郡二曲村（現白山市）の十村の子で、東本願寺の恵空に学び、帰郷後仏法を説く。任誓の影響を受けて近隣の町村では、同行衆が形成される。が、これに批判的な者も現われたため、任誓は小松本覚寺とともに上洛し、東本願寺の一如から御書を授与されて以後、批判は一時沈静化する。しかし、法談が広まってくると、末寺坊主衆の攻撃が増幅し、社会不安を招くとして、藩などから弾圧される。「加州郡方旧記」五巻（加越能文庫）によれば、享保八年（一七二三）九月「二曲村任誓召捕」えられ、河北郡十村中に御預けとなり、翌年没する。召し捕えられた際、当時十村で甥の二曲村与兵衛も若杉村八郎兵衛方に御預けとなり、追って同行衆の犬丸村太右衛門も今江村源助方に御預けのほか、近隣村の八人も召し捕えられ、十村や肝煎に御預けとなる。この事件の背景には、前田吉徳が同年五月に六代藩主に就任、その直後であることから、「改作方之御法」などをめぐる吉徳政権による政策の刷新の意味も込められているように見られる。

なお、同一件はこの後もあとを引き、郡中御影（文禄四年〈一五九五〉教如より授与された顕如と親鸞の影像二幅）をめぐって、同行衆側と小松本蓮寺側の権力争いとなる明和五年（一七六八）の小松寺庵騒動に発展する。(29)

2　宗門人別改

幕府の切支丹禁令により、全ての領民はいずれかの寺の檀家であることが定められ、仏教の信者であることを証明するため、村ごと、家ごと、各人ごとに記された宗門人別（改帳）が作成された。なお、幕府はキリスト教及び日蓮宗の不授不施派を禁圧、その信者でないことを調べ提出させた。この不授不施派とは、例えば加越能文庫「政隣記」二巻、元禄四年五月二四日条などに記されている「悲田宗門」を指しているものとみられる。つまり、表7は文政二年大谷家文書「切支丹耶蘇宗門并日蓮宗之内悲田宗門御改之御帳」にみる現在小松市域の村の宗門人別改の様相につき、記載状況を表示化したものである。

なお、文政二年（一八一九）当時、以下の村々は大聖寺藩領であるが、近世初期は加賀藩領であり、その後も加賀藩との関わりが深いこともあり、ここで取り上げた。

表7では、☆は現在の小松市域の村のうち、江沼郡に属し、寛永一六年（一六三九）三藩分封以後は大聖寺藩領の村を示す。同様に★は万治三年（一六六〇）以後、能美郡に所在する大聖寺藩領であり、かつ現在小松市域に属する村を示す。さらに、村名の下の人数は右史料に記された男女合計の人数を示している。この数字と表の最下部に示した数字が一致するのは、月津村の五二四人と月津新村の六五人であり、これらは村人の宗門をすべて調べ上げたといえよう。興宗寺が月津村に存在するという地元ゆえ、徹底した調査が可能であったものとみられる。

つぎに、矢田村については、同文書中に記載された安永九年（一七八〇）七月の宗門人別改では、村の総数二二三四

月津新村 （四丁町村） 65人 ☆	矢田村 310人 ☆	菩提寺村 147人 ☆	矢田野村 390人 ☆	串村 242人 ★	串茶屋村 107人 ★
			14		
			120		
19	138	14	21	11	5
			57	147	1
			3	65	15
			45	2	4
					20
					6
					7
					9
					9
	6				25
					6
					1
			7		
	143		25		
1					
45					
			7		
			5		
			2		
			6		
			69		
65	287	14	381	225	108

表７　「切支丹耶蘇宗門并日蓮宗之内悲田宗門御改之御帳」記載状況
（文政２年大谷家文書、現小松市域の分）

番号	寺名	所在地	宗派	**月津村** 524人 ☆
1	本覚寺	小松寺町	真宗大谷派	29
2	毫摂寺	大聖寺町	同上	
3	興宗寺	江沼郡月津村	同上	220
4	照厳寺	越前柳原村（現福井県あわら市清王）	同上	72
5	勧帰寺	小松東町	同上	7
6	勝光寺	打越村	真宗本願寺派	1
7	勝光寺	小松東町	真宗大谷派	33
8	長円寺	小松本折町	同上	
9	真行寺	小松寺町	同上	
10	建聖寺	小松町	曹洞宗	
11	立像寺	小松（拝領地）	日蓮宗	
12	願成寺	大聖寺町（現加賀市大聖寺鍛冶町）	真宗大谷派	
13	真教寺	石川郡松任町	同上	
14	浄願寺	越前三国（現坂井市三国町大門）	同上	
15	本善寺	大聖寺町	同上	125
16	正願寺	江沼郡加茂村	同上	18
17	専光寺	江沼郡山代村	同上	15
18	因乗寺	江沼郡庄村	同上	4
19	本蓮寺	小松細工町	同上	
20	専光寺	金沢、取次法林寺（現能美市大成町）	同上	
21	本光寺	小松	同上	
22	専称寺	大聖寺町	真宗本願寺派	
23	超照（勝カ）寺	越前藤島（現福井市藤島）	真宗両派の内不詳	
24	願成寺	勅使村（現加賀市勅使町）	真宗本願寺派	
合計				524

人数	備　考
13	△江沼郡、寛永16年以後大聖寺藩領
22	△明暦２年利常隠居領、万治３年以後大聖寺藩領
5	出村２人含む
2	向本折村の出村ヵ
30	
8	
3	
6	△江沼郡、寛永16年以後大聖寺藩領、別記も６人
1	△江沼郡、寛永16年以後大聖寺藩領
1	△江沼郡、寛永16年以後大聖寺藩領
16	
5	
10	枝村含む、こうだ
3	別記11人
1	△延宝８年以降の村。矢田野開９か村の内。明治36年廃村
15	△江沼郡、寛永16年以後大聖寺藩領
13	△江沼郡、寛永16年以後大聖寺藩領
3	
5	
2	
6	

番号	村名	人数	備　考
47	**桂谷**	6	
48	**国府**	2	
49	**盲谷**	1	
50	**埴田**	21	枝村含む
51	**原**	3	
52	**鵜川**	6	
53	**遊泉寺**	1	
54	**岩渕**	4	
55	**沢**	2	
56	**布橋**	1	
57	**吉竹**	30	別記20人
58	**小山田**	14	

浅田家文書「妙永寺檀那講衆帳」より。

表８　文政12年北浅井村妙永寺檀那講衆人数一覧（現小松市域の分）

番号	村名	人数	備　考
1	林	29	△江沼郡、寛永16年以後大聖寺藩領、「江沼志稿」では当主46人が家持
2	古浜	29	「医者　清半」含む
3	蓮代寺	6	「竹ノ内　御医者」含む
4	四丁町村（月津新村、月津村四町町）	27	△「御医者」含む、「松本与三右衛門」らの記もあり
5	荒木田	20	「御医者　宗左衛門」含む
6	嶋	27	△明暦２年利常隠居領、万治３年以後大聖寺藩領
7	白江	８以上	「若講衆人々不定」と記
8	浜田	13	
9	矢崎	12	
10	符津	8	
11	今江	21	
12	南浅井	17	明治９年54戸
13	不動嶋	16	
14	沖	18	別記では24人
15	向本折	3	
16	一針	15	
17	大領	6	
18	打越	13	
19	千木野	16	別記36人
20	軽海	22	別記31人
21	八幡	8	
22	能美	12	
23	千代	4	別記25人
24	若杉	17	別記19人
25	三谷	8	

番号	村名
26	矢田
27	串
28	須天
29	出
30	本江
31	勘定
32	荒屋
33	戸津
34	湯上
35	月津
36	木場
37	津波倉
38	河田
39	下八里
40	袖野
41	額見
42	下粟津
43	清六
44	粟津
45	高堂
46	中

人中、八三人が「月津村興宗寺檀那」と見える。すなわち、村の人数は四〇年程の間に八〇人程増加したことになる。また、月津新村は当時、江沼郡の大聖寺藩領で、本村の月津村の出村である。本村より四町余り離れていることから、四丁町村とも称した。さらに、11の小松立像寺は能美郡小松拝領地で、日蓮宗の寺院であり、羽咋郡妙成寺の触下寺院である。なお、当時大聖寺藩領である矢田野村には、大野村や西泉村など九か村、または一〇か村ほどの小村があった。

ともあれ、表7から当地域の浄土真宗の拡大を知ることができる。同時に、わずかではあるが、日蓮宗・曹洞宗の信徒も認められる。これらの村以外の加賀藩の能美郡における宗門人別帳類の残存に関して、現時点で見付けることができなかった。今後の調査研究に期待したい。

3　講と御真影

まず、講について、浅田家文書の文政一二年北浅井村「妙永寺檀那講衆帳」（横帳八九丁）より村々の人数を表8に示した。

妙永寺は真宗大谷派で、この文書には小松町のほか多数の村々の書上が成されているが、小松市域の村に限り、表8に示した。備考欄の△印は、一部前述したが、近世初期は加賀藩領であるが、文政一二年当時は大聖寺藩領の村を示す。文書は全体的に抹消部分も多く、正確な把握が困難な箇所もあるため概数を表わした。表に示したように、各村には2番の古浜村の「医者清半」、3番の蓮代寺村の「竹ノ内御医者」、4番の四丁町村の「御医者」、5番の荒木田村の「御医者宗左衛門」といった医者の記載があり、注目される。これら医者に「御」が付されていることについて、加賀藩では一般に「御医者」といえば、藩お抱えの医者（藩医）を指すことが多い。が、ここでは、医療の専門家である医者に対して、尊敬の思いを込め「御医者」と称し、村医者を指しているものとみられる。また、7番の白江村の「若講衆人々不定」の表記には、関連する人数が不確定であるものの、若講衆なるものが存在したことがわかる。今後はこれらの活動がどのようなものであったか、みていくことも必要となった。さらに、四丁町村には「松本与三右衛門」ら大聖寺藩士とみられる名前の書上もあり、興味を引く。

つぎに浄土真宗における上人の御真影や御消息については、次のようなものがある。寛文九年（一六六九）七月の尾小屋村・西俣村惣道場宛ての宣如上人の真影の裏書（大川町教恩寺蔵）、延宝三年（一六七五）一一月「能美郡江谷十八日講中」宛ての蓮如真影像裏書（金平村宗栄寺蔵）、文政七年（一八二四）四月「長崎村・坊丸村御本山小寄講中」宛ての達如の消息（長崎町真入寺蔵）、万延元年（一八六〇）五月「高堂村直末道場本山十八日講中」宛て達如の消息（高堂町宗円寺蔵）、五月二五日付「粟津惣中・波佐谷惣中」宛て教如御書写（浅田家文書「檀那講衆帳」）である。これらにより、長く伝えてきたそれぞれの村人における浄土真宗への飽くなき信仰、篤き思いを知ることができる。

4　志納金と離檀

浄土真宗寺院における志納金と離檀について表9にまとめた。

表9　志納金と離檀の事例

番号	年・月・日（西暦）	分類	表題・内容	差出→宛所	典拠史料
1	弘化3・5・（一八四六）	離檀	串村三右衛門養子に参るため離檀覚	本覚寺→光玄寺	光玄寺文書

2	嘉永2・（一八四九）	志納金	串茶屋村山屋清七諸志納金請取通	御本山御納戸→加州串茶や村山屋清七	安藤家文書
3	同3・4（一八五〇）	離檀	三谷村伊兵衛娘ひな小松へ嫁入りにつき離檀状	小松勧帰寺→本串村光玄寺	光玄寺文書
4	（安政4）巳・閏5・4（一八五七）	志納金	茶屋串（串茶屋）山屋本山月次御経懇志請取状	下間民部卿・飼田大膳→加州茶屋串山屋清兵衛	安藤家文書
5	安政6・7・（一八五九）	離檀	串村彦三良養子に罷越につき離檀送り状	光林寺→光玄寺	光玄寺文書
6	（慶応2）寅・4・（一八六六）	志納金	茶屋串山屋本山月次御経懇志請取状	下間宮内卿・浅井帯刀→加州茶屋串山屋清兵衛	安藤家文書
7	（慶応3）卯・正・9（一八六七）	同右	茶屋串村山屋本山月次御経懇志請取状	同右→同右	同右
8	明治3・4・（一八七〇）	同右	茶屋串村山屋永代祠堂経志請取状	願成寺納所→串山屋栄太郎	同右
9	申・3・	同右	犬丸村常葉尊像開扉冥加志覚	加州金沢瑞泉寺→加州金沢瑞泉寺門徒犬丸村	金沢瑞泉寺文書
10	申・3・	同右	梯村常葉尊像開扉冥加志覚	加州金沢瑞泉寺→加州金沢瑞泉寺門徒能美郡梯村同断（門徒）	同右

表9の1番・5番にみるように、離檀は養子に参る場合、あるいは3番のように嫁入りによる他所への場合をみることができる。

つぎに、志納金については、串茶屋村の山屋に関するのものが多い。また、犬丸村・梯村による申年三月の金沢瑞泉寺への「常葉冥加志覚」がある。金沢瑞泉寺は加賀藩や本山からの御触を触下の寺院に申渡すという役目を担う触頭である。同寺は能美郡小松町の触頭本蓮寺やその触下寺院の上牧村正光寺などとも姻戚関係がある。[30] こうした小松町の近隣村である上牧・犬丸・梯の各村と金沢瑞泉寺との関わりが注目される。ともあれ、村々による「常葉冥加志覚」は、いずれも浄土真宗大谷派への信仰をみることができる。このように、能美郡などを中心に、この地域の信仰は浄土真宗に関するものが根強いことがわかる。

5　神社信仰と奉納俳額

村人の神社信仰とこれに基づく神社への奉納俳額については、元禄期に松尾芭蕉の加賀来訪以降、各地にみられるが[31]、表10にその事例を示した。

表10　神社信仰と奉納俳額関係史料の事例

番号	年・月（西暦）	表題・内容	典拠史料、所蔵先
1	寛政4・8（一七九二）	八幡村八幡宮拝殿造建肝煎及氏子中棟札の記	八幡村〈加賀〉八幡神社
2	文政8・4（一八二五）	波佐谷村磯前神社棟札の記	小松市波佐谷町磯前神社
3	天保2・5（一八三一）	串茶屋村御宮舞台作事材木等値段図り覚	安藤家文書「御宮舞台一巻控」
4	嘉永期・3（一八四八～五四）	三谷村の三湖・同村の湖岸・千木野村の雪下・本郷村の学歌ら、波佐谷村磯前神社奉納俳額の記	小松市波佐谷町磯前神社
5	未詳	本江村用水河水神陶像背文字の記	小松市本江、八幡神社

　表10の1は、寛政四年（一七九二）八月八幡村〈加賀〉八幡宮の「拝殿造建」に際し、「肝煎善右衛門」及「氏子中」など記載の棟札である。上部は山形で、法量はタテ最小八四・五センチ、最大八六センチ、ヨコ三二センチ、厚み一・五センチ。遺憾ながら摩滅した墨書の上からマジックか、サインペンのようなものでなぞり書したような部分もあるが、当村の信仰を知る上で重要である。「聖主天中天　伽受《（迦陵）》頻伽声（迦陵頻伽《かりょうびんが》〈迦〉は、声が美しく、極楽にいるという想像上の鳥）」「哀愍衆生者我等今敬礼」などとも記され、神仏混合的な信仰の一面がうかがわれる。2は、「文政八年四月上旬四月出来之」と記されている波佐谷の磯前神社の棟札である。3は、串茶屋村の御宮舞台の作事の際の材木等値段図り覚である。一丁の長帳で、表紙には「天保二年辛卯五月吉日　御宮舞台一巻扣」と記され、裏表紙には「発起　揚屋中、祭礼方　年行司　宇三郎・舞台方　主附　次郎右衛門・宇兵衛」というように、この文書を作成した人々の記載がある。内容は柱板・登木・破風といった材木などの値段の図り書である。御宮は串茶屋村の鎮守八幡社で、この翌年天保三年正八幡社に、また、明治一二年（一八七九）正八幡神社と改称される。ともあれ、茶屋町ならではの「揚屋中」らにおける信仰の一面をうかがうことができる。

　つぎに4は、三谷村の三湖、同村の湖岸、千木野村の雪下、本郷村の学歌らによる波佐谷村磯前神社への奉納俳額の記である。この俳額の法量は、タテ三七センチ、ヨコ一七八センチで、村々の神社への信仰及び文化の一側面をみることができる。また、5は、水神として旧本江村八幡神社の祠に保存されている陶像の背文字で、ヘラ書の記である。「本江村用水河之事」と題されており、水利問題をめぐり、上流の勘定村との間で水の配分について、永年水利慣行として協議してきたという。本江村が九割、勘定村が一割という「文政四年五月」に定書を交し、このことを明確に後の世に残して行くために、地元の陶工により、水神の背文字に認め守ってきたものである。水神信仰の代表といえよう。

おわりに

以上、能美郡等を中心に村々の生活文化及び医療に関する一次史料などを紹介しながら問題点についてみてきた。すなわち、餌指・鵜飼の活動と村内の迷惑事件、村人の負担の制度上の問題、町の打ちこわしと近隣村民への波及の実態、農業に支障となる猿や猪など獣の徘徊に対する威し打ち鉄炮の実施、借銀返済のトラブルと十村の裁許、病死・水死事故と行路人の死亡一件と十村による処置などについて考察した。

また、近世武家や寺家の婚姻関係と同様、[32]農民層の上位にある十村の婚姻・養子縁組では、同格の家との間で成されたことを石黒家文書などから確認した。彼らも同格の家と縁組することにより自家の安泰・存続と繁栄を願ったものとみられる。

つぎに、救恤政策と医療の面では、流行病の蔓延と凶作の連鎖から、農民の疲弊と藩による救済についてみてきた。これらの諸問題は、藩領内では時期ごとに確認される。例えば安政五年（一八五八）、能登口郡を中心とした「三日コロリ」流行に対し、[33]藩からの施薬、薬製法情報伝達の申渡のほか、救済の一つとして、「御郡方御借上銀当一作半高上納、残半高ハ来ル酉年迄繰り延」上納の処置がとられている（加越能文庫蔵「岡部御用留」一〇巻）。こうした点から、さらに具体的な医療と救恤政策についての考証が今後の課題となった。

このほか、村内の浄土真宗の一寺院では門徒による講衆が盛んになり、「若講衆」なるものが出現したことも確認された。若者に特化した講集団の結成が、どのように活動していたかといった問題も課題となった。一方、村内では医者の存在も確認された。町場ばかりでなく、具体的な村々の医療、さらに、藩領内における医者の総人数を概算で試算できるのではなかろうかとも考えている。

また、十村の家出身の僧である任誓の一件は、前田吉徳政権樹立に伴う政策刷新の一つであったものと推察されるが、政治的な側面から本格的にこの問題に取り組んでいかなければならないであろう。

信仰の面から、犬丸村と梯村の金沢瑞泉寺への寄付金の問題をみてきた。瑞泉寺と小松本蓮寺との間で触頭同士の婚姻関係、また両寺の各触下同士である金沢即願寺と能美郡上牧村正光寺との婚姻関係や親交の様子が想起される[34]。なお、能美郡上牧村正光寺と瑞泉寺の間でも姻戚関係や親交があり、門徒を含めて能美郡の町村と金沢の諸寺院との関わりから、浄土真宗の藩領内での拡がりや寺院間の強い絆が推察される。

俳額の神社奉納については、元禄期以来の蕉門俳諧が盛んであった。能美郡内における文人たちの事例をうかがうことができた。また、茶屋町村の揚屋中による御宮舞台建築造営を通して、茶屋における芸者の揚屋らの神社信仰の一端がうかがわれ、当地の特徴があらわれているといえよう。

文化・学問の面では、金子鶴村らの知識人・文人らが十村ら上層農民の村政、地域の取締りを高く評価、顕彰していたことが見られ、村内・地域内の文化醸成に果たした役割も少なからざるものがあった。また、寛政期～化政期には、京都などの学問塾への入門者が増加、師皆川淇園らとの関わりが注目され、加賀能美郡の文化面の充実を示している。因みに、この時期は加賀藩の藩校、小松の郷校集義堂の創設も見られ、歴史的人物の顕彰も確認することができた[35]。こうした点から、能美郡に留まらず、藩領内全体において、寛政から化政期は文化・学問の一つの開花の時期という見方も可能であろう。

註

（1）池田仁子（A）『金沢と加賀藩町場の生活文化』岩田書院、平成二四年、（B）『近世金沢の医療と医家』岩田書院、平成二七年。
（2）高橋敏『近世村落生活文化史序説―上野国原之郷村の研究―』未来社、平成二年、西海賢二『山村の生活史と民具―古橋懐古館所蔵資料からみる―』一般財団法人古橋会、岩田書院、平成二七年など。
（3）海原亮『近世医療の社会史―知識・技術・情報―』吉川弘文館、平成一九年、三五四・三六八頁。
（4）深谷克己「藩とは何か―日本の近世化と近代化を考える―」『加賀藩研究』一号、平成二三年、一二頁。
（5）海原亮、前掲（3）、一九四頁。
（6）塚本学『生きることの近世史―人命環境の歴史から―』平凡社、平成一三年、一二八～一三二頁。
（7）池田仁子、前掲（1）（B）。
（8）村方の医療については、前川哲朗「疱瘡・コレラの流行と対策―藩政期疾病史の試み―」（『市史かなざわ』六号、平成一二年）、同「藩政期村方における疫病と医療活動」（『市史かなざわ』一〇号、平成一六年）、同「藩政期麻疹の流行と乳母さがし―喜多一二郎義寛の日記からみる―」（加能地域史研究会編『地域社会の歴史と人物』北國新聞社、平成二〇年）などがある。また、藩老の医療については、竹松幸香「加賀藩上級武士の疾病・医療について」（『加能地域史』四八号、平成二〇年）がある。
（9）高橋敏、前掲（2）一一頁。
（10）『新修　小松市史　資料編13　近世村方』石川県小松市、平成二八年、第二章第四節・第五節。
（11）十村の概要については、若林喜三郎『加賀藩農政史の研究』上巻、吉川弘文館、昭和四五年、荒木澄子「十村制度の確立」（『ふるさと石川歴史館』北國新聞社、平成一四年）、『金沢市史　通史編　2　近世』金沢市、平成一七年、五八七頁、木越隆三「加賀藩十村の明治維新―藩の能吏から在野へ―」（渡辺尚志編著『近代移行期の名望家と地域・国家』名著出版、平成一八年）などがある。また、藩領内における十村の人名については、田川捷一編『加越能近世史研究必携』北國新聞社、平成七年、木越隆三「図表編」〈前掲（10）所収〉などを参照した。さらに、十村の文化については、高堀伊津子「十村の文人的趣味」（長山直治氏追悼集刊行委員会『加賀藩研究を切り拓く』桂書房、平成二八年）がある。

（12）御餌指一件については、「郡方御触」として、前田育徳会『加賀藩史料』七編、清文堂出版、昭和五五年復刻、六七九・六八〇頁に一部収録されているが、この史料名での原本確認は出来なかった。

（13）前掲（12）『加賀藩史料』九編、三四三・三四四頁。

（14）小松町の打ちこわしについては、前掲（12）『加賀藩史料』一四編、六八五～六八八頁、『新修小松市史　資料編2　小松町と安宅町』石川県小松市、平成一二年にも一部収録。

（15）加賀藩の打ちこわしに関する研究には、長山直治「十村石川郡村井村与三右衛門宅打ちこわし事件について」（『石川郷土史学会々誌』一三号、昭和五五年）などがある。

（16）石黒家文書及び石黒家に関しては、見瀬和雄「石黒家文書解題」、石田文一「十村石黒家とその役務」、袖吉正樹「十村石黒家と御預け人参御用」（ともに石黒家文書研究会編『加賀藩十村役石黒家文書目録』小松市教育委員会、平成八年所収）を参照した。

（17）小松市域での鉄炮による威し打ちについては、前掲（10）一一三・一一四、一三六・一三七、一四二・一四三頁にも収録。

（18）前掲（12）『加賀藩史料』一四編、四七・四八頁。

（19）金沢市史編さん委員会『金沢市史　資料編8　近世六　湊町と海運』金沢市、平成九年、二八二～二八四、二八六～二八九頁。

（20）見瀬和雄、前掲（16）。

（21）池田仁子、前掲（1）（A）。

（22）池田仁子、前掲（1）（A）第二編一章。

（23）富来町酒見区史編纂委員会『酒見の歴史』昭和四八年、富来町史編纂委員会『富来町史　通史編、資料編』羽咋郡富来町役場、昭和五二年。
（24）池田仁子、前掲（1）（B）、同「近世金沢の医療―〝伝統〟の礎と社会史的意義を探る―」（地方史研究協議会編『〝伝統〟の礎―加賀・能登・金沢の地域史―』雄山閣、平成二六年、同「金沢城下の医者と医療」（『研究紀要　金沢城研究』一六号、平成三〇年）。
（25）加賀藩の救恤については、丸本由美子『加賀藩救恤考』桂書房、平成二八年がある。
（26）岡山丕彦「幕末町医たちの軌跡」「江戸・明治―医家の軌跡（一）」「同（二）」（『加南地方史研究』五〇～五二号、平成一五～一七年）。
（27）京都府医師会『京都の医学史　資料篇』思文閣出版、昭和五五年、一二三一頁。
（28）京都府医師会、前掲（27）五三頁。
（29）小松の寺庵騒動については、前掲（14）『新修小松市史　資料編2　小松町と安宅町』にも一部収録。
（30）池田仁子、前掲（1）（A）第二編第五章。
（31）池田仁子、前掲（1）（A）第二編第五章。同「加賀の温泉と文人墨客」（小林忠雄・東四柳史明・三浦純夫・見瀬和雄編『図説加賀の歴史』郷土出版社、平成二三年）。
（32）池田仁子、前掲（1）（A）、第一編第二章・第五章。
（33）幕末のコレラ、三日コロリについては、池田仁子、前掲（24）「近世金沢の医療―〝伝統〟の礎と社会史的意義を探る―」、同「金沢城下の医者と医療」。
（34）池田仁子、前掲（1）（A）第一編第五章。
（35）池田仁子、前掲（1）（A）第二編第一章・第二章。

終章　本書の成果と今後の課題

本書では、加賀藩社会の医療と暮らしについて、九章にわたって考察してきた。以下、本書の成果として、各章ごとに内容についてまとめる。つぎに、医療文化史・生活文化史と今後の課題について述べておきたい。

1　本書のまとめ

第一章「初期藩主前田家の病と治療・医家」では、近世初期、加賀藩主前田家の藩祖利家から四代光高の代の医療について考察した。ここでは、一次史料を見出すことは困難な場合も多く、記録類や伝聞集に頼らざるを得ない場合もあった。しかし、前田家の当主らが何時、どのような病に罹り、どのような医者の治療を受けたか、その背景はどうかといった基礎的な考察を行なった。

藩祖利家は慶長三年（一五九八）京都より北陸経由での上野草津温泉における湯治、針立伊白の治療などで、薄墨のような小水の異常のほか、重大な蛔虫症に悩まされた様子をうかがいみた。翌四年には徳川家康より複数回の見舞いを受け、利家も大坂より伏見へ出向き家康に拝謁・返礼を行なっている。また、利家は大坂屋敷内や大坂城内の山里丸の庭内を病の保養として、乗り物にて遊覧していることが分かった。利家と正室芳春院の子の利政は一三歳の頃、京都にて眼病を患い、文禄四年（一五九五）に疱瘡に罹った時は、夕庵という医者の治療を受けた。芳春院の江戸での人質生活は慶長五年から同一九年に至った。その間には喉痛、咳気、蛔虫症、腹痛、心痛、嘔吐、下痢、歯茎からの大量出血（壊血病）などを患った。これに対し、医師曲直瀬玄朔・同玄鑑らの治療を受けたほか、鍼や湯治治療がなされた。

つぎの二代利長は、高岡にて隠居中の慶長一五年から同一九年の足掛け五年程にわたり腫物を患い、家康・秀忠などの見舞状、医者の派遣なども受けた。また、芳春院や三代利常を通した豊臣秀頼の見舞いをも確認した。さらに、未刊史料の翻刻により、利長の治療のために盛方院（吉田浄慶）らによる京都からの複数回の下向、高岡の聖安寺住持や藩医の内山覚中・藤田道閑らの治療の様子をうかがいみた。さらに、利長正室の玉泉院は高岡にて気鬱を患ったことを紹介した。

引続き、未刊の「小松遺文」の翻刻を通して、三代利常が、寛永一七年瘧を発症し、幕医の野間寿昌院玄琢（成岑）の治療を受け、この前後何らかの病や眼病も患い、万治元年に臨終となる。この際、岡本平兵衛の鍼治療や藩医の加藤正悦・藤田道仙が手当てに努めた。その訃報が届かないまま、京都より幕医の武田道安（重信）が加賀へ下向した事例を紹介した。また、利常の正室天徳院は元和八年（一六二二）産後の肥立ちが不良のため、金沢にて没する。

つぎに、父利常に先立つ四代光高は、寛永期に複数回の病となるが、同一五年には疱瘡を患い、また、江戸にて幕医啓廸軒意安（吉田宗恪）の治療を受ける。正保二年（一六四五）頓死するが、この時胸痛の後に吐逆し、正気を失ったため気付薬を処方、幕医の野間寿昌院玄琢（成岑）が灸治するも逝去する。光高正室清泰院は、光高の疱瘡の翌月発症し、後に産月となった時は、幕医大膳亮三悦（道峻、好菴）が治療に当ることがわかった。

第二章「幕末期前田慶寧の退京・治療と政治史的動向」では、治療担当の「御医者溜」によって作成された元治元年（一八六四）の「拝診日記」を解析した。その前提となる京都守衛のため、出京していた藩主名代の前田慶寧（のち一四代藩主）の病気による退京、近江にての謹慎拝命、金沢への帰城と金谷御殿での治療を取り上げた。従来、慶寧の病気治療が看過されてきた理由や幕末維新期の政治史研究のあり方について考察した。すなわち、一部はすでに概要を紹介したが[1]、慶寧は将軍徳川家斉の娘溶姫と藩主斉泰との間に出生、早くから若君教育が施され、次期藩主として自他ともに期待感が重圧の一因となった。何かと気鬱気味で、前年より病が全快しないまま出京、滞京中も心身は万全でなく、京医の山本大和守父子の治療を受ける。しかし、病状は重症化し、止む無く退京、帰途近江に滞在中に漢蘭折衷医で京医の大村泰輔の診療を受けた。同人による診断は、元来「御疾癖痺之御症」に「感冒」と「御思慮過多」が加わり、「御精神衰弱」し、発熱・咳・痰血・漚気・食欲不振・胸腹痛を引き起こしているという。こうしたなかで、同地での謹慎が申し渡される。

従来、加賀藩幕末史研究では、この慶寧の謹慎のみが大きく取り上げられる場合が多かった。しかし、実は金沢における約九か月間の謹慎の前半は、病気治療に費やされた。こうして、金沢帰城後は金谷御殿で藩医・御用医の合計三三人の医者らによる昼夜三交替で、およそ四か月に及ぶ手厚い治療が施される。複数の医者の診断は「肝癖之症」であり、激しい下痢も加わるなど、病状は一進一退を繰返した。また、長期間の食欲不振・下痢などにより、「内障眼」をも引き起こし、「不容易」病状と眼科専門医の畑春斎の治療も成された。

こうした眼科の畑春斎のほか、黒川良安・高峰元稑ら蘭方医によるヒエスエキス・ヨジュームチンキなどの蘭方薬も使用され、手当てされたことは前代の前田家にはなかったことである。さらに、御附頭一四人が交替で医薬品の試飲役を担い、治療担当医三三人のうち二〇人程が交替で薬の相見役を務めた。これらも前代にはほとんど具体的な様子はみられず、慶寧の容態が大変重かったことから、治療体制の充実が求められたものとみられる。

従来の研究では、退京した慶寧について、父斉泰との間で対立があったとする説が有力であった。斉泰の慶寧への対応、謹慎の申渡などの処置はあくまで建前上からのもので、藩領内外に対する止む無きものであったと考える。つまり、慶寧の御附頭の中に、藩の重臣・斉泰との間に、意見の相違があり、親子の間に確固たる対立があったとは考えにくく、対立を示す史料も見出せない。このように考えると、為政者、あるいはその嗣子などの病気に関連して、当時の社会にあっても、その後の歴史叙述においても、慶寧の病気は極力表に出せず、看過され、従来の研究において、建前上の合理的叙述、研究が有力化されたものとみられる。

しかし、可能な限り、広く当時の様々な角度からの信憑性のある史料を活用することが肝要である。かつまた、為政者側の病気を問題にしなければ、史実を語ることが出来ないのであり、政治史に医療面を照射してこそ、歴史の真相に近づくことが出来るのではなかろうか。このような意味で、幕末の加賀藩政治史を見直すことが肝要であることを述べた。

第三章「藩主前田家の医療と医家」では、これまで著者が取り組んできた医療の研究(2)及び本書第一章・第二章の総括として、前田家の医療について、各人物別の病、病状、治療場所・治療方法、担当医を家毎に表示化し、さらに新出史料を翻刻紹介しつつ、利用の便に供することを目指した。因みに、この章で新たに確認されたことは、若き利長が越中守山城で疱瘡に罹り、隠居後は腫物に加え、虫気をも患ったこと、芳春院も腫物・根太を発症したことなどである。また、芳春院の歯茎からの出血についても考察を深めた。

この章では、前田家の診療時、町医や御家中医やその後裔が、一一代治脩以降、幕末にかけて多数が藩医に登用された事例を確認した。また、前田家がより優れた医療の技術・情報を希求していたものと考える。近世初期、徳川は加賀前田家に対し、幕医を京都などから派遣し治療に当らせた。こうした傾向は少なくとも金沢においては、徳川政権の安泰、加賀藩の医療制度の確立などを背景に、五代綱紀以降、幕医派遣の事例は見受けられないが、形を変えながらその傾向は引き継がれることとなる。

その事例として、六代吉徳以降、幕末まで、藩の重臣らの協議により、京都から優秀で著名な医家の選定・招請の事例をうかがいみた。さらに、初期の利家や利長、幕末の慶寧の事例のように、為政者側の病気が政治的動向を左右することから、病気・医療面からの視座は重要であり、政治史と絡めて史実を明らかにすることは不可避であることを強調した。

第四章「藩の医療政策・医学教育と社会史的意義」では、近世金沢の医療について、現代社会の医療の礎と社会史的意義について考察した。藩は寛文期（一六六一〜七三）に非人小屋（史料、史実に基づいて取り上げるものであり、差別を容認するものではない）を創設し、貧民や病人を救済した。ここでは町医者で御用医のほか、藩医が複数人常置され、病人に治療を施した。この小屋へは、郡村からも多数の人々が流入・滞留し、金沢が救済の場となった。また、医学・本草学の教育・修学が藩校明倫堂でなされ、貧窮の寄宿生における食費の無料化が掲げられた。現代の給食費の無償化の源流がこの辺にみられる。さらに、文化期（一八〇四〜一八）の城下の家中町以外の町場には、本道・鍼医等多くの町医者のほか、一部の藩医や御家中医を合わせ、一九五人程が確認され、幕末へ向け増加傾向にあった。

つぎに、医者開業の手続について、旧来町共同体に委託されていたが、天保一一年（一八四〇）より藩校へ出願し、試験を受けて合格した者が新規医者開業の許可を得たことがわかった。藩領内の町村や御家中の医者も同様である。これは藩が医師開業を公認したことを意味しており、藩の側には寛文期頃より伝統的に、より高度な医療技術の蓄積があったものとみられる。この点、近世は全国一律の医師免許制度が存在せず、享和元年（一八〇一）尾張藩で医師門弟の登録と開業許認可制を採用したケースは極めて例外的であるという(3)。しかし、天保期の加賀藩は、新たな医者開業には、試験によって合格することが定められたことは大きな特長であろう。

藩は災害や疫病の流行に対し、領内へ藩医を、時には複数人派遣し治療に当らせ、金沢で医薬品を配合し、領内への配給が実施された。城下町では一般的なこととみられるが、藩領内の中心的役割を担い、その機能を果たした金沢の具体相をうかがいみた。こうした医療政策・医学教育、病院など福祉政策といった点は現在に形を変え引き継がれているといえよう。さらに戦国期以前の医療は、ほぼ個人で支えたが、近世の医療は一部の身分や貧富の差により限界もあるが、社会全体で取り組み支える傾向をより強化した。このことは、公的な医療の胎動を意味し、近代医療の礎に連なるものであると考える。

第五章「藩老横山家の家臣と家族」では、横山家の家臣と家族といった面より同家の生活を考察した。まず、明治元年（一八六八）時の同家の家臣、つまり藩からみれば陪臣の分限帳を解析した。藩士と同様、同家の給人として、家老役、組頭を筆頭に小将頭・平士・医師などが見える。奥小将組支配・御小将組は藩士における小将に、また、徒組・留守居支配は藩における歩に、鉄砲足軽以下は藩における足軽にそれぞれ相当するものであった。また、元禄期（一六八八〜一七〇四）の家臣数と比較すると、明治元年の平士・御徒・足軽の合計は元禄期より多く、特に足軽の数は八〇人程多いことがわかった。さらに与力や小者を除いた明治元年の家臣の総人数は四七八人で、元禄期より一三〇人余多く、小者も含めると、幕末維新期の横山家の家臣は総勢六〇〇人以上と推測される。与力は分限帳の冒頭に記されているなど、本来横山家を寄親とする直臣で藩直属であるが、城内の門番などを務め、陪臣である横山家中とは異なり別格で、直臣と陪臣の中間的な独自の位置にあったことをうかがわせる。

このほか、分限帳には奥女中として、年寄女中・中臈・御筆・仕立・御櫛・御児小将・御次者・端者など女性二九人の名前、及び扶持・役職・身分・年齢が見える。さらに馬八匹の名前・生産地・出仕の年月日、毛色・年齢・長尺（たてがみの長さ）が記されるなどの特徴がある。また、分限帳に七人の医者も記載されており、軍事面では近世後期の騎馬人数のうちに組込まれている点で注目される。

当家の男児二人、女児一人の三人の出生に対する家臣と家族の動向について、着帯・誕生・御七夜・枕直・御色直といった御祝に関して当家の文書より考察した。各御祝は、当主・奥方・産婦・兄弟姉妹の間で進物の授与がおこなわれ、家族間の円滑な人間関係の保持が規式として、時には臨機応変に執行された。各祝の御用主附は御小将頭で、御用人級の者が務め、各祝に携わった家臣らには金品が下賜された。また、近世武家社会の出産関係史料はほぼ御七夜関係のものに集約され、母子ともに健康で迎える御七夜の意義が大きかったことの考察も深めた[4]。

第六章「城下町の暮らしと医者」では、医者の実務や暮らしについて、彼らの系譜を中心に、横山家の出産と医者の関わりのほか、金沢城造営に際し、町方・村方から駆り出された職人の怪我や病などの治療。金沢瑞泉寺文書から金沢・小松の医療。「亀田氏旧記」より宮竹屋の暮らしや年中行事にみる医者の関わり。「いろはガルタ」と医者について考察。蘭学を学んだ医者の履歴なども整理した。

医者は当然のことながら、病気の治療で、その効果により健康が得られると尊敬、感謝された。町人の恵比寿講、御七夜や元服など様々な祝事に招かれ、親しまれた。しかし、「藪医者」という語もあるように、病人が不幸にも死没した場合や無力でも給与が得られることなどから、「いろはガルタ」にみるように、特に藩医に対して、ささやかな批判や抵抗・皮肉を込めた悪口など、遊びや戯言の中で取り扱われることも少なくなかった。それだけ人々の暮らしの中に医者や医療が組み込まれていたものとみられる。

町医はもちろんのこと、藩医や御家中医も主家の診療を中心に、町人らと接することも多く、彼らの中には市井に暮らし、庶民の診療も行なう場合もあった。真宗の触頭瑞泉寺や宮竹屋のように各階層の上部では、病状の正確な情報確保による早期回復を願い、患者一人に対し数人の医者にかかっていることも確認した。しかし、多くの庶民は一、二人の医者にみてもらうか、あるいは金銭面で民間療法に頼らざるを得なかったものとみられる。遊学により新しい医学、蘭学を学んだ医者などが、後に藩医に登用されることも少なくない。蘭学など修業を積んだ者が当時の人々にとって、大きな信用と成ったものとみられる。

第七章「庭の利用と保養・領民」では、加賀藩の庭の利用を通して、保養や領民との関わりについて考察した。すなわち、広く庭一般について、保養やリハビリ、行歩、心の癒し、鑑賞・遊覧、人々の交流、植栽、乗馬・鳥獣・蹴鞠など身体の鍛錬、鎮守の参詣、藩校での修学、花火・作り物や動物の見学・娯楽、地震の避難場所というような面から利用の在り方の具体相を明らかにした。庭の鑑賞・遊覧では、ほぼ近世全期に亘り確認することができる。すでに、保養・養生の面では藩祖前田利家の大坂城や屋敷などでの事例、金沢の蓮池庭で病後の心身回復・鍛錬を行なった八代重熙や一〇代重教。江戸からの帰途信州の宿にて、庭中の泉水などで旅の疲れを癒した一一代治脩。保養の地として竹沢庭に隠居の御殿を建て住んだ一二代斉広。脚気のリハビリとして玉泉院丸庭で歩行訓練を行なった一三代斉泰。保養や気分転換に歩行が良いとされた、後の一四代慶寧や藩老奥村氏のそれぞれの事例をみることができた。さらに、庭が地震の避難場に利用され、「地震の間」も庭内に存在し、藩主家の象などの上覧や藩士の拝見などに加え、庭は広いスペースを有していたことから、多目的に使用された。

つぎに、こうした藩主家の庭と領民との関わりについては、許可を得ての藩校への入学、竹沢庭の鎮守の参詣、江戸町人を含めた藩邸での作り物の拝見や祭礼の出店の利用などがある。制限があるものの、庭の利用における領民の福祉的側面も垣間みた。これらは明治初年の金沢尾山神社境内での出店にみる庭の利用の源流といえよう。

古来より寺社・貴族・武家ら有力者は人生に重ね合わせ、自然界の様相・過程を庭の造作に取り入れ庭園を造った。近世大名の庭園において、領民は制限付きではあるが、拝見を許された事例を考察した。すなわち、一人での保養・

養生や心身の鍛錬、多数での遊覧・娯楽・心身の鍛錬から、やがて近代の軍事訓練、娯楽・催事、多種の祭礼、避難訓練など、多目的に利用されるに至るものと考える。

第八章「能美郡安宅船の朝鮮漂流と暮らし」では、能美郡安宅船神徳丸の朝鮮漂流と生活の様子について、漂流・漂着一件の取調べと経緯、帰還までの生活、さらに漂流した船の船主与三次屋の生業であるその後の海運業と暮らしという側面から考察した。具体的には、帰還までの所要期間と事由、対馬での取調べと手続き、大坂からの帰還、朝鮮国の揮罹津での給与品、朝鮮の牛岩浦での給与品、船中生活と病気、与三次屋の海運業と漂流の影響、その後の暮らし向きと動静などについて、「小松旧記」「安宅町文書」などからうかがいみた。

神徳丸の朝鮮漂流は、わが国の近海への異国船漂着に対する幕府の対策などの影響もあり、乗組員の帰還までの所要期間は藩領内の朝鮮漂流事故の中でももっとも長く、安宅出航からおよそ二年間の月日を要した。この間、漂流者は釜山の倭館を通し、朝鮮国及び対馬藩より最低限の生活物資をそれぞれ支給された。朝鮮揮罹津・同牛岩浦・対馬・大坂・加賀安宅と公式ルートで生還した。朝鮮国側からみれば、時には人道面を優先して送還させることもあり、これが朝鮮の近隣外交政策の一つであったといえよう。

さらに、安宅の有力者で、財力も上位の与三次屋平兵衛家は、この漂流一件で船一艘及び積荷などを損失したが、経営上大きな影響は見られず、衰亡には至らなかった。その背景には、船頭の責任負担や相互扶助的な講、一類の家による援助、経営規模の縮小などが想定される。少なくとも、以後一〇年間は海運業を継続させ、町政方の有力者の地位を保持することができた。しかし、事故のおよそ二〇年後に、当主の平兵衛が死没し、後継者に恵まれず、当家の海運業は衰退、かつ町の有力者としての地位も失われる。代わって台頭してくるのは、別家で一類の与三次屋吉蔵家であり、同家も海運業を通して、町の有力者となり繁栄して行くことなどを素描した。

第九章「村々の生活文化と医療」では、能美郡を中心に村々の生活文化及び医療に関する一次史料を紹介し、問題点などについて述べた。はじめに、餌指などの活動と村内の迷惑事件及び村人の負担の制度上の問題。町の打ちこわしと近隣村民への波及。農業に支障の猿・猪の徘徊に対する威し打ち鉄炮の実施。借金返済トラブルと十村の裁許。病死・水死、行路人の死亡と十村の処置などについて考察した。つぎに、上級農民層である十村の婚姻・養子縁組については、武家や寺家と同様、同格の家との間でなされたことを確認した。彼らも自家の安泰・存続・繁栄を願ってのこととみられる。救恤と医療の面では、流行病の蔓延と凶作の連鎖による農民の疲弊と藩の救済、治療についてみてきた。

農民の信仰については、浄土真宗寺院での門徒による講のなかで、若講衆なるものが存在したこと。農民出身であった僧の任誓による活動とその後の寺庵騒動の契機となったこと。触頭寺院である金沢の瑞泉寺と能美郡の村民の関わり。浄土真宗の藩領内への拡大と寺院同士の強い絆がうかがわれる。神社信仰については、俳額の奉納がみられ、茶屋町の揚屋仲間による当地の御宮舞台造営の発起に関しても神社信仰の一端をみることができる。文化・学問の面では、寛政期から化政期（一七八九〜一八三〇）の京都などの学問塾への入門者が増加する。これに関連して十村の顕彰がなされ、能美郡の文化面の充実が認められる。この時期は金沢の藩校や小松の郷校の創設も見られ、能美郡に限らず、寛政期から化政期は藩領内全体において、文化・学問の開花の時期ともいえるのではなかろうか。その一事例として、今江村の医家、岡山家蔵の医薬書の写本などに表れている。

2　医療文化史・生活文化史研究と課題

近世地域史において、藩研究を深化させるには分野を超えた交流が重要で、総合的視点は不可欠である。加賀藩研究でも学際的な交流に基づく総合的視点の必要性が指摘されている（本書、序章）[5]。すなわち、地域史研究においては、細部にわたる具体相の積み重ねが重要であり、多数の事例の集積と比較検討を通して、普遍性を見出すことができるものと考える。

ところで、文化は人が長い歴史の中で形作ってきた物心両面の成果である。医療においてもまた、人の病を治す方法は文化であって、「医療文化」と名付けることも可能であろう。また、支配者による領民（被支配者）に対する治め方、法令、定めといったものも文化の範疇であり、こうしたものを政治文化というのであろう。一方、被支配層である領民も上からの法や定めを受け容れた。さらに、江戸から国元へ、あるいは藩主から藩士・領民らへと様々な文化が降下・伝播した。こうして支配者による法令や規範の範囲の中で、新たな考えを作り出し、思想・信仰、生活様式といったものが出来上がる。これらも「生活文化」の範疇であろう。著者は今後、こうした点に重点を置き、研鑽を重ねていきたい。

このほか、地方の医者の医術修得には、近世初期から京都などへ遊学する例が少なくない。彼らは帰郷して、余暇に周辺の子弟に読書を教えるだけでなく、遊学の際に得た各種の情報を地域にもたらし、周囲に遊学を促す契機ともなった。すなわち、江戸や京都などは学芸の中心地であり、儒者・医者など知識人を養成し、地方へ供給する文教都市でもあった。遊学生は三都と地方との文化・情報の伝達者であり、各地の学芸発展にとっての重要な拠点であった。人的つながり、学風の敬慕など、必然的契機により、次第に遊学を志す者が増していった[6]。この点に関して、著者は、儒者の金子鶴村や医者の事例を示したが[7]、さらにほかの人物に関しても詳細に見ていくことが課題として残された。

本書での成果に基づき、著者が課題とする点はいくつかあるが、当面の課題として、入門帳の分析にみる加賀藩領内からの遊学、医療と救恤政策、幕末維新期の医療、儒者・医者ら知識人の動向、藩領内の医者総数の試算、蘭学者らの活動内容などである。

以上のような点から、さらなる加賀藩の研究を通して、近世社会に関する研究の深化を目指していきたい。

註

（1）池田仁子『近世金沢の医療と医家』岩田書院、平成二七年。
（2）池田仁子、前掲（1）。
（3）海原亮『江戸時代の医師修業―学問・学統・遊学―』吉川弘文館、平成二六年、七頁。
（4）池田仁子『金沢と加賀藩町場の生活文化』岩田書院、平成二四年、第一編第三章。
（5）木越隆三・宮下和幸・中野節子「加賀藩研究の軌跡と課題」（加賀藩研究ネットワーク『加賀藩武家社会と学問・情報』岩田書院、平成二七年）。
（6）竹下喜久男『近世の学びと遊び』思文閣出版、平成一六年、序、九九・一五二頁。
（7）池田仁子、前掲（1）・（4）。

〔付記〕

本書の成稿後、萱田寛也氏は「情報の流通」という視点から、医療について越中氷見の事例を取り上げ考察されている（「一九世紀中葉の加賀藩領内における医療情報の流通」〈『早稲田大学大学院文学研究科紀要』六四輯、平成三一年〉）。

また、ゲラの校正中、袖吉正樹氏は、地方史研究の立場から石川県の現状につき、自治体史や史料集などを紹介されている（袖吉正樹「石川県における地方史研究の現状」〈『地方史研究』四〇〇号、令和元年八月〉）。

初出一覧

序章　**研究動向と本書の構成**　〔新稿〕

第一章　**初期藩主前田家の病と治療・医家**
原題「近世初期加賀藩藩主前田家の病と治療・医家」（『研究紀要　金沢城研究』一四号、平成二八年）

第二章　**幕末期前田慶寧の退京・治療と政治史的動向**
原題「元治元年前田慶寧の退京・謹慎と金谷御殿における治療」（『研究紀要　金沢城研究』一三号、平成二七年）

第三章　**藩主前田家の医療と医家**　〔改訂増補〕
原題「金沢城主前田家の医療と医家」（『研究紀要　金沢城研究』一五号、平成二九年）

第四章　**藩の医療政策・医学教育と社会史的意義**
原題「近世金沢の医療――〝伝統〟の礎と社会史的意義を探る――」（地方史研究協議会編『〝伝統〟の礎――加賀・能登・金沢の地域史――』雄山閣、平成二六年）

第五章　**藩老横山家の家臣と家族――陪臣の分限帳と出生関係史料にみる――**　〔改訂〕
原題「明治元年の分限帳にみる横山家中」「横山家の出生規式」（ともに金沢城研究調査室編『金沢城代と横山家文書の研究』石川県教育委員会、平成一九年）

第六章　**城下町の暮らしと医者**　〔平成二〇年五月成稿〕

第七章　庭の利用と保養・領民　〔改訂増補〕
原題「加賀藩における庭の利用と保養・領民」（長山直治氏追悼論集『加賀藩研究を切り拓く』）桂書房、平成二八年）
第八章　能美郡安宅船の朝鮮漂流と暮らし　〔新稿〕
第九章　村々の生活文化と医療――能美郡等諸史料の紹介と問題点――　〔新稿〕
終章　本書の成果と今後の課題　〔新稿〕

＊本書刊行に当り、全体的に文章を改稿した箇所がある。また、第六章は、平成二〇年五月に成稿したものである。のちに、これをもとに一般向けに書き改めた「医者と暮らしの諸相」（一九世紀加賀藩「技術文化」研究会編『時代に挑んだ科学者たち』北國新聞社、平成二一年）がある。

あとがき

著者は、平成二四年に『金沢と加賀藩町場の生活文化』を、そして同二七年『近世金沢の医療と医家』（ともに岩田書院）を上梓した。恩師の片桐一男先生に、二冊目もお贈りしたところ、著書をもって博士論文として申請してみたらどうかと勧められた。突然のことであったため、驚き戸惑ったりもしたが、是が非でもこれに挑戦してみたいと強く思うようになった。

その後、出身の東洋大学大学院の事務方に連絡、担当してくださる白川部達夫先生とも諸連絡をとり、申請をめぐって、様々に御指導を賜った。ネットやエクセルを上手く駆使出来ない著者にとって、申請書類の提出に当り、期限の迫る緊張感のなか、大変な苦労と貴重な経験をした。娘や息子にネットやエクセルの使い方を教えてもらいながら、ようやく申請書類を持参して上京することが出来た。

やがて、予備審査も通過し、つぎは口頭試問に向け、休日や仕事の合間に、論文の内容の点検を中心に、再度加賀藩や城下町金沢について、可能な限り概要把握することに時間を費やした。予防接種を年末に受けたにもかかわらず、年明けの一月初め、不覚にもインフルエンザに罹ってしまった。が、一月末の口頭試問を無事受けることが出来た。こうして、平成二九年三月上旬、博士論文の審査に合格した。三月下旬、博士号（文学）の授与式に出席することが出来たことは、著者にとって、人生最大の喜びであった。

審査していただいた白川部先生をはじめ、大豆生田稔・岩下哲典・渡辺浩一の諸先生方には貴重な御指導・御指摘を賜り、今後の研究に生かしていきたいと考えている。

一昨年四月からは金沢市文化政策調査員として市立玉川図書館近世史料館において、再び月三回の古文書講座の講師を務めさせていただいている。受講生からの何気ない質問から加賀藩研究のヒントがみえてくる場合もあり、充実した日々を送っている。

ところで、夫の郷里金沢に移住し、加賀藩の研究に取り組み始めてから、早くも四半世紀の月日が流れた。この間、加賀藩寺社触頭調査員として、金沢瑞泉寺文書一万八〇〇〇点余りの文書調査などにおいて、御指導いただいた加能地域史研究の大家である田川捷一先生が、一昨年御逝去された。調査終了の折には、いずれまた一緒に仕事をやりましょう、というように、親しみに満ちた言葉をかけていただいた。また、初め熊沢蕃山の研究をしていた著者が、同研究会で瑞泉寺文書を中心に、近世女性生活史の報告をさせていただいた際に、公家の一条家に嫁いだ岡山藩主池田光政の娘を一条輝子と称したことに対し、女性の名前について、現代のように単に苗字を名前に冠称することは適切ではないと御指摘いただいた。田川先生に教えていただいた事柄は強い印象で心に残っている。先生の御冥福を心よりお祈り申し上げたい。

本書の校正中に、突然清水郁夫先生の訃報に接した。先生には、『新修　小松市史』の水運編や教育編で大変お世話になった。著者の拙い意見にも、しっかりと耳を傾けて下さった。特に北海道江差への史料調査では、史料はもとより、研究上のことなど、様々に御指導いただいた。心より先生の御冥福をお祈りしたい。

史料の活用に当り、横山隆昭氏をはじめ、瑞泉寺の方々、前田土佐守家資料館の竹松幸香氏には、何かと御高配を賜った。元金沢星稜大学の藤井一二先生には、日本海海運の海難事故に関する執筆のきっかけを作っていただいた。また、小松市史の山前圭佑先生には、能美郡の多数の史料に関する情報提供をいただいた。

本書において、表紙・カバーには、『加賀藩社会の医療と暮らし』のタイトルにふさわしく、石川県立歴史博物館所蔵の「金沢城下図屏風」（部分）を掲載することができた。ここでは、人々の暮らしや息吹を垣間見ることができる。また、本屏風は、全体的に百万石の城下町金沢の躍動感をうかがわせる貴重な史料といえる。掲載を許可された石川県立歴史博物館に心より謝意を申し述べたい。

著者がこれまで加賀藩の研究を続けて来られたのは、多くの方々の御蔭である。加能地域史研究会の東四柳史明先生をはじめ、見瀬和雄・木越祐馨・石田文一・林亮太の諸氏、同研究会の一九世紀技術文化史の本康宏史氏、同会員の諸氏、さらに金沢城調査研究所の木越隆三・石野友康・大西泰正の各氏、さらに、玉川図書館近世史料館の袖吉正樹・小西昌志・宮下和幸の諸氏には、史料のことや研究面、仕事の面など日々大変お世話になっている。

本書を刊行するにあたり、桂書房の勝山敏一氏には、著者の我儘を聞き入れ快諾していただいたこと、心から感謝申し上げたい。

最後に、私事ながら何かと著者を応援し、また、楽しみを与えてくれる家族ひとりひとりに、「ありがとう」の言葉を添えたい。

令和元年一一月

池田仁子

著者紹介

池田仁子（いけだ　とよこ）

金沢市文化政策調査員　博士（文学）

1951年、新潟県生まれ。東洋大学大学院修士課程修了。埼玉県川口市史・岩槻市史・所沢市史などで、近世・近代文書の調査、整理、解読、展示業務などに携わる。金沢移住後は、金沢市立中学校講師、金沢市史協力員、美川町古文書調査員、加賀藩寺社触頭文書調査員、鶴来町史執筆員、石川県立図書館及び鶴来町立博物館・金沢市立玉川図書館近世史料館の各古文書講座などの講師を歴任。現在、加能地域史研究会委員、小松市史専門委員、金沢城編年史料編纂協力員を兼務。

〔著書〕
『金沢と加賀藩町場の生活文化』（岩田書院、2012年）
『近世金沢の医療と医家』（岩田書院、2015年）

〔主な論文〕
「熊沢蕃山と岡山藩」（『東洋大学大学院紀要文学研究科別輯』15、1979年）旧姓、竹内
「熊沢蕃山の『女子訓』について」（『日本歴史』476、1988年）
「熊沢蕃山の「子育て」像」（『日本歴史』518、1991年）
「熊沢蕃山の女性観」（『季刊日本思想史』38、1992年）
「岡山藩儒熊沢蕃山の女性学問必要論」（『瀬戸内地域史研究』5、1994年）
「金子鶴村の蘭学と海外・科学知識」（『日本歴史』698、2006年）
「加賀藩蘭学の受容と医者の動向」（『北陸史学』55、2006年）
「大高元哲の事績をめぐって」（加能地域史研究会編『地域社会の歴史と人物』北國新聞社、2008年）
「金沢城下の医者と医療」（『研究紀要　金沢城研究』16、2018年）
「金沢城二ノ丸講書と加賀藩儒者の動向」（『研究紀要　金沢城研究』17、2019年）

加賀藩社会の医療と暮らし

2019年12月25日　初版発行

定価 3,000円＋税

著　者　池 田 仁 子
発行者　勝 山 敏 一

発行所　桂　書　房
〒930-0103 富山市北代3683-11
Tel 076-434-4600
Fax 076-434-4617

印　刷／株式会社 すがの印刷
製　本／株式会社 澁谷文泉閣

地方小出版流通センター扱い
ISBN978-4-86627-075-3